A STRATEGIC GUIDE TO THE TOEIC® TEST WITH NEW-TYPE QUESTIONS

TOEIC®テスト
完全教本
新形式問題対応

リスニング音声
無料ダウンロード

ロバート・ヒルキ　デイビッド・セイン
Robert Hilke　　*David A. Thayne*

TOEIC is a registered trademark of Educational Testing Service (ETS).
This publication is not endorsed or approved by ETS.

研究社

Copyright © 2016 by Robert Hilke and David A. Thayne

TOEIC® テスト　完全教本　新形式問題対応
A STRATEGIC GUIDE TO THE TOEIC® TEST WITH NEW-TYPE QUESTIONS

▼「リスニング問題」音声ダウンロード方法

リスニング問題の音声は、研究社のホームページ（www.kenkyusha.co.jp）から、以下の手順で無料ダウンロードできます（MP3 データ）。

（1）研究社ホームページのトップページで「音声ダウンロード」をクリックして「音声データダウンロード書籍一覧」のページに移動してください。
（2）移動したページの「TOEIC® テスト　完全教本　新形式問題対応」の紹介欄に「ダウンロード」ボタンがありますので、それをクリックしてください。
（3）クリック後、ファイルのダウンロードが始まります。ダウンロード完了後、解凍してご利用ください。

音声ファイルの内容は、以下のとおりです。

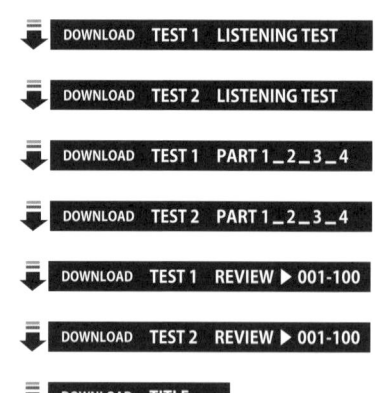

Copyright © 2015 Educational Testing Service. www.ets.org
Listening and Reading Directions for the TOEIC® Test are reprinted by permission of Educational Testing Service, the copyright owner. All other information contained within this publication is provided by Kenkyusha Co., Ltd. and no endorsement of any kind by Educational Testing Service should be inferred.

テスト作成者が教える
新形式 TOEIC はこう解け！

ロバート・ヒルキ（Robert Hilke）

　TOEIC 第 210 回公開テスト（2016 年 5 月 29 日実施）より、出題形式が一部変更された。新形式のテストにおいても難易度は変わらないとされているが、やはり対応策の修正は必要かもしれない。

　しかし、結論から言えば、基本的には従来の対応策＋αで十分に高得点が狙える。そのためには、本番前に TOEIC の公式問題や模擬問題を解いてみる必要がある。正解できなかった問題についてはなぜ間違えたかをしっかり認識し、次回同じような問題が出てきた時には必ず正解できるようにしなければならない。

　われわれロバート・ヒルキとデイビッド・セインは、実際に新形式 TOEIC テストを受けた上で、テストの特徴と傾向を反映した模擬問題を 2 セット作成した。そして解説には「テスト作成者／ネイティブ・スピーカーの視点」から、「なぜこの問題が出題されるか？」「英語を母語としない人たちにはここでどんなことが問われているか？」といったことや、さらには「出題される可能性の高い、似たような問題」や「ぜひ覚えておきたい英語表現」をスペースが許す限り盛り込んだ。ぜひテスト本番前に本書収録のこの 2 セットの問題を解き、答え合わせをして、解説をじっくり読み込んでほしい。それによって、みなさんのスコアは大幅にアップするはずだ。

　2 セットの問題を解いていただく前に、新形式 TOEIC テストで高得点を上げ

る上でぜひ知っておいてほしいことを Part ごとに以下に簡単にまとめた。問題に取り組む前に必ず目を通していただきたい。

Part 1 (写真描写問題)

問題形式

問題冊子にある写真の内容を描写した 4 つの文を聞いて、写真の内容をもっともよく表わしているものを (A), (B), (C), (D) の 4 つの選択肢の中から選び、マークシートにマークする。

新形式問題導入による変更点

・問題数が 10 問から 6 問に減った。
・問題数が減ったことにより、難易度が上がったと思われる。

対応策

1. 説明文を聞く前に、写真の中に出てくるものや人に注目する

まず、写真の中にどんなものがあるか、またどんなことをしている人がいるか確認しよう。たとえば次のようなものに注目する必要がある。

建物、車、道具（工事用のものなど）、機械（パソコン、コピー機、オーブンなど）、植物、印刷物（新聞、雑誌など）、商品、人が身に付けているもの（シャツ、ネクタイ、靴、アクセサリーなど）

2. 写真に写っているものはどんな目的で使われているか、人は何をしているか確認する

たとえば、次のような写真を目にすることがあるはずだ。
(1) スカーフをした女性が、書店で本を 1 冊手に取っている。
(2) 店の外にいくつか靴が展示されている。
(3) 本を読んでいる女性と、スマートホンを操作している男性が、同じテーブルで向かい合って座っている。

3. 予想外の表現に注意する

引っかけの選択肢に惑わされないようにしないといけない。「これが正解だろう」と思っていると、意外な表現が正解である場合もある。

たとえば（1）の描写であれば、正解が **The lady is wearing a scarf.** であるとすると、おそらく次のような引っかけの選択肢が読み上げられると思う。

The lady is holding [grabbing] **several books.**

（2）の描写であれば、次のような間違いの選択肢が読み上げられることもあるだろう。

Some shoes are being sold **inside** a store.

A pair of shoes is being exhibited outside.

これに対して、正解は次のようなものだったりする。

Merchandise is being displayed outside.

（3）の描写であれば、次のようなことが表現されるのではないかと予測してしまうのではないだろうか？

A woman is reading books.

A man is using his smartphone.

しかし、予測に反して、次のような表現が正解であったりする。

Some people are sitting at the same table.

こうした問題が新形式の TOEIC の Part 1 でも出題されることが多いので、注意しよう。

4．進行形の受動態に注意する

たとえば、きれいに刈り込まれた木々の前の階段を人々が上がっていく写真があるとする。その木々に目がいっているときに、進行形の受動態を使った **(A) The tree branches are being trimmed.** というようなアナウンスを聞いてしまうと、思わずそれをマークしてしまう受験生も少なくないようだ。しかし、これは「木の枝は（今現在）剪定されている」ということであり、もしこの描写が正しいとすれば、植木職人やそのための道具が写っていなければならない。こういった問題では、**(D) People are moving in the same direction.**（人々はみな同じ方向に移動している）といった文が正解である場合もある。このように、進行形の受動態には注意が必要だ。

Part 2 (応答問題)

問題形式

英語の質問文を1つと、それに対する返答（選択肢）を3つ聞き、もっとも適当と思われる返答を (A), (B), (C) の3つの選択肢の中から選び、マークシートにマークする。質問文と選択肢は問題冊子に印刷されていない。また、質問文と選択肢は1度しか読まれない。

新形式問題導入による変更点

・問題数が30問から25問に減った。
・問題数が減ったことにより、難易度が上がったと思われる。

対応策

1．最後まで集中する

Part 2 は前半の問題が比較的やさしいので、油断しがちだ。しかし、だんだん問題はむずかしくなる。また簡単な問題がつづいたあとで、突然むずかしい問題が出されることもあり、翻弄される受験者も多いだろう。これがまさにテスト作成者の狙いだ。

とにかく25問最後まで集中しよう。Part 2 の攻略が高得点を取る鍵だ。もし20問正解すれば、それだけで100点が取れる。

多くの受験生にアドバイスしているのは、1つの問題が終わり、次の問題を聞く前に、"Concentrate." (集中) と心の中でつぶやくことだ。ぜひ試してほしい。

2．5W1H 問題は直接答えている選択肢を選ぶ

when (いつ)、where (どこで)、who (誰が)、what (何を)、why (なぜ)、how (どのように) などの疑問詞で始まる質問が25問中約10問は出題される。この最初の1語は決して聞き漏らしてはならない。それを確実に聞き取り、このタイプの問題は全問正解をめざそう。

"Concentrate." (集中) とつぶやいたあと、とにかく質問文をよく聞いて、5W1H の疑問詞に直接答えていると思われる選択肢をとらえることだ。たとえば、"When will the airport reopen?" という質問文が聞こえたら、「いつだ、いつだ」と心の中でつぶやいてみよう。

そうすれば、選択肢が

(A) I believe it opens in the afternoon.

(B) Our plain is flying to San Diego.
(C) Early next month

であれば、「いつ」に対して答えているのは (C) であろうと判断できる。[※ (A) も確かに「時」を話題にしているが、文意および時制が合わない。そして reopened と opens の音が似ていることから、このあと述べるように「引っかけ」と判断できる)]

そして、5W1H を使った質問文に Yes か No で答える選択肢は、それだけで間違いであることもここで確認しておこう。

3．似たような音に惑わされない

新形式の TOEIC でも以下のような問題傾向は健在だ。
たとえば、次のような質問文がアナウンスされたとしよう。
Q: We are planning to **launch** a new **project** in Seoul.

その選択肢としては、次のようなものが読まれるかもしれない。
(A) Jane and I are going to a Korean restaurant for **lunch** today.
(B) The office **projector** should be placed in a meeting room.
(C) When will you start?

We are planning to **launch** a new **project** in Seoul. の **launch** と **project** が耳に残っているうちに、(A) Jane and I are going to a Korean restaurant for **lunch** today. と (B) The office **projector** should be placed in a meeting room. を聞くので、**launch** と **lunch**, **project** と **projector** の音が頭の中で重なってしまい、「ああ、似たような音があるので、これが正解だろう」と無意識に思ってしまいがちだ。受験者の心理を巧みについている。

とにかく「質問文をよく聞くこと」が大事だが、うまく聞き取れなかった場合は、「似たような音が混じった選択肢ははじく」ことも考えてほしい。正解を得られる確率はぐっと上がるはずだ。

4．無意識に連想してしまう表現に注意する

これが最近の TOEIC に顕著に見られる傾向だ。たとえば、3 で示した用例をもう一度見てみよう。
Q: We are planning to launch a new project in **Seoul**.
(A) Jane and I are going to **a Korean restaurant** for lunch today.
(B) The office projector should be placed in a meeting room.

(C) When will you start?

　Seoul（ソウル）と聞いたら、無意識に「韓国」を連想してしまうかもしれない。その時に a Korean restaurant（韓国料理店）が聞こえたら、思わずその選択肢を選んでしまいかねない。これも受験者の心理をうまくついた問題だ。
　対策としては、3つの選択肢を聞きながら、「確実に違う」ものを外していくことだ。それが1つの問題で2回できれば、正解が得られることになる。

5．予想外の言い方に注意する
　これも最近の TOEIC でよく見る問題だ。そして新形式テストでは、このタイプの問題の割合が増えている印象を受ける。
　たとえば、次のような問題が出題されたとしよう。
　Q: When will the new office equipment be delivered?
　(A) Our manager probably knows.
　(B) It opens from 10:00 am to 4:00 pm.
　(C) Do you happen to know a delivery service close to our office?

　「新しいオフィス機器はいつ届きますか？」と聞かれれば、普通は「明日です」とか「3時です」というような答え方をするだろう。そしてそのような答えを待っているところで、上の (A), (B), (C) のような選択肢が流れてしまうと、戸惑ってしまう受験者も少なくないだろう。そして焦ってしまい、(B) には時間に関する表現があるから、それを選んでしまう。これも受験者の心理をうまくつく問題だ。「新しいオフィス機器はいつ届きますか？」という問いに対して、(A) の「部長が知っているかもしれません」以外に正解は考えられない。
　対応策は 4 と同じだ。3つの選択肢を聞きながら、「確実に違う」ものを外していこう。

6. イギリス英語に注意する
　最近の TOEIC のリスニング問題では、イギリス英語が巧みに使われていて、受験者を大いに悩ませている。特に Part 2 で引っかけ問題として出てくるので、注意しよう。TEST 1 と TEST 2 にはイギリス英語をふんだんに盛り込んだ。そして解説にはその音声的特徴についてかなりスペースを割いて説明しているので、ぜひ確認していただきたい。新形式 TOEIC では、イギリス英語を攻略することが高得点の鍵をにぎっているといえるかもしれない。

Part 3（会話問題）

問題形式

　2人もしくは3人の人物による会話を聞いたあと、会話の内容について、設問が3つ出される。各設問に対するもっとも適切な答えを (A), (B), (C), (D) の4つの選択肢の中から選び、マークシートにマークする。問題冊子に会話は印刷されていないが、設問と選択肢は印刷されている。最後の3セットの問題には図表も印刷されている。設問は読まれるが、4つの選択肢は読まれない。会話と設問は1度しか読み上げられない。

　会話の場所は、オフィス、銀行、レストラン、空港、駅など、多岐にわたる。

新形式問題導入による変更点

・問題セット数が10個から13個になり、問題数が30問から39問に増えた。
・「3人の話し手による会話を聞いて答える問題」が出題される。
・「話し手の意図を問う設問」が出題される。
・「図表を見て答える設問を含む問題」が出題される。

対応策

1．旧形式 TOEIC 同様、「先読み」を徹底する

　新形式 TOEIC でも、旧形式 TOEIC 同様、Part 3 と Part 4 では「**設問と選択肢を先読みする技術**」が要求される。

　平均1分～1分30秒の会話文が流れたあと、設問が3つ読み上げられる。各設問が読み上げられたあと、約8秒の間隔がそれぞれ置かれるので、「**各セット最後の設問が読み上げられあとの8秒を使って、次の問題セットの設問3つに目を通す**」ことが必要だ。Part 3 が始まる前に簡単な英語のインストラクションがあるので、最初のセットはその時に目を通しておけばいい。上級者になると、各設問に目を通せる時間がもっと取れるし、設問だけでなく、4つの選択肢にまで目を通すことができる。**反復練習を繰り返すことで、この「先読み」の技術は確実に身につくだろう。**

　事前に設問に目を通して、そこで何が尋ねられるかよく理解した上で、会話に耳を傾けることが大切だ。人物、時間、場所など、尋ねられることが事前にわかっていれば、それが確認できる情報に注意しながら会話を聞くことができる。これで正答率は確実に上がる。

そして、例外はあるが、基本的に会話の流れに沿って（流される情報の順番どおりに）設問が用意されていることが多い。

2.「3人の話し手による会話を聞いて答える問題」の対応策

「3人の話し手による会話を聞いて答える問題」は13セットのうち最後の「図表を見て答える設問を含む問題」3セット以外のどこかに出てくる。1セットの時もあれば、2セット以上の時もある。問題文が読まれる前に、たとえば "Questions 35 through 37 refer to the following conversation with three speakers." というイントロダクションが入るので、そこで「3人の話し手による会話」とわかる。

これもすでに述べたような「先読み」がしっかりできれば、問題なく対処できるだろう。

3.「話し手の意図を問う設問」の対応策

これはTOEFLテストのリスニングに出題される種類の問題だ。だが、「先読み」が十分にできていれば、この新形式問題にも十分に対応できるだろう。

ただし、問われている表現そのものを聞き逃してしまうと解答できないので、先読みでしっかり頭に入れて、「この表現がどこかで出てくるはずだ」と「待ちぶせ」しつつ、会話文に耳を傾けよう。

4.「図表を見て答える設問を含む問題」の対応策

「図表を見て答える設問を含む問題」は最後の3セットに出てくる。イントロダクションは、Questions 62 through 64 refer to the following conversation and card. / Questions 65 through 67 refer to the following conversation and chart. / Questions 68 through 70 refer to the following conversation and sign. といった言い方になる。

ここでも先読みを徹底することが大事だ。図表→設問→選択肢の順に「早見」と「先読み」を心がけよう。

図表はセット問題の冒頭に印刷されているが、2問目、もしくは3問目に問われることが多い。よって、「設問と選択肢を読みながら、その前にある図表に目を走らせる」という技術を身につけよう。

5. 問題数が増えた分、集中力を長く維持できるようにする

問題が9問増えたが、集中力を維持して対処するしかない。13セットとおして「早見」と「先読み」がつづけられる集中力を養おう。

Part 4 (説明文問題)

問題形式

　1 人の人物が話す内容に関する問題が 10 セット出題される。各セットには設問が 3 問用意されている。各設問に対するもっとも適切な答えを (A), (B), (C), (D) の 4 つの選択肢の中から選び、マークシートにマークする。問題冊子に人物が話す内容は印刷されていないが、設問と選択肢、そして最後の 2 セットの問題には図表が印刷されている。設問は読まれるが、4 つの選択肢は読まれない。また、すべて 1 度しか読まれない。

　人物が話す内容は、留守番電話のメッセージのほか、オフィスでの各種プレゼンテーション、さらには天気予報や、空港、劇場、博物館、食料品店などでのアナウンスなど、多岐にわたる。

新形式問題導入による変更点

- 問題セット数は 10 セット、問題数は 30 問で変わらない。
- 「話し手の意図を問う設問」(口語表現であることが多い) が出題される。
- 最後の 2 セットは「図表を見て答える設問を含む問題」が出題される。

対応策

1. Part 3 同様、「先読み」を徹底する
　Part 3 の対応策で述べたように (9 ページ参照)、「先読み」を徹底しよう。

2. 各問題セットの前に流れるイントロダクションに注意する
　たとえば、次のようなイントロダクションが問題の前に聞こえるはずだ。

> Questions 71 through 73 refer to the following talk.
> Questions 74 through 76 refer to the following announcement.
> Questions 77 through 79 refer to the following recorded message.
> Questions 80 through 82 refer to the following excerpt from a meeting.

　これをしっかり聞き取れば、話し手がどんな状況で話しているのか、かなり絞り込める。
　そして Part 3 同様、話の流れに沿って設問が用意されている (設問の順番と、説明文でそれを解くヒントが聞こえてくる順番は基本的に一致する)。これもぜひ

頭に入れておいてほしい。したがって、説明文が流れてから20秒ぐらいのあいだに、最初の設問のヒントがあるはずだ。もしそれを聞き逃してしまった場合は、いさぎよく1問目をあきらめて、2問目以降に集中することも大切だ。しかし、1問目は「どんな状況で話されているか？」や「誰に対して話されているか？」といった、全体の状況を尋ねる「森問題」が出されることが多いので（これもPart 3と同じだ）、説明文をすべて聞き終えたあと、2問目と3問目を先に解き、最後に1問目に対処すればいいと思う。大事なことは、**説明文の中に解答のヒントはいくつも出てくるので、最後まで集中して聞き取る**ことだ。

2．「話し手の意図を問う設問」の対応策
　　これもPart 3と同じ考え方で対応できる（10ページ参照）。

3　「図表を見て答える設問を含む問題」の対応策
　　これもPart 3と同じ考え方で対応できる（10ページ参照）。

Part 5（短文穴埋め問題）

問題形式
　4つの選択肢の中からもっとも適切なものを選び、文を完成させる。(A), (B), (C), (D) のいずれかをマークシートにマークする。

新形式問題導入による変更点
・問題数が40問から30問に減った。
・問題数が減ったことにより、難易度が上がったと思われる。

対応策
1．しっかりと時間管理（time management）をする
　問題は30問と多いが、このPart 5と次のPart 6とあわせて、18分ぐらいで解こう。そうでないと、Part 7の長文問題に十分に時間をかけることができない。
　リーディング・テスト全体の時間が75分なので、Part 5とPart 6を18分で解き、Part 7に残り時間57分を充てるのが理想的だ。現行のTOEICテストでは、リスニング・テストが13時に始まり、13時45分に終了する。そのあと休憩もなく、13時45分から15時までリーディング・テストが行なわれる（テスト時間はそ

の時によって異なる。たとえばリスニングが 13 時 46 分に終わる時は、リーディングは 15 時 1 分で終わる）。

したがって、13 時 45 分から 14 時 3 分までに Part 5 と Part 6 を終えて、14 時 3 分から 14 時 25 分までにシングル・パッセージ問題を、14 時 37 分までにダブル・パッセージ問題を終了し、それから 15 時少し前までにトリプル・パッセージ問題を終えて、最後にわからなかった問題を含めて全体を見直す、という時間配分を目安とするといいだろう（16 ページ参照）。

Part 5 は 12 分で解くことをめざそう。Part 5 は 30 問だから 1 問を平均 24 秒で解いていくことになる。よって、1 問に 20 秒以上はかけないようにし、わからない問題では決して考え込まずに、正解と思えるものをマークして、いさぎよく次の問題に進もう。

２．バランスよく学習して準備する

TOEIC の問題はバランスよく作られていて、Part 5 でも毎回以下のような問題が満遍なく出題される。

> 文法問題（代名詞、名詞、動詞、形容詞、副詞、接続詞、前置詞、分詞［現在分詞、過去分詞］、構文）、語彙問題（慣用句、複合名詞などを含む）、文意で判断する問題など

よって、TOEIC テストの問題集を使って、バランスのよい学習を心がける必要がある。

３．問題文を最後まで読まなくても解ける問題はすぐに解答し、時間を貯金する

Part 5 では、問題文を最後まで読まなくても、英文法・語法の知識で解ける問題が多く出題される。

例を挙げよう。

> Wilson Clothing plans a rapid ------- of its domestic operations by opening thirty new stores in the next two years.
>   (A) expand
>   (B) expansive
>   (C) expansion
>   (D) expansively
>
> **注**
> □ rapid　速い　　□ domestic　国内の　　□ operation　事業活動

選択肢を見ればわかるように、これは空所に入る語の品詞がわかれば、すぐに答えられる問題だ。問題文の a rapid ------- of（a ＋形容詞＋ ------- ＋ of）を見れば、空所に入るのは名詞以外なく、(C) が正解と瞬間的にわかる。問題文をすべて読まなくても 5 秒ぐらいで解けるはずだ。

　もう 1 つ例を見てみよう。

> Visitors to the Ulommon Islands require both a valid visa ------- a passport with at least six months of remaining validity.
> (A) with
> (B) or
> (C) also
> (D) and
>
> 注
> □ **valid** 有効な、合法な　　□ **validity** 有効性、合法性

　正解は (D) だ。Visitors to the Ulommon Islands require **both**... まで読めば、中学で習った both A and B の構文を思い浮かべる人もきっと多いだろう。TOEIC にはこうした日本人のみなさんが学校で習った表現を問う問題もよく出題されるし、こうした問題であれば数秒で解答できるはずだ。

　新形式 TOEIC の Part 5 にも、このように語の品詞や表現の使い方だけで判断できる問題が必ず何問か含まれている。こうした問題には即座に解答して時間を節約し、ほかの問題に時間を充てられるようにしよう。

Part 6（長文穴埋め問題）

問題形式

　各長文で、ある語句または文が抜けている。その下に (A), (B), (C), (D) 4 つの選択肢があるので、その中からもっとも適切なものを選び、マークシートにマークする。

新形式問題導入による変更点

・1 つの長文に対して設問が 3 問から 4 問になり、問題数が 12 問から 16 問に増えた。

・「文書中に入る適切な1文を選択する設問」が出題される。

対応策
1．Part 5 同様、高速で問題を解く
　新形式問題が導入されて問題数は増えたものの、Part 6 はできれば 6 分、すなわち各長文の問題を平均 1 分 30 秒で解答するようにしよう。

2．「文書中に入る適切な1文を選択する設問」の対応策
　これも TOEFL のリーディング問題にあるような問題だ。この問題を解くのにいちばん時間がかかると思われるので、各長文で最後に解くようにしてもよい。

Part 7（読解問題）

問題形式
　雑誌、新聞記事、E メール、手紙、広告など、さまざまな英文を読んで、設問に対する解答としてもっとも適切と思えるものを (A), (B), (C), (D) の 4 つの選択肢の中から選び、マークシートにマークする。

新形式問題導入による変更点
・問題数が 48 問から 54 問に増えた。シングル・パッセージが 28 問から 29 問に、ダブル・パッセージ 20 問がダブル・パッセージ＋トリプル・パッセージ 25 問になった。
・「3 つの関連する文書（トリプル・パッセージ）の読解問題」が出題される。
・「文書内に新たな 1 文を挿入するのにもっとも適切な箇所を選ぶ設問」が出題される。
・「テキストメッセージやインスタントメッセージ（チャット）、オンラインチャット形式で複数名が行なうやり取りを読んで解答する問題」が出題される。
・「書き手の意図を問う設問」が出題される。

対応策
1．何と言っても、しっかりと時間管理をする
　Part 7 は問題量が多く、時間配分がむずかしい。新形式問題導入により、さらに問題数が増えたので、時間管理はきっちりしよう。

以下のような時間配分を提案する。
シングル・パッセージ問題※
　「設問2問」問題（147-148, 149-150, 151-152, 153-154）
　　➡　4セットを平均1分半、計6分で解く。
　「設問3問」問題（155-157, 158-160, 161-163）
　　➡　3セットを平均2分、計6分で解く。
　「設問4問」問題（164-167, 168-171, 172-175）
　　➡　3セットを平均3分、計10分で解く。
ダブル・パッセージ問題（176-180, 181-185）
　　➡　2セットを平均6分、計12分で解く。
トリプル・パッセージ問題（186-190, 191-195, 196-200）
　　➡　3セットを平均6分、計20分で解く。

よって、リーディング全体のおおよそのタイム・スケジュールは以下のようになる。

Part 5 　➡　12分（13時45分〜13時57分）
Part 6 　➡　6分（13時57分〜14時3分）
Part 7
シングル・パッセージ問題※
　「設問2問」問題　⇨　6分（14時3分〜14時9分）
　「設問3問」問題　⇨　6分（14時9分〜14時15分）
　「設問4問」問題　⇨　10分（14時15分〜14時25分）
ダブル・パッセージ問題　⇨　12分（14時25分〜14時37分）
トリプル・パッセージ問題　⇨　20分（14時37分〜14時57分）

　これを目安にしてほしい。ただし、シングル・パッセージの終わりのほうの問題よりも先にダブル・パッセージやトリプル・パッセージの問題を解くほうが早くできるという人もいるだろうし、自分にあった方法で進めていただいてよいと思う。どんな方法を取るにしろ、最後まで解答できるようにしてほしい。
　［※ただし、テストによっては、147-148, 149-150, 151-152, 153-154の「設問2問」問題の中に「設問3問」問題が何セットか入ってきて、147-148（設問2問）, 149-151（設問3問）, 152-153（設問2問）, 154-155（設問2問）, 156-157（設問2問）, 158-160（設問3問）, 161-163（設問3問）とか、147-148（設問2問）, 149-151（設問3問）, 152-154（設問3問）, 155-156（設問2問）, 157-158（設問2問）, 159-160（設問2問）, 161-163（設問3問）といった順番で出題され

ることもある。その場合は、「設問2問」問題4セットを平均1分30秒計6分で、「設問3問」問題3セットを平均2分計6分で解き、合計7セットを **12分**で解くようにしよう。よって、「設問2問」問題と「設問3問」問題をあわせて **14時3分〜14時15分**に終えるようにしたい。」

　そのほか、TEST 1 の解説に、各タイプの問題の解き方について、テスト作成者／ネイティブ・スピーカーの視点から詳しくアドバイスしている（シングル・パッセージ問題の「設問2問」問題➡ 208 ページ、「設問3問」問題➡ 213 ページ、「設問4問」問題➡ 219 ページ 、ダブル・パッセージ問題➡ 226 ページ、トリプル・パッセージ問題➡ 233 ページ）。ぜひご覧いただきたい。

2．「文書内に新たな1文を挿入するのにもっとも適切な箇所を選ぶ設問」の対応策
3．「テキストメッセージやインスタントメッセージ(チャット)、オンラインチャット形式で複数名が行なうやり取りを読んで解答する問題」の対応策
4．「書き手の意図を問う設問」の対応策

　こちらについても、TEST 1 の解説の中でアドバイスした（「文書内に新たな1文を挿入するのにもっとも適切な箇所を選ぶ設問」➡ 217 ページほか、「テキストメッセージやインスタントメッセージ（チャット）、オンラインチャット形式で複数名が行なうやり取りを読んで解答する問題」➡ 209 ページや 218 ページほか、「書き手の意図を問う設問➡ 220 ページほか）。ぜひ参考にしていただきたい。

《本書の使い方》
ネイティブが教える新形式 TOEIC の傾向と対策

デイビッド・セイン（David A. Thayne）

　ロバート・ヒルキとともに実際に新形式 TOEIC テストを受験し、その特色と傾向を分析・理解した上で、できるかぎり本番に近い問題を2セット（400問）作成しました。ロバート・ヒルキによる「テスト作成者が教える　新形式 TOEIC はこう解け！」を読んだあと、ぜひチャレンジしてみてください。

① **本番さながらの問題 400 問**
　TOEIC テストは世界各国で多くの人々が受験していますが、特に日本と韓国の受験者が非常に多いと聞きます。
　たとえばリスニングの Part 2 には、「いかにもイギリス英語」という会話やアナウンスも流れます。日本人のみなさんはこうした英語の聞き取りに苦労されるかもしれません。リスニング・テストには、日本人英語学習者が苦手とすると思われる問題も本試験と同程度盛り込みました。
　リーディング・テストにも、長く日本で英語を教えてきたネイティブ・スピーカーの視点から、

日本人が間違えやすい表現を問う問題を適度に入れつつ、穴埋め問題や読解問題を作成しました。
　リスニング、リーディングとも本試験の難易度と分量にできるかぎり近づけました。

②テスト作成者／ネイティブ・スピーカーの視点
　ここには問題の解き方だけでなく、「この問題で受験者は何を問われているか？」「どうしてこれが日本人英語学習者にはむずかしいか？」といったことをできるかぎり盛り込みました。さらに各問題に出てくる「TOEIC必須表現」や「関連して覚えておきたいこと」なども紙幅が許す限り盛り込みました。すべて「テスト作成者／ネイティブ・スピーカーの視点」からアドバイスしています。

③新形式問題も完全収録
　リスニング、リーディングとも、新形式問題を盛り込みました。一目でわかるように、解説の番号表示を変えてあります。②の「テスト作成者／ネイティブ・スピーカーの視点」に、その傾向と対策を詳しく記しています。

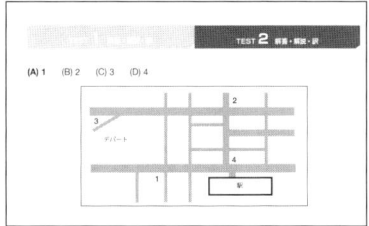

※リスニング音声は試験用、**Part** 別、復習用の**3** 種類！　無料ダウンロード！
　音声は TEST 1, 2 とも、本試験対策用として 45 分間通してご利用いただけるもののほか、Part ごとにまとめたもの、そして復習用として問題ごとにトラック分けしたものをご用意しました。すべて研究社のホームページから無料ダウンロードできます（詳しくは 2 ページをご覧ください）。

目次

CONTENTS

■ テスト作成者が教える
新形式 TOEIC はこう解け！
ロバート・ヒルキ …………………………… 3

《《本書の使い方》》
ネイティブが教える
新形式 TOEIC の傾向と対策
デイビッド・セイン …………………………… 18

■ TEST 1 …………………………………………… 21
■ TEST 2 …………………………………………… 77

■ TEST 1 正解一覧 ……………………………… 138
■ TEST 1　解答・解説・訳 …………………… 139

■ TEST 2 正解一覧 ……………………………… 242
■ TEST 2　解答・解説・訳 …………………… 243

あとがき ………………………………………… 345

TEST

1

> DOWNLOAD　TEST 1　LISTENING TEST

> DOWNLOAD　TEST 1　PART 1_2_3_4

> DOWNLOAD　TEST 1　REVIEW ▶ 001-100

正解一覧 ▶ 138 ページ

解答・解説・訳 ▶ 139 ページ

PART 1 ▶ 140 ページ　　PART 5 ▶ 192 ページ
PART 2 ▶ 143 ページ　　PART 6 ▶ 202 ページ
PART 3 ▶ 155 ページ　　PART 7 ▶ 208 ページ
PART 4 ▶ 176 ページ

LISTENING TEST

In the Listening test, you will be asked to demonstrate how well you understand spoken English. The entire Listening test will last approximately 45 minutes. There are four parts, and directions are given for each part. You must mark your answers on the separate answer sheet. Do not write your answers in your test book.

PART 1

Directions: For each question in this part, you will hear four statements about a picture in your test book. When you hear the statements, you must select the one statement that best describes what you see in the picture. Then find the number of the question on your answer sheet and mark your answer. The statements will not be printed in your test book and will be spoken only one time.

Statement (C), "They're sittng at a table," is the best description of the picture, so you should select answer (C) and mark it on your answer sheet.

1.

2.

3.

4.

5.

6.

PART 2

Directions: You will hear a question or statement and three responses spoken in English. They will not be printed in your test book and will be spoken only one time. Select the best response to the question or statement and mark the letter (A), (B), (C) on your answer sheet.

7. Mark your answer on your answer sheet.
8. Mark your answer on your answer sheet.
9. Mark your answer on your answer sheet.
10. Mark your answer on your answer sheet.
11. Mark your answer on your answer sheet.
12. Mark your answer on your answer sheet.
13. Mark your answer on your answer sheet.
14. Mark your answer on your answer sheet.
15. Mark your answer on your answer sheet.
16. Mark your answer on your answer sheet.
17. Mark your answer on your answer sheet.
18. Mark your answer on your answer sheet.
19. Mark your answer on your answer sheet.
20. Mark your answer on your answer sheet.
21. Mark your answer on your answer sheet.
22. Mark your answer on your answer sheet.
23. Mark your answer on your answer sheet.
24. Mark your answer on your answer sheet.
25. Mark your answer on your answer sheet.
26. Mark your answer on your answer sheet.
27. Mark your answer on your answer sheet.
28. Mark your answer on your answer sheet.
29. Mark your answer on your answer sheet.
30. Mark your answer on your answer sheet.
31. Mark your answer on your answer sheet.

PART 3

Directions: You will hear some conversations between two or more people. You will be asked to answer three questions about what the speakers say in each conversation. Select the best response to each question and mark the letter (A), (B), (C), or (D) on your answer sheet. The conversations will not be printed in your test book and will be spoken only one time.

32. What is the woman trying to do?
    (A) Locate her tablet
    (B) Look for a meeting room
    (C) Help a coworker find something
    (D) Organize a meeting with a coworker

33. What does the item the woman is looking for look like?
    (A) Gray and slim
    (B) Thick and heavy
    (C) Stylish
    (D) Small and black

34. What does the man offer to do?
    (A) Send a text message to a coworker
    (B) Lend the woman his tablet
    (C) Help the woman search the office
    (D) E-mail everyone at the company

27

GO ON TO THE NEXT PAGE

35. What are the speakers mainly discussing?
   (A) The best way to present a new product to a client
   (B) The launch event for the new product
   (C) Their client's product release schedule
   (D) Designing a new product to meet the client's needs

36. What do the speakers say about Ample Motors?
   (A) Their representative will attend the event.
   (B) The new product won't be useful to them.
   (C) They are an important customer.
   (D) They are a difficult client to handle.

37. What does the woman suggest they do?
   (A) Delay the event until Linda can come
   (B) Refine the presentation after the event
   (C) Make sure Linda is at the event
   (D) Tell Linda that there won't be an event

---

38. Why is the man interested in talking with the woman?
   (A) To hear about the company from the staff
   (B) To let his boss to know that he's improving
   (C) To learn secret information about the company
   (D) To work for his client

39. What department does the woman work for?
   (A) Advertising
   (B) Editorial
   (C) Accounting
   (D) Sales

40. According to the woman, what is a good thing about working for the company?
   (A) The company offers flextime.
   (B) All overtime is paid at double the normal rate.
   (C) There are automatic increases in pay.
   (D) There are opportunities for those who are motivated.

41. What is the man going to do in the middle of the afternoon?
    (A) Go to a dentist appointment
    (B) Meet a client
    (C) Pick up a coworker from the airport
    (D) Meet with an advertising agent

42. According to the woman, what frequently happens at this type of meeting?
    (A) They almost never last longer than two hours.
    (B) They almost always end on time.
    (C) They usually go longer than planned.
    (D) They usually have a break.

43. What does the woman volunteer to do to help the man?
    (A) End the meeting suddenly
    (B) Start the meeting with an announcement
    (C) Let him leave the meeting early
    (D) Tell him about the meeting afterward

44. Where does the woman most likely work?
    (A) At an amusement park
    (B) At a natural history museum
    (C) At a veterinary clinic
    (D) At a child care center

45. What does the man say about his older son?
    (A) He is under twelve years old.
    (B) He turned twelve recently.
    (C) He is in elementary school.
    (D) He is looking forward to the ride.

46. Why are the children's ages important?
    (A) Children under 12 cannot go on the ride.
    (B) Children under 12 can enter for free.
    (C) Children under 12 can get cheaper tickets.
    (D) Children under 12 get a free toy.

GO ON TO THE NEXT PAGE

47. When is the man planning on leaving the company?
    (A) By the end of this year
    (B) Within the next month
    (C) Not for a few years
    (D) Never

48. What frequently happened when Jack acted as an accountant?
    (A) Unaccounted for expenditures
    (B) A sizable deficit
    (C) Delayed payment of wages
    (D) Incorrect payment amounts

49. What does the man imply when he says, "Nancy can fill my shoes"?
    (A) Nancy will take over for him.
    (B) Nancy will hire his successor.
    (C) He doesn't care what happens to Nancy.
    (D) Nancy will leave at the same time.

---

50. What are the speakers discussing?
    (A) The closure of the branch they work in
    (B) Staff being asked to work in different cities
    (C) An assignment at an overseas branch
    (D) Possible salary reductions

51. Which staff will be moving to the new offices?
    (A) Only people who volunteer
    (B) The most junior staff
    (C) The most experienced staff
    (D) Volunteers and those with the right skills

52. Why does the man want to stay in his current office?
    (A) The increase in pay is not enough.
    (B) He wants to stay with his family.
    (C) He likes his current coworkers.
    (D) He likes the city he works in.

53. Why does the man want to buy boots?
    (A) He is going on a ski trip.
    (B) He has a business trip to a cold place.
    (C) His old boots aren't warm enough.
    (D) His old boots are not stylish.

54. What is wrong with the first pair of boots?
    (A) They are too expensive.
    (B) They are uncomfortable.
    (C) They aren't warm enough.
    (D) They aren't flexible enough.

55. What is good about the second pair of boots?
    (A) They are warm and flexible.
    (B) They are the most popular boots.
    (C) They are warm and less expensive.
    (D) They are expensive and of high quality.

56. What are the speakers mainly discussing?
    (A) The quarterly meeting held in June
    (B) The company's plan to hire a new consultant
    (C) Their order with the paper supply company
    (D) Lowering wastage in the office

57. What does the woman mean when she says, "but I don't back the idea"?
    (A) She thinks it is a great idea.
    (B) She doesn't oppose hiring a consultant.
    (C) She didn't suggest the idea herself.
    (D) She thinks they didn't need to hire a consultant.

58. What actions has the company already taken?
    (A) Sent employees an e-mail
    (B) Reduced costs on paper usage
    (C) Implement measures to reduce waste
    (D) Asked employees to brainstorm ideas

GO ON TO THE NEXT PAGE

59. What does the man want to do?
   (A) Start looking for investors
   (B) Sign a nondisclosure agreement
   (C) Set up a new business
   (D) Find a new idea for a business

60. What advice does the woman give the man?
   (A) He should be very worried about someone stealing his idea.
   (B) He should start talking to investors and banks now.
   (C) He should start up his company before he talks to investors.
   (D) He doesn't have to worry about funding.

61. What does the woman say is necessary for the man's company?
   (A) A confidentiality agreement
   (B) Advice from experienced people
   (C) A better idea
   (D) Enough capital

Peach Laptop $1000	**Arch Laptop $800**	**Arch Tablet $500**
Size: 15.6 inches Lightweight aluminum case	Size: 18.4 inches Powerful	With 12 month Internet contract $60/month

62. Why does the man want to buy a laptop?
    (A) To replace his old one
    (B) To prepare for a school
    (C) To give to his daughter as a gift
    (D) To use in his office

63. What is the problem with the Arch Laptop?
    (A) It is not easy to carry around.
    (B) The design is not stylish.
    (C) It looks cheaply made.
    (D) It's not powerful enough.

64. Look at the graphic. How much will the man likely spend on his purchase?
    (A) $1000
    (B) $800
    (C) $500
    (D) $60

GO ON TO THE NEXT PAGE

61F	**Sky Restaurant**
5F~60F	**Offices (Keycard required)**
4F	**Art Gallery**
3F	**Clothing Stores**
2F	**Electronics Stores**
1F	**Food Court**
B2F	**Parking**

65. What floor are the speakers on now?
    (A) B2F
    (B) 1st floor
    (C) 2nd floor
    (D) 3rd floor

66. Look at the graphic. What kind of stores are on the floor that they will go to next?
    (A) Home appliance
    (B) Garment
    (C) Beverage
    (D) Restaurants

67. What food is highly recommended?
    (A) The steak from the food court
    (B) The fish from the Sky Restaurant
    (C) The fish from the food court
    (D) The steak from the Sky Restaurant

Basic Package: 60 mins all you can drink (food extra) $15/person	Premium Package: 90 mins all you can drink + all you can eat pizza and pasta $50/person
Deluxe Package: 60 mins all you can drink + all you can eat pasta $30/person	Party Package: 90 mins all you can drink + all you can eat pizza and pasta + birthday cake $60/person

68. What are the speakers mainly discussing?
    (A) An end of year party
    (B) A new restaurant
    (C) The manager's birthday party
    (D) Their favorite foods

69. Look at the graphic. What package will the speakers likely choose?
    (A) Basic Package
    (B) Deluxe Package
    (C) Premium Package
    (D) Party Package

70. Who will prepare the birthday cake?
    (A) The woman
    (B) The woman's secretary
    (C) The restaurant
    (D) The manager

GO ON TO THE NEXT PAGE

PART 4

Directions: You will hear some talks given by a single speaker. You will be asked to answer three questions about what the speaker says in each talk. Select the best response to each question and mark the letter (A), (B), (C), or (D) on your answer sheet. The talks will not be printed in your test book and will be spoken only one time.

71. Where is this announcement most likely taking place?
    (A) In a borrowed meeting room
    (B) In a staff training session
    (C) In the speaker's office
    (D) In the Human Resources office

72. What will happen in July?
    (A) A venue will be decided.
    (B) Ellen will make invitations.
    (C) A new employee training event will take place.
    (D) Planning for an event will start.

73. What will the listeners get later?
    (A) An invite notification
    (B) A schedule of the event
    (C) Updates about preparations
    (D) Information about remaining details

74. Who most likely are the listeners?
  (A) Students
  (B) Future professors
  (C) Tourists
  (D) Local companies

75. What does the speaker mean when he says, "In fact, you may know that Samson Business School's business professors have been ranked by experts as some of the top in the region"?
  (A) The level of education is high.
  (B) The course times are flexible.
  (C) The class fees are reasonable.
  (D) Student counseling is readily available.

76. According to the speaker, what will happen in August?
  (A) Students will have a chance to learn about new classes.
  (B) Details of an event will be released.
  (C) Professor rankings will be announced.
  (D) Master's degree recipients will be announced.

GO ON TO THE NEXT PAGE

77. What most likely is being advertised?
  (A) Free consultation sessions
  (B) A new type of loan
  (C) Financial support for university students
  (D) A retirement plan

78. What does the speaker mean by, "They're the people to call for financial consultation"?
  (A) They require funding.
  (B) They are seeking new staff.
  (C) They are the best for the job.
  (D) They provide student discounts.

79. What does the speaker mention about her organization's scholarship?
  (A) It is only for local students.
  (B) They will only offer it to one student.
  (C) It celebrates their fortieth anniversary.
  (D) Recipients will be hired by the university.

---

80. What is the purpose of the meeting?
  (A) To tell everyone about the year's sales
  (B) To announce project plans
  (C) To give bad news
  (D) To tell everyone about a business merger

81. What does the speaker imply when he says, "except for one"?
  (A) They had a bad year.
  (B) Not all goals were achieved.
  (C) He is talking about the low-energy AC units.
  (D) He is talking about the upcoming product.

82. What is the company preparing to do?
  (A) Release their latest product
  (B) Increase sales by 5%
  (C) Merge with another competitor
  (D) Explore different markets

83. What is the main purpose of this message?
    (A) To return a call about a requested service
    (B) To inform someone about a recent campaign
    (C) To do a survey about software
    (D) To schedule a business meeting

84. What option does the speaker suggest to Mr. Williams?
    (A) That they update the computers on the weekend
    (B) That they update an additional 20 computers at a discount
    (C) That they go to the office in the morning
    (D) That they use a speedy service requiring 30 minutes

85. What does the speaker offer?
    (A) A price cut
    (B) A quicker service
    (C) Additional updates
    (D) Upgrades on 10 computers

86. What kind of business is the listener calling?
    (A) A home appliance shop
    (B) A home theater and audio system company
    (C) An interior decorator
    (D) A recycling company

87. What should the listeners do if they want to ask about services for an event?
    (A) Press 3
    (B) Press 4
    (C) Press 5
    (D) Press 9

88. What should the listeners do if they want to visit a store?
    (A) Check the website for the closest store
    (B) Press nine to speak with a professional
    (C) Press zero to speak with an operator
    (D) Make an appointment with an expert

GO ON TO THE NEXT PAGE

89. What is the purpose of this meeting?
 (A) To explain new rules
 (B) Nothing special
 (C) To inform employees of an incident
 (D) To discuss the company budget

90. What happened in the speaker's workplace?
 (A) The company was in debt.
 (B) Employees received a pay raise.
 (C) Some papers were lost.
 (D) Employees were fired.

91. What are the employees required to do before taking data from the office?
 (A) Create a list of data about employees
 (B) Tell their superior and fill in a form
 (C) Notify employees about new documents
 (D) Remove all data from the company

92. Where is the announcement taking place?
 (A) In a plane
 (B) In Terminal 1
 (C) At a gate in the airport in Houston
 (D) At the airport in New York

93. Where is Flight AZ193 currently?
 (A) Houston
 (B) New York
 (C) San Francisco
 (D) Chicago

94. How can passengers get a voucher?
 (A) By showing their boarding card
 (B) By paying in cash
 (C) By going to the third floor lounge in terminal 2
 (D) By going to New York

Vendors and Attractions	Saturday	Sunday
Native American jewelry	O	X
Handmade plates and bowls	O	O
Used clothing (including denims and plaid shirts)	O (until noon)	X
Paintings and drawings	O	O
Handmade hats and shirts	X	O
Kid's play center	O	O (until 6:00 pm)
Hot dog stand	O	X
Mexican food stand	O	O
Hamburger stand	O	O

95. What type of event is being advertised?
    (A) A cooking competition
    (B) A local arts and crafts fair
    (C) A fun weekend for kids
    (D) An outdoor museum

96. Look at the graphic. When can the listeners buy a pair of jeans at a moderate price?
    (A) Saturday morning
    (B) Saturday afternoon
    (C) Sunday until noon
    (D) Sunday until 6:00 PM

97. Why is it recommended that visitors go on both Saturday and Sunday?
    (A) Some shops are not open both days.
    (B) The hospital is organizing the event.
    (C) Profits will go to a local hospital.
    (D) The whole park will be open.

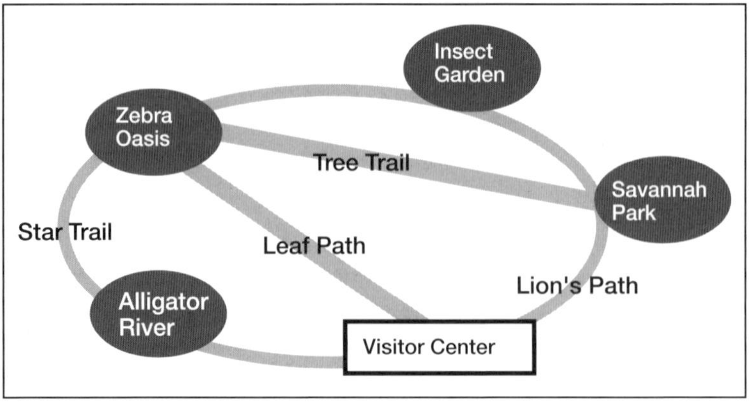
Insect
Garden
Zebra
Oasis
Tree Trail
Savannah
Park
Star Trail
Leaf Path
Lion's Path
Alligator
River
Visitor Center

98. Who most likely are the listeners?
(A) Construction workers
(B) Tourists
(C) Park rangers
(D) Taxi drivers

99. Look at the graphic. Where will the listeners be unable to go today?
(A) The Insect Garden
(B) The Savannah Park
(C) The Zebra Oasis
(D) The Visitor Center

100. What does the woman encourage the listeners to do?
(A) Use sun protection
(B) Bring their own lunch
(C) Borrow an umbrella
(D) Bring a map

This is the end of the Listening test. Turn to Part 5 in your test book.

READING TEST

In the Reading test, you will read a variety of texts and answer several different types of reading comprehension questions. The entire Reading test will last 75 minutes. There are three parts, and directions are given for each part. You are encouraged to answer as many questions as possible within the time allowed.

You must mark your answers on the separate answer sheet. Do not write your answers in the test book.

PART 5

Directions: A word or phrase is missing in each of the sentences below. Four answer choices are given below each sentence. Select the best answer to complete the sentence. Then mark the letter (A), (B), (C), or (D) on your answer sheet.

101. Citizens concerned about the upcoming residential tax increase should take action ------- and contact their local mayor.
    (A) they
    (B) themselves
    (C) their
    (D) them

102. Market research shows that the average family would be ------- in purchasing an electric vehicle, if it fit their needs.
    (A) interested
    (B) interesting
    (C) interests
    (D) interest

103. The new material discovered by researchers at Eastgate University is three times ------- than aluminum, but only half the weight.
    (A) strength
    (B) strong
    (C) stronger
    (D) strongest

104. The staff at Premium Hotel has a reputation for providing exceptionally courteous and ------- service.
    (A) simple
    (B) helpful
    (C) previous
    (D) random

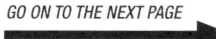

GO ON TO THE NEXT PAGE

105. The CEO of Xenon Industries retired last month, leaving the reins of ------- flourishing empire to his three sons.
(A) himself
(B) he
(C) him
(D) his

106. The suitcase ------- from the luggage compartment on the train.
(A) stole
(B) stolen
(C) was stolen
(D) has stolen

107. Researchers at the excavation site in Mongolia are working ------- to extract the fragile dinosaur bones from the rock.
(A) careful
(B) caring
(C) carefully
(D) care

108. Mr. Cho will be on a business trip to meet with our suppliers in Shanghai ------- Friday.
(A) since
(B) at
(C) until
(D) for

109. LiteTech made a bold investment in solar energy, ------- bankruptcy if the project failed.
(A) risking
(B) trying
(C) challenging
(D) avoiding

110. After working many hours of overtime in order to meet the release date for the product, the workers were -------.
(A) broken in
(B) burned out
(C) blown away
(D) beefed up

111. Research scientists ------- in Paris for a conference on the newly discovered disease.
(A) joined
(B) gathered
(C) traveled
(D) attended

112. Although most of the inventory control is done ------- by computers, the merchandise is physically counted as a final check.
(A) automatic
(B) automatically
(C) automation
(D) automated

113. After the failure of the left engine, the airplane descended -------, but it reached the airport safely, landing with only minor damage.
(A) innovatively
(B) highly
(C) readily
(D) rapidly

114. Our charity organization appreciates ------- of clothing and household items that can be given to families in need.
    (A) donate
    (B) donation
    (C) donations
    (D) donated

115. Experts from around the world agree that the global temperature is currently ------- at a rate hazardous to wildlife.
    (A) increase
    (B) increased
    (C) increasing
    (D) increases

116. The winning design for the building will be ------- by an international panel of experienced architects.
    (A) estimated
    (B) invited
    (C) involved
    (D) decided

117. Zed Corporation has been the market leader in electronics ------- its establishment in 1985.
    (A) since
    (B) until
    (C) ago
    (D) at

118. The new city library was ------- opened at an event held in May.
    (A) correctly
    (B) excellently
    (C) clearly
    (D) officially

119. The trade agreement between the two countries ------- the beginning of a new era in international cooperation.
    (A) signify
    (B) signified
    (C) is signified
    (D) was signified

120. Zane Tech announced in a press release on Sunday that a rapid injection of capital is a ------- for the company's survival beyond this quarter.
    (A) necessary
    (B) necessity
    (C) necessitates
    (D) necessities

121. The candidate is expected to win many votes from undecided voters with his middle-of-the-road, ------- policies.
    (A) moderator
    (B) moderate
    (C) moderating
    (D) moderation

122. Dr. Shannon Wells, the renowned marine biologist, is holding a lecture at this university in order to encourage people to protect ------- precious oceans.
    (A) her
    (B) its
    (C) our
    (D) their

45

GO ON TO THE NEXT PAGE

123. The Natural Disaster Fund received a large and much ------- donation from the owner of a booming tech company in San Francisco.
    (A) appreciable
    (B) appreciating
    (C) appreciative
    (D) appreciated

124. Only one in ten companies makes enough to cover its ------- within the first three years.
    (A) profits
    (B) overhead expenses
    (C) intangible assets
    (D) income statement

125. After months of research, the investor decided to put his money into natural ------- such as oil and natural gas.
    (A) resourceful
    (B) resourcing
    (C) resource
    (D) resources

126. Ever since the book reached number one on the New York Times bestseller list, it has been in high -------.
    (A) respect
    (B) demand
    (C) purpose
    (D) location

127. The CEO of the company is obliged to ------- the welfare of his employees above the wishes of the company board and shareholders.
    (A) keep
    (B) have
    (C) return
    (D) ensure

128. The customers in the focus group found the product to be well designed and easy to use; however, they were discouraged ------- the price.
    (A) by
    (B) for
    (C) at
    (D) with

129. Customers are warned that Freshest Supermarkets accepts no responsibility for items left ------- in shopping carts.
    (A) unchanged
    (B) unreleased
    (C) unattended
    (D) understood

130. It is ------- that foreign students at the university first spend a year studying academic English.
    (A) needed
    (B) acceptable
    (C) selected
    (D) recommended

PART 6

Directions: Read the texts that follow. A word, phrase, or sentence is missing in parts of each text. Four answer choices for each question are given below the text. Select the best answer to complete the text. Then mark the letter (A), (B), (C), or (D) on your answer sheet.

Questions 131-134 refer to the following article.

Milsap – May 10 To deal with the language needs of our many new immigrant families in the Milsap area, the board of education ------- **131.** on May 8 a new English language instruction program for all Milsap area elementary schools. These classes will be held after regular classes are finished. -------
132.

The classes will be taught ------- volunteers from the community.
133.
The board is looking for people who have taught English in the past.

Anyone who has ------- experience should contact the Milsap board of
134.
education.

131. (A) will announce
(B) having announced
(C) is announcing
(D) announced

132. (A) Many immigrants are from Southeast Asia.
(B) Some people need additional help.
(C) There is no cost for this instruction.
(D) The school has recently been remodeled.

133. (A) from
(B) by
(C) if
(D) when

134. (A) previous
(B) additional
(C) discouraging
(D) before

Questions 135-138 refer to the following e-mail.

TO: salesteam2@linkup.co.nz

FROM: Brenda Barnes<brenda.barnes@linkedup.co.nz>

DATE: November 25

SUBJECT: URGENT change of meeting room

Sorry for the last minute notice, but we'll need ------- today's monthly
                                                 135.
sales meeting from our usual meeting room to a different location.

The CEO is hosting a visiting group of Chinese businesspeople and

has requested to use ------- room to meet with them.
                          136.

We'll be in Room 1023 on the 10th floor. ------- I'm attaching a copy
                                          137.
of the agenda reflecting the ------- in venue. Otherwise, the schedule
                             138.
and discussion topics remain the same.

Brenda

---

135. (A) shift
(B) to have shifted
(C) shifting
(D) to shift

136. (A) its
(B) our
(C) their
(D) my

137. (A) The starting time will stay the same.
(B) Sales have been up this quarter.
(C) We hope to meet every month.
(D) The visitors are potential customers.

138. (A) style
(B) organization
(C) change
(D) dimensions

Questions 139-142 refer to the following notice.

June 16

NOTICE

To all ------- at Hillside Terrace:
    139.

The west elevator will undergo scheduled maintenance on the first two days of next month, July 1-2. ------- the period that the elevator
                                          140.
is out of service, please use the east elevator. Of course, you may also use the stairs to reach your apartment. -------
                                                            141.

------- Wednesday, July 3, both elevators will be available for use.
142.
We apologize for the inconvenience that these repairs will cause and thank you in advance for your patience.

139. (A) employees
(B) guests
(C) residents
(D) investors

140. (A) While
(B) After
(C) Moreover
(D) During

141. (A) Your apartment key can be used to enter the building.
(B) The elevator will stop at all floors.
(C) The maintenance will be performed over a two-day period.
(D) The entrance to the stairwell is in the rear of the lobby.

142. (A) Commencing
(B) Commencement
(C) Commence
(D) Commences

Questions 143-146 refer to the following information.

IMPORTANT INFORMATION

Thank you for your recent purchase of the MDQ-01 external hard disk drive. We suggest that you ------- attention to the following guidelines:
143.

- Always shut down your MDQ-01 before you disconnect it from your computer.

- Avoid using your MDQ-01 in conditions of extreme temperatures (i.e., ------- too hot or too cold). -------
  144.   **145.**

- Always use the enclosed case when you transport your MDQ-01.

By following the ------- advice, you can help to ensure that the MDQ-
146.
01 will serve you well for several years.

143. (A) hold
(B) pay
(C) keep
(D) offer

144. (A) either
(B) both
(C) also
(D) neither

145. (A) In addition, the unit carries a three-year warranty.
(B) However, the unit must be shut down manually.
(C) For example, keep the unit away from direct sunlight.
(D) Consequently, the unit has a tendency to malfunction.

146. (A) subsequent
(B) above
(C) mandatory
(D) contradictory

PART 7

Directions: In this part you will read a selection of texts, such as magazine and newspaper articles, e-mails, and instant messages. Each text or set of texts is followed by several questions. Select the best answer for each question and mark the letter (A), (B), (C), or (D) on your answer sheet.

Questions 147-148 refer to the following information.

Thank you for purchasing a Universe LP-310 flat screen television set. As part of a promotion, we are offering a $100 rebate on all Universal television sets purchased within the month of April. Simply fill out your details on the attached form and mail it to our customer service center within one month of the purchase date to receive $100 back.

147. What is being offered?
(A) Money back on TV sets
(B) A discount on electronic goods
(C) A chance to win $100
(D) A discount coupon

148. What does the customer need to do?
(A) Provide a receipt
(B) Make a phone call
(C) Mail a form to the company
(D) Visit the store in person

51

GO ON TO THE NEXT PAGE

Questions 149-150 refer to the following text message chain.

> **GEORGE SANTOS [10:24 A.M.]**
> Maria, the meeting with the CEO is about to start. Are you ready for the presentation? Where are you?
>
> **MARIA BROWN [10:25 A.M.]**
> Sorry, the trains are stopped. I'm only one station away, but we're not moving.
>
> **GEORGE SANTOS [10:27 A.M.]**
> Why don't you just take a taxi? Both the CEO and the board of directors are coming, so we've got to start on time. Our project is already on thin ice.
>
> **MARIA BROWN [10:28 A.M.]**
> Yes, I know, but there's nothing I can do. We're stuck between stations now.
>
> **GEORGE SANTOS [10:29 A.M.]**
> Okay, I'll text everyone and try to move the meeting to 3:00 P.M.
>
> **MARIA BROWN [10:30 A.M.]**
> Thank you. But call the CEO instead of texting him. He's probably already in the building.

149. At 10:27 A.M., what does George Santos mean when he says, "Our project is already on thin ice"?
    (A) The CEO is excited about the project.
    (B) The project is almost finished.
    (C) The project will be difficult.
    (D) The project might be cancelled.

150. What will happen at 3:00 P.M.?
    (A) Maria will arrive at the office.
    (B) The rescheduled meeting will start.
    (C) The CEO will arrive at the office.
    (D) The train will start moving again.

Questions 151-152 refer to the following advertisement.

The Kids Barn

Educational games, toys, clothes and other fun things for kids of all ages.

Business hours: Monday—Thursday 9:30 A.M. to 8:45 P.M.,
Saturday and Sunday 11:00 A.M. to 7:00 P.M.

Shopping for a little one? At The Kids' Barn, you'll find everything you're looking for and more. We have everything and anything needed to delight little boys and girls. Don't miss our new robotics section with live demonstrations every Saturday at noon!

We also have over 3,000 books for children in stock. We search the world and only offer children's books that are sure to educate and stimulate the imagination of your little one. While you're browsing, let your child visit the storybook corner and listen to a book read by one of our volunteers. Remember, for every 10 books we sell, we donate one to the Anton Orphanage.

151. What kind of shop is The Kids Barn most likely to be?
 (A) A clothing store
 (B) A book and stationery store
 (C) A store with toys for children
 (D) A hardware store

152. While children are listening to a story, what does the article recommend parents do?
 (A) Find a book for themselves
 (B) Do some shopping in the store
 (C) Volunteer to help children in need
 (D) Sign up for a special discount

GO ON TO THE NEXT PAGE

Questions 153-154 refer to the following e-mail.

To:	Jon Scrubbs <owner@skullzskatepark.com>
From:	Bob Cox <bcox@anymail.com>
Date:	February 12
Subject:	Skate park rules

Dear Mr. Scrubbs,

I am writing to let you know that although I have been using your skate park ever since it opened five years ago, I am starting to feel some dissatisfaction with the experience. In fact, I am considering joining another skate park that is not so strict, even though it is farther from my home. I can tell you that I am not alone in feeling this way.

Skullz Skate Park used to be the greatest place in town, partly because my friends and I could eat and drink on the lawn before or after skating, with vending machines offering snacks and drinks for only $1 each. Admission to the park for an entire day of skating only cost $10. Now daily admission has risen to double that amount, and on top of that, there is no place to relax and enjoy lunch or a snack during a break from skating. The grassy area has now become a parking lot and the hallways prohibit food and drink. I hope you will consider relaxing your rules and making changes to provide the convenience you have provided up until now.

Sincerely,
Bob Cox

153. Why is Mr. Cox writing the e-mail?
    (A) To inform the owner of his dissatisfaction
    (B) To thank the owner
    (C) To find something he lost at the skate park
    (D) To suggest they start a new business

154. What happened to the location where Mr. Cox and his friends used to eat?
    (A) The area was fenced off and is out of bounds.
    (B) The area has become a space for cars.
    (C) There's now a charge for using the facilities.
    (D) The area has expanded and seats were added.

Questions 155-157 refer to the following article.

New Reads from Pavilion House Books
Digging Up the Past
by Eduardo Flores

World-renowned paleontologist Eduardo Flores has written a fascinating new book full of ideas and conjectures about the world of dinosaurs. Having recently finished a ten-month dig in Montana that included several important discoveries, Dr. Flores has put together his findings in a beautiful full-color book oriented to the casual reader, perfect for those with a casual interest in dinosaurs as well as those who have never given up their childhood fascination with the ancient creatures.

There are two things that really set this book apart from previous works. One is the degree of personal detail Dr. Flores has added to accounts of his excavations, which really make the reader feel like he or she is right there at the dig site. Secondly, the implications of Dr. Flores's newest discoveries are discussed in great depth, making for a fascinating read.

About the author: Eduardo Flores is a leading paleontologist, a scientist who studies evidence of ancient life. After receiving his Ph.D. from the University of Washington, he taught for several years as a professor in Canada before devoting his career to excavations in the wild that have seen much success. He also appears regularly on science TV programs for children. Dr. Flores lives with his wife in Bozeman, Montana.

155. According to the article, what kind of people would be interested in this book?
(A) Scientists and writers in the field
(B) Non-scientists who are interested in dinosaurs
(C) People who do not care much for dinosaurs
(D) Students interested in studying paleontology

156. What is one thing the book contains that makes it different from other works?
(A) A detailed history of the area where Dr. Flores worked
(B) Vivid descriptions of the work Dr. Flores did in the field
(C) Explanations about how paleontology has evolved
(D) Basic information for those just becoming interested in dinosaurs

157. How does Dr. Flores spend a large portion of his time?
(A) Teaching at a university
(B) Doing research at the university library
(C) Entertaining young children in his home
(D) Digging for dinosaurs

GO ON TO THE NEXT PAGE

Questions 158-160 refer to the following notice.

Join us, Eco Angels!

Have you ever been walking downtown, only to be assaulted by the smell of garbage? Or perhaps you've gone for a jog in the park, only to discover that the ground was covered in litter?

If you feel it's time we cleaned up this city, you're not alone. Eco Angels is a not-for-profit community organization made up of volunteers just like you. We envision a city free of litter and unnecessary eyesores, and we're taking steps every day to beautify our neighborhoods.

Some facts:
- More than 90% of our waterways are littered with garbage, endangering the health of local birds and wildlife.
- Trash on our streets attracts seagulls and pigeons, ruining our buildings and parked cars with their droppings.
- Our streets hurt tourism, because no one wants to visit a dirty city. As a result, local businesses are being forced to close.

Together, we can transform this city into a beautiful place to live! Higher property values, more tourism, and a healthier environment are all within reach.

Contact us at the address below to find out how you can help!

158. Where was this notice likely found?
   (A) On a community bulletin board
   (B) In an office newsletter
   (C) In a sports magazine
   (D) On a corporate Web site

159. According to the article, what is one thing the Eco Angels are doing?
   (A) Making plans for a city free of litter
   (B) Discovering new ways to reduce the garbage on the streets
   (C) Letting tourists know that the situation is improving
   (D) Taking action on a daily basis to clean up the city

160. According to this article, why have some establishments gone out of business?
   (A) They have moved to more beautiful cities.
   (B) Their owners have become ill.
   (C) They are too busy to help Eco Angels.
   (D) A drop in tourism has impacted revenue.

Questions 161-163 refer to the following article.

September 13, Austin, TX – Vector Semiconductors Inc. and Kiel-Henderson Inc. today announced that they have signed a merger agreement. The transaction is scheduled to be completed November 1, and will position the combined company as the leading manufacturer of computer hardware in the country, with approximately $30 billion in annual revenue and over 150,000 employees. — [1] — The new consolidated company will adopt the Vector brand identity and will be headquartered in Austin, Texas.

The merger agreement was arrived at after weeks of negotiations, according to one K-H employee who was close to the matter.

— [2] — The terms of the deal, approved unanimously by the boards of directors of the two companies, state that Vector Semiconductors stockholders will end up with roughly 53 percent ownership, while Kiel & Henderson stockholders will retain 47 percent. — [3] —

Vector Semiconductors will hold a press conference at their headquarters in Austin Friday to answer questions about their vision for the future of the industry.
— [4] —

161. What is the article about?
   (A) The competition between two companies
   (B) A joint project between two companies
   (C) An agreement to merge between two companies
   (D) A new company being started

162. Which description best fits the new company?
   (A) It will leave Texas and move overseas.
   (B) It will be the top computer hardware maker in the United States.
   (C) It will be known as Vector-Kiel.
   (D) It will buy back stock from shareholders.

163. In which of the positions marked [1], [2], [3], and [4] does the following sentence best fit? "K-H shareholders will be compensated by receiving 0.725 Vector shares for each of their K-H shares."
   (A) [1]
   (B) [2]
   (C) [3]
   (D) [4]

Questions 164-167 refer to the following online chat discussion.

Joshua White [11:46 A.M.]: If you have a chance to talk to Mr. Garcia, could you let him know that I can't make it to the 3:00 meeting tomorrow? I have to deal with a critical situation in the factory.

Trudy Kay [11:47 A.M.]: I don't think it's a good idea to cancel the meeting. Unless we get the winter production plan approved right away, the new production line won't be ready for the October 10 start date.

Joshua White [11:49 A.M.]: You're right, but it's just not possible for me to attend the meeting. Do you think you could go in my place, Christie?

Christie Jones [11:50 A.M.]: Yes, I suppose that's possible. But what if something comes up that only you know about?

Joshua White [11:53 A.M.]: I'll have my cell phone on me, so you can call me anytime.

Trudy Kay [11:53 A.M.]: Okay, it's better than putting off the meeting. I'll make sure Mr. Garcia knows so he won't be surprised.

Joshua White [11:55 A.M.]: I'll be back in the office tonight, so let's go over the main points you'll need to cover.

Christie Jones [11:56 A.M.]: Good. I've got the gist of the plan, but there are some things I need to ask you about.

164. Why is Mr. White asking Ms. Kay to talk to Mr. Garcia?
 (A) He doesn't want to go to the meeting.
 (B) He prefers working in the factory.
 (C) He has to take care of a serious problem.
 (D) He doesn't have any suggestions.

165. What is supposed to happen on October 10?
 (A) Production will begin.
 (B) An important meeting is scheduled.
 (C) Mr. Garcia will visit the factory.
 (D) A meeting to discuss new ideas will be held.

166. What does Mr. White ask Ms. Jones to do?
 (A) Move the meeting to the factory
 (B) Represent him at the meeting
 (C) Call him on his cell phone
 (D) Get materials ready for the meeting

167. At 11:56 A.M., what does Ms. Jones mean when she says, "I've got the gist of the plan"?
 (A) She knows all the details of the plan.
 (B) She has all the documents related to the plan.
 (C) She knows the general outline of the plan.
 (D) She is not famiiar with the plan.

GO ON TO THE NEXT PAGE

Questions 168-171 refer to the following survey response.

Doug's Donuts & Pastries

Thank you for taking this customer satisfaction survey! Submit your completed survey to one of our staff and receive a coupon for one free donut or pastry.

We do not require your name (unless you wish us to reply to you, in which case please include your name and contact information), so anonymous surveys are welcome.

1. How often do you come to Doug's? (please check)
☐ This is my first time ☐ Once a month
☐ 2 – 3 times a month ☑ Once a week
☐ Several times a week

2. How did you find out about Doug's? (please circle)
☐ Friend ☐ Social media ☐ Internet
☑ Other (please specify): I saw your sign while walking in the neighborhood

3. Please rate our products on a scale of 1 to 5, with 5 meaning you are "highly satisfied" and 1 meaning you are "highly dissatisfied."

Taste   1 2 3 4 (5)   Texture   1 2 3 4 (5)
Appearance 1 2 (3) 4 5   Menu / Variety 1 2 (3) 4 5

Other Comments: Overall I'm a very satisfied customer. Since discovering your store, I've been coming about once a week, sometimes more. Your store is close to my office, so it's really convenient. Your old-fashioned glazed donuts are to die for, despite the fact that they sometimes taste different on different days. Now that I've been here more than just a few times I'm starting to wish you offered even more kinds of pastries, simply because I've liked everything I've tried so far. But I'm happy that you seem to focus on making a small number of truly excellent items, rather than trying to offer too much.

Contact Information (optional):
Name: Sex: (Female)/ Male   Mailing Address:
Email Address:

168. Why is Doug's Donuts & Pastries sending this survey to its customers?
 (A) To give them a coupon
 (B) To learn more about their regular customers
 (C) To ask if they should expand their menu
 (D) To collect the customer's contact details

169. What is mostly likely true about the survey responder?
 (A) She eats donuts every day.
 (B) She prefers to eat healthy food.
 (C) She enjoys quality sweet foods.
 (D) She finds out about new restaurants through social media.

170. What is the negative thing the responder says about Doug's?
 (A) The location is inconvenient.
 (B) The quality of the food is inconsistent.
 (C) The presentation of some of the food is lacking.
 (D) There are too many things on the menu.

171. Which of the following was NOT written by the responder?
 (A) She visits Doug's once a week or more.
 (B) She found the store while passing by.
 (C) She lives in the same neighborhood.
 (D) She is glad that Doug's focuses on quality.

Questions 172-175 refer to the following articles.

Travelers to the Republic of Westland have been cautioned to remain vigilant in the face of an increasing number of thefts and scams targeting tourists. The British Embassy issued a bulletin to citizens on its website detailing common scams, and advising careful consideration of travel to the region, which has been in a declining economic state due to recent political upheaval. — [1] —

Incidents of pickpocketing reported to the Westlandian police have risen by 150% in two years, and the number of complaints regarding scams has risen by over 200%. The variety of scams has also increased. — [2] — Criminal organizations have been recruiting young girls to act lost and beg travelers to accompany them in a taxi, claiming they feel unsafe traveling alone. Of course, the taxi driver is also part of the organization, and the unfortunate traveler is left with a bill that may total hundreds of dollars, in some cases after being driven around for hours. One such traveler, Greg Smith, said, "It was a nightmare, I thought they would never let me go." — [3] —

Travelers are also advised to keep a careful eye on their passport, as these vital documents are being increasingly targeted. — [4] — There are fears that members of extreme political groups will leave the country using stolen passports; therefore, anyone whose passport has been stolen is advised to report the theft immediately.

172. What advice has the British Embassy given?
  (A) Citizens should not travel to Westland under any circumstances.
  (B) Citizens traveling in Westland should not use taxis.
  (C) Citizens traveling in Westland should take care not to get in trouble with the police.
  (D) Citizens should be cautious about travel to Westland.

173. What kind of scam is described in the article?
  (A) A young girl distracts the tourist while their passport is stolen.
  (B) Taxi drivers overcharge tourists on the way to their hotels and the airport.
  (C) Children are being recruited as pickpockets.
  (D) Tourists are lured into fake taxis, and then charged hundreds of dollars.

174. Why should a stolen passport be reported immediately?
  (A) So that the police can catch the thief
  (B) So that political extremists can't use the passport
  (C) So that the passport can be reissued
  (D) So that the traveler can return home

175. In which of the positions marked [1], [2], [3], and [4] does the following sentence best belong?
  "But he is only one of many."
  (A) [1]
  (B) [2]
  (C) [3]
  (D) [4]

Questions 176-180 refer to the following letter and e-mail.

Mr. Richard Franklin
Human Resources Department
Globalreach Co.
October 1

Dear Mr. Franklin,

I received your contact information from my friend Julie Bloom who works in the accounting department at your company. In a few months, I will be moving from my current location to Minnesota where your company is headquartered, and I will be searching for work in the area.

I have five years of experience in business-to-business sales at my current job, as well as three years of business-to-customer sales experience at my prior job. As you can see from my most recent performance review that I have included with this letter, I have regularly exceeded sales quotas and my manager has been very pleased with my work.

I would be very grateful for the opportunity to use these skills to assist your company. I have also enclosed my resume with this letter. Please take the time to look over it, and let me know if you have any positions to be filled.

Yours sincerely,

Angela Dean

Angela Dean
angeladean@clearsky.com

To:	Angela Dean <angeladean@clearsky.com>
From:	Richard Franklin <RFranklin@globalreach.com>
Date:	October 5th
Subject:	Thank you for your application

Dear Ms. Dean,

I am writing in response to your letter dated October 1st. I have looked over your resume and credentials, and you are indeed an impressive candidate. I am sure you would be an asset to our company.

We recruit salespeople to work in our stores on an ongoing basis, and if you would like, I can consider you for the current round of hiring. I understand that this would be a step down from your current position. However, if you perform well in this role, there is a good chance that you will be promoted after the first year.

In a few months, we also have a position opening up for an assistant manager in our business-to-business sales department. I would also like to interview you for this position, but please understand that we favor candidates with managerial as well as sales experience for this role.

Please let me know how you would like to proceed.

Sincerely,

Richard Franklin
Human Resources Department
Globalreach Co.

176. What is the purpose of the letter?
(A) To resign from a current job
(B) To ask about job opportunities in a new city
(C) To apply for a job advertised in a newspaper
(D) To reply to a job offer from a recruiter

177. What kind of work does Ms. Dean currently do?
(A) A sales clerk at a retail store
(B) An accountant in an office
(C) A manager in a sales department
(D) A B2B salesperson

178. What has Ms. Dean included with her letter?
(A) A letter of recommendation
(B) An evaluation from her supervisor
(C) Her academic transcript
(D) The phone number of her reference

179. What might happen if Ms. Dean is hired for the first job mentioned in the e-mail?
(A) She will find the work too difficult.
(B) She will be paid more than her current job.
(C) She could receive a promotion quickly.
(D) She will be paid a bonus for good work.

180. Why might it be difficult for Ms. Dean to get the second job mentioned in the e-mail?
(A) She is overqualified for the position.
(B) She lacks experience as a supervisor.
(C) She does not have a college degree.
(D) She has never worked in accounting.

GO ON TO THE NEXT PAGE

Questions 181-185 refer to the following e-mails.

To:	Freelife Apartments
From:	Frank Mills
Date:	May 30
Subject:	Apartment in Fair Oaks

Dear Sir/Madam:

I saw your advertisement online for the two-bedroom, one-bath apartment in Fair Oaks, and was interested in learning more. I am a married professional looking for a home closer to my work, and think your apartment may be just right.

Our current rental contract ends on July 26th, so we are in a hurry to secure a new place before then.

If the apartment is still available, I would like to know more about the kitchen space and the balcony.

Also, if you have any photos of the apartment I would very much like to see those. I would also appreciate it if I could inspect the apartment in person some time this week.

Thank you for your time.

Regards,
Frank Mills

To:	Frank Mills<Mills1017@edge.net>
From:	JBowman@freelifeapartments.biz
Date:	June 1
Subject:	Re: Apartment in Fair Oaks

Dear Frank,

Thank you for your e-mail on Sunday. Yes, the apartment in Fair Oaks is still available, and we are looking for someone to move in as soon as possible.

I've attached several photos of the apartment showing both the interior and exterior, including the balcony. The kitchen is fairly large, with a three-burner gas stove and lots of cupboards to hold dishes, pots and pans. A full-size refrigerator is already installed, and is only two years old. As stated in the advertisement, the rent is $1800 a month.

If you are still interested I would be more than happy to show you the apartment in person. In order for you to move in in July, we would need to sign the contract by the end of this month. Therefore, if you could inspect the apartment on Thursday or Friday this week, that would be perfect.

Sincerely,
Jim Bowman
Customer Relations
Freelife Apartments

181. What kind of apartment does Mr. Mills want?
(A) A luxurious apartment with lots of space
(B) An apartment suitable for raising children in
(C) An affordable apartment where he can keep a pet
(D) An apartment for two people near his workplace

182. What information was requested by Mr. Mills?
(A) The price for renting the apartment
(B) The number of rooms in the apartment
(C) Photos of the apartment
(D) The amount of storage space in the apartment

183. When can Mr. Mills move into the apartment?
(A) After the previous tenants leave
(B) After the contract is signed
(C) When renovations are completed
(D) When it is built

184. Which of the following does the apartment have?
(A) A garden
(B) Kitchen storage space
(C) A heating system
(D) An ocean view

185. When will Mr. Bowman show the apartment to Mr. Mills?
(A) In late May
(B) In early June
(C) In early July
(D) In late July

GO ON TO THE NEXT PAGE

Questions 186-190 refer to the following notice, response form, and e-mail.

COTTAGES FOR YOU

Come Spend a Lovely Summer in the English Countryside!

Our beautiful, quaint cottages nestled among the brooks and small country roads of southern Somerset county offer the perfect balance of summer getaway and modern conveniences. Each of our packages includes:

- A one-bedroom cottage with luxurious furnishings and modern appliances
- Our premium breakfast service (experience a traditional English breakfast!)
- Free access to Lee's Golf Course, just 5 minutes by car
- A complimentary bottle of either white or red wine

Cottages are available Easter through the end of September. Weekly rates start from £400. Reserve early to ensure availability, by phone at (103) 4422-7191 or online at www.cottagesforyou.co.uk.

Reservation Form

Check in: 05/03/2016   Time: 03:00 PM
Check out: 05/24/2016 (Check out time is 11:00 AM, please use the comment form to arrange a late check out. An additional fee will be charged per hour.)

Please indicate your prefered complimentary wine:
☑ Red (Goodman's Premium Merlot)   ☐ White (Greenwood Sauvignon Blanc)

Please write any comments or special requests below:

Hello,

I found your cottages through an Internet search, and they look absolutely lovely. My wife and I would like to arrange a stay of three weeks in May, but I have several requests to make.

First, my wife suffers from an illness and has difficulty walking. She usually uses a cane to walk, but on bad days she needs to use a wheelchair. We would like to request a cottage at the bottom of the hill to make it easier for her.

Secondly, due to my wife's illness, it can take us some time to get ready in the morning. Therefore we would like to check out one hour late, at 12:00 PM. Please let us know the extra fee.

Finally, I will need to answer some work emails during my stay, so I would like to know if Wi-Fi is available in the cottages.

Sincerely,
Donald Grey

To:	Donald Grey<Mary&Donald@papersky.net>
From:	Angela Brooks<angela_b@cottagesforyou.co.uk>
Date:	April 3rd
Subject:	Reservation No. 605

Dear Mr. Grey,

Thank you very much for your reservation. We look forward to welcoming you in May. All our cottages are equipped with high speed wireless Internet at no charge.

I understand your wife's circumstances, and so I have reserved Cottage No.7 for you. There is a flat path to the cottage and a ramp to the entrance. This cottage also has a large bathroom suitable for wheelchair users.

Usually there is a fee of £10 per hour for late check out, but in this case I have decided to waive the extra fee. Please take all the time you need in the morning.

Once again, we look forward to seeing you in May.

Regards,

Angela Brooks
angela_b@cottagesforyou.co.uk

186. What is Mr. Grey's main concern?
 (A) His wife may be too ill to travel in May.
 (B) He will miss an important email from work.
 (C) The cottage may be too small.
 (D) It will be difficult for his wife to walk up the hill.

187. Which of the following usually incurs an additional fee?
 (A) A traditional English breakfast
 (B) Checking out after 11:00 A.M.
 (C) A bottle of white wine in the room
 (D) Using the golf course

188. What is good about Cottage No. 7?
 (A) It has good views from the top of the hill.
 (B) It has faster Internet than the other cottages.
 (C) It is suitable for people with disabilities.
 (D) It has a luxurious bathroom.

189. In the e-mail, the word "waive" in paragraph 3, line 2, is closest in meaning to:
 (A) accept (B) drop
 (C) allow   (D) delay

190. What is true about Cottages For You?
 (A) Guests can reserve a cottage online.
 (B) Dinner is included in the booking fee.
 (C) Guests may not choose the free bottle of wine.
 (D) All of the cottages are handicapped accessible.

Questions 191-195 refer to the following article and e-mails.

Green Collar Industry News Magazine

Green Energy Companies Looking Toward Partnership
By Martha Shnell
Date: July 13

Solarex, one of the foremost manufacturers of solar-powered home and business lighting solutions, has announced that it is in negotiations with PowerNext, Inc., a company based in Paris, France, to begin a new partnership between the two companies. Solarex, headquartered in Phoenix, Arizona, told our correspondents that they're hoping to work more closely with battery manufacturers in order to achieve greater efficiency in their products, and a partnership with PowerNext would be a promising way to fulfill this need.

Solarex president Greg Farbe emphasized the need to make new technological advancements in the alternative energy sector in order to fuel more creation of green collar jobs, and said that he expects a partnership with PowerNext would "drive innovation, lower manufacturing costs, and spur new growth" in the industry. He further emphasized that if such an agreement is made, Solarex may expand its operations by creating a new office in France. Mr. Farbe said that regardless of future partnerships, it's important to expand to meet the growing energy needs of customers worldwide.

To:	Martha Shnell<martha_s@greencollar.co.uk>
From:	Greg Farbe<G_Farbe@solarex.com>
Date:	July 14
Subject:	Request for correction

Dear Ms. Shnell,

Thank you very much for interviewing me last week. I appreciate your coverage of Solarex in the July 2 issue of Green Collar Industry News, but there are a few inaccuracies that I would like to correct. First of all, PowerNext, Inc., with whom we are negotiating a partnership, is located in Bordeaux, France, not Paris.

More importantly, since we feel that our business would benefit from having an office in Europe, we are planning to open a customer relations and sales center in Paris regardless of possible future partnerships with companies in Europe. We wish to avoid potential confusion about our strategy.

If you could print these corrections in an upcoming issue of your magazine, I would very much appreciate it. If you have any questions about Solarex you are welcome to contact me directly at the number below.

Sincerely,
Greg Farbe, President
Solarex
219-777-1323

To:	Greg Farbe<G_Farbe@solarex.com>
From:	Daniel Lewis, Editor<D-Lewis@greencollar.com>
Cc:	Martha Shnell<martha_s@greencollar.co.uk>
Date:	July 15th
Subject:	RE: Request for correction

Dear Mr. Farbe,

Hi, I'm Daniel Lewis, the editor in chief of Green Collar Industry News. Martha forwarded your e-mail to me, and I would like to thank you for your comments regarding the article.

Concerning the location, I contacted PowerNext directly, and they said that their actual headquarters are in Bordeaux, while the office in Paris is only a branch.

I sincerely apologize for the inaccuracies in our article, particularly regarding the new office. We'll include a correction on the inside cover of the coming issue that will be published in early September. Thank you again for your feedback.

191. What are Solarex and PowerNext, Inc. planning to do?
(A) They are planning to merge.
(B) They are planning to work together.
(C) They are planning to compete over market share.
(D) They are planning to cancel a collaborative project.

192. According to the article, what does Solarex think is necessary?
(A) To invest in geothermal power
(B) To make solar products cheaper
(C) To advance green technology and create more jobs.
(D) To move its company overseas

193. What is Solarex planning to do no matter what?
(A) Open a new sales center in Paris
(B) Hire more people to work in the solar industry
(C) Begin manufacturing batteries as well as solar lighting
(D) Partner with more companies in Europe

194. What is NOT true about PowerNext?
(A) They signed a contract with Solarex.
(B) They have locations in at least two cities.
(C) Their main office is located in Paris.
(D) They provided information to Mr. Lewis.

195. What will happen in September?
(A) Another article about Solarex will be published.
(B) A print correction will appear in the periodical.
(C) The new Solarex office will open in France.
(D) PowerNext will merge with Solarex.

Questions 196-200 refer to the following press release, schedule, and text message chain.

The Shanghai Grand Royalty

SHANGHAI, CHINA (27 October) The Royalty chain of luxury hotels today announced the opening of its first hotel in China. The Shanghai Grand Royalty will be the chain's flagship for the region, and is the largest hotel built yet by the developers. The hotel will be located within reach of Shanghai Pudong Airport to attract business executives, and its five-star restaurants and opulent Chinese-influenced architecture are sure to impress travelers looking for a taste of luxury. The Grand Penthouse on the top floor will have 360-degree views of the city, and is sure to attract celebrities and CEOs alike.

Robert Nguyen, the founder of the chain, said, "I'm very proud of what we've been able to achieve. We were able to get this far because of our refusal to compromise on service, and we plan to continue to offer an exceptional experience to everyone who walks through our doors. I'm looking forward to personally greeting our first guests during the opening night gala on November 5th. It's going to be an amazing night."

The opening night will be invitation only, and will feature a performance by local traditional dance group Shen, as well as a fireworks and laser show. The hotel will accept reservations through its website from November 6th.

Schedule

5:00 PM: Opening Ceremony, with a speech from CEO Robert Nguyen and ribbon cutting ceremony
6:00 PM: Traditional dance performance in West Courtyard
7:00 PM: Dinner featuring Peking Duck and lobster to be served in Banquet Hall A
7:30 PM: Sky Restaurant Bar opens, one free cocktail available per guest
9:00 PM: Fireworks and laser light show
1:00 AM: Sky Restaurant Bar will close

Meihua Li [October 31, 10:11 A.M.]
This is Meihua Li, the manager for the dance troupe Shen. Looking at the map you provided of the West Courtyard, it seems that there are not enough power outlets in the vicinity to power the speakers and lighting needed for the stage. Please refer to the performance contract for our requirements.

David Long [October 31, 10:15 A.M.]
Hello Meihua. This is David, the manager of the Shanghai Grand Royalty. We've arranged for an extra generator to be placed in the courtyard for the gala. Please rest assured that we have read the contract and accounted for the technical requirements.

Meihua Li [October 31, 10:18 A.M.]
Thank you David. I'll be visiting the hotel on November 4th to check that the stage is set up correctly. May I inspect the generator at that time?

196. What will attract business executives to the hotel?
    (A) The proximity to Shanghai Pudong Airport
    (B) The five-star restaurants
    (C) The 360-degree views of the city from the hotel
    (D) The beautiful architecture of the building

197. In the press release, the word "opulent" in paragraph 1, line 12, is closest in meaning to:
    (A) Traditional
    (B) Fancy
    (C) Simple
    (D) Streamlined

198. What does Mr. Nguyen credit the success of his hotels to?
    (A) Always providing outstanding service
    (B) Building his hotels near airports
    (C) Adapting to the local market and culture
    (D) Celebrities and CEOs staying at the hotels

199. From what time can the guests at the gala purchase alcohol?
    (A) 5:00 P.M.
    (B) 7:30 P.M.
    (C) 9:00 P.M.
    (D) 1:00 A.M.

200. What is indicated about Shen?
    (A) They mix modern and traditional dance styles.
    (B) They perform in elaborate costumes.
    (C) Their show requires a lot of electrical power.
    (D) They have had problems at previous shows.

GO ON TO THE NEXT PAGE

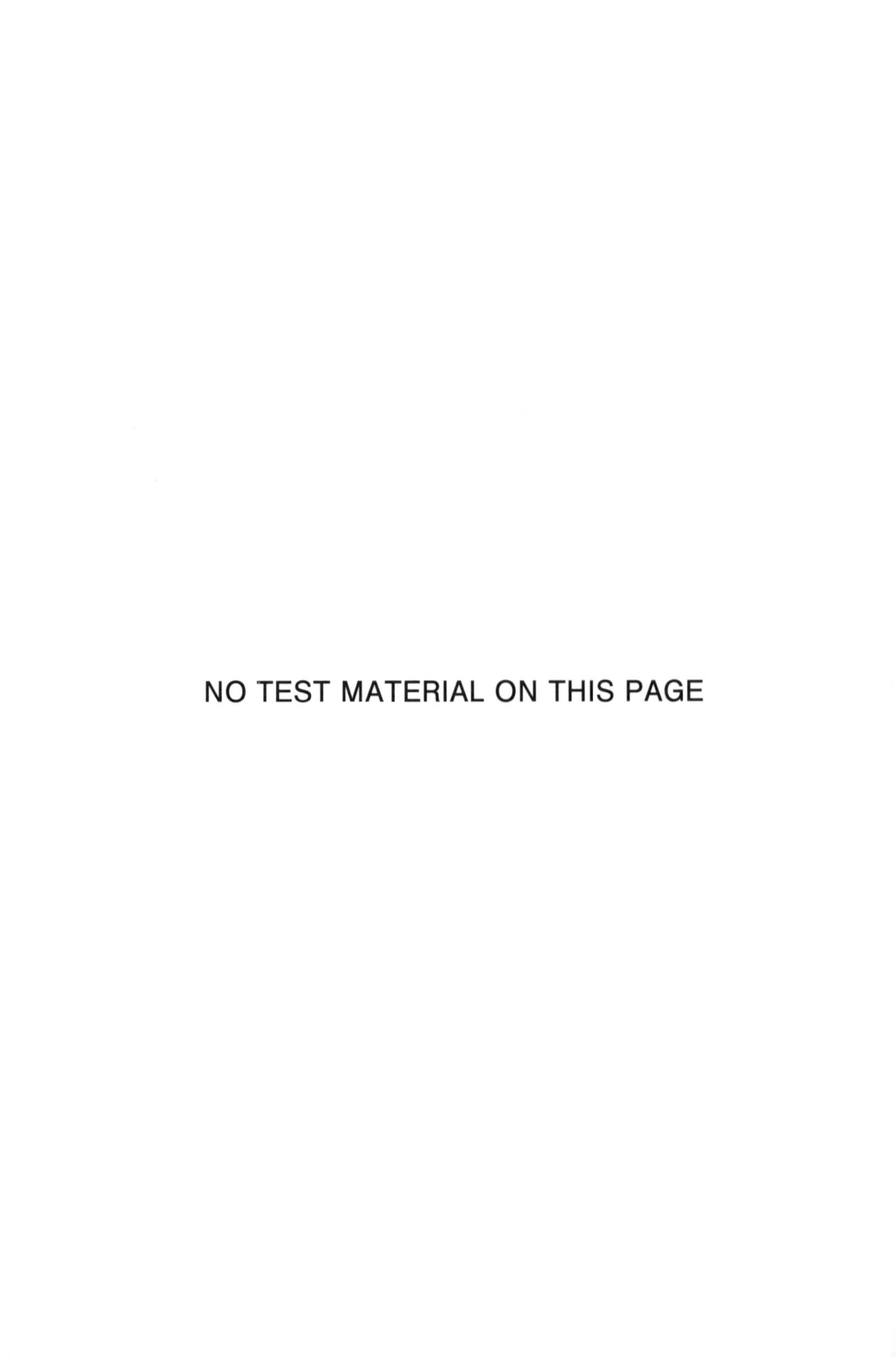

NO TEST MATERIAL ON THIS PAGE

TEST 2

DOWNLOAD　TEST 2　LISTENING TEST

DOWNLOAD　TEST 2　PART 1_2_3_4

DOWNLOAD　TEST 2　REVIEW ▶ 001-100

正解一覧 ▶ 242 ページ

解答・解説・訳 ▶ 243 ページ

PART 1 ▶ 244 ページ　　PART 5 ▶ 295 ページ
PART 2 ▶ 247 ページ　　PART 6 ▶ 305 ページ
PART 3 ▶ 258 ページ　　PART 7 ▶ 312 ページ
PART 4 ▶ 280 ページ

LISTENING TEST

In the Listening test, you will be asked to demonstrate how well you understand spoken English. The entire Listening test will last approximately 45 minutes. There are four parts, and directions are given for each part. You must mark your answers on the separate answer sheet. Do not write your answers in your test book.

PART 1
Directions: For each question in this part, you will hear four statements about a picture in your test book. When you hear the statements, you must select the one statement that best describes what you see in the picture. Then find the number of the question on your answer sheet and mark your answer. The statements will not be printed in your test book and will be spoken only one time.

Statement (C), "They're sittng at a table," is the best description of the picture, so you should select answer (C) and mark it on your answer sheet.

1.

2.

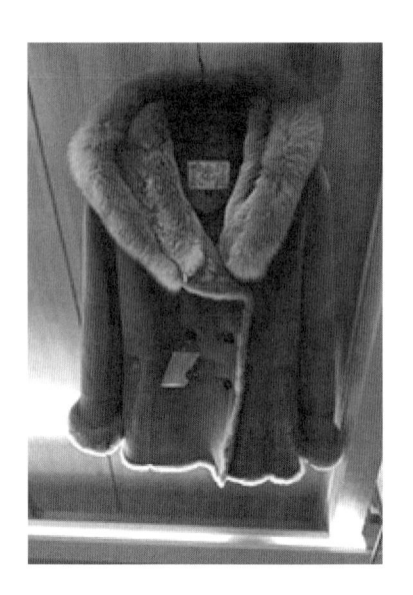

3.

4.

5.

6.

PART 2

Directions: You will hear a question or statement and three responses spoken in English. They will not be printed in your test book and will be spoken only one time. Select the best response to the question or statement and mark the letter (A), (B), (C) on your answer sheet.

7. Mark your answer on your answer sheet.
8. Mark your answer on your answer sheet.
9. Mark your answer on your answer sheet.
10. Mark your answer on your answer sheet.
11. Mark your answer on your answer sheet.
12. Mark your answer on your answer sheet.
13. Mark your answer on your answer sheet.
14. Mark your answer on your answer sheet.
15. Mark your answer on your answer sheet.
16. Mark your answer on your answer sheet.
17. Mark your answer on your answer sheet.
18. Mark your answer on your answer sheet.
19. Mark your answer on your answer sheet.
20. Mark your answer on your answer sheet.
21. Mark your answer on your answer sheet.
22. Mark your answer on your answer sheet.
23. Mark your answer on your answer sheet.
24. Mark your answer on your answer sheet.
25. Mark your answer on your answer sheet.
26. Mark your answer on your answer sheet.
27. Mark your answer on your answer sheet.
28. Mark your answer on your answer sheet.
29. Mark your answer on your answer sheet.
30. Mark your answer on your answer sheet.
31. Mark your answer on your answer sheet.

PART 3

Directions: You will hear some conversations between two or more people. You will be asked to answer three questions about what the speakers say in each conversation. Select the best response to each question and mark the letter (A), (B), (C), or (D) on your answer sheet. The conversations will not be printed in your test book and will be spoken only one time.

32. Why is the man calling?
    (A) To buy a pair of sunglasses
    (B) To ask a question about the catalog
    (C) To complain that the wrong sunglasses were delivered
    (D) To get his sunglasses repaired

33. What information does the woman request?
    (A) The name of the design
    (B) The color of the sunglasses
    (C) The product number
    (D) The man's address

34. What does the woman recommend that the man do?
    (A) Wait one week
    (B) Try a different store
    (C) Send an order through the Web site
    (D) Order a different color

GO ON TO THE NEXT PAGE

35. What problem does the man mention?
    (A) He needs to purchase a new smartphone.
    (B) The volume button on his smartphone keeps getting jammed.
    (C) The screen of his smartphone is cracked.
    (D) His smartphone is not loud enough.

36. What does the woman think is the cause of the problem?
    (A) The smartphone has been dropped.
    (B) The smartphone is out of warranty.
    (C) The smartphone was broken when it was made.
    (D) The man doesn't know how to use the smartphone.

37. What can be done about the problem?
    (A) The man will have to buy another smartphone.
    (B) The woman can fix the button immediately.
    (C) The smartphone can be sent in for repairs.
    (D) The man can buy an extended warranty.

---

38. What industry do the speakers likely work in?
    (A) Manufacturing
    (B) Pharmaceuticals
    (C) Tourism
    (D) Event planning

39. What did the woman like about the Queen's Hotel?
    (A) It was good value for money.
    (B) The service was excellent.
    (C) It was close to the city center.
    (D) There was a special discount package.

40. What problem do the speakers mention?
    (A) It will be hard to get into the conference.
    (B) The hotels in the area will all be busy at that time.
    (C) There are no cheap flights into Paris.
    (D) There might be no hotels in the vicinity of the venue.

41. What problem do the speakers mention?
  (A) Some of the pamphlets are missing.
  (B) Each pamphlet is lacking pages.
  (C) The graph on page 37 is distorted.
  (D) The delivery is a week late.

42. What do the speakers indicate about the printing company?
  (A) They are reliable and responsive.
  (B) They apologized for the mistake and fix it.
  (C) They are slow to answer e-mail.
  (D) They never make mistakes.

43. What will the woman do next?
  (A) E-mail the printing company to complain
  (B) Find a different printing company to reprint the brochures
  (C) Check that the draft of the brochures was correct
  (D) Call the printing company and report the problem

44. Why does the woman want to cancel the meeting?
  (A) She needs to train the new assistant.
  (B) She is too busy to attend the meeting.
  (C) She thinks they are already prepared for the seminar.
  (D) She needs to meet a client.

45. Why doesn't the man think a breakfast meeting is long enough?
  (A) The attendees are too busy.
  (B) He wants to suggest additional matters to discuss.
  (C) He has another appointment early in the afternoon.
  (D) The work can't be delegated.

46. What does the man offer to do?
  (A) Take over some of the woman's work
  (B) Reschedule the meeting
  (C) Cancel the seminar
  (D) Arrange for some of the woman's tasks to be reassigned

GO ON TO THE NEXT PAGE

47. What are the speakers discussing?
   (A) An equipment delivery
   (B) A business trip
   (C) Hiring new staff
   (D) Plans for the holiday period

48. What does the woman mean when she says, "Yes, that is a relief"?
   (A) She is excited that the shipment arrived early.
   (B) She is glad that training can proceed as scheduled.
   (C) She is glad that the holidays are coming soon.
   (D) She is disappointed that she has to attend training.

49. What does the woman say is expected if the training is held during the holidays?
   (A) Complaints from the staff
   (B) Difficulty organizing the schedule
   (C) Lack of equipment
   (D) Few participants

---

50. Where does the company usually post job offers?
   (A) In the newspaper
   (B) On social networking services
   (C) On the company Web site
   (D) On employment Web sites

51. Who does the man want to hire?
   (A) An accountant
   (B) A secretary
   (C) A designer
   (D) A secretary, and others

52. What will the woman do?
   (A) Post the employment ad to the company Web site
   (B) E-mail the man a list of job Web sites
   (C) Interview candidates for the secretary position
   (D) Look at the resumes of the candidates

53. Who is being interviewed?
    (A) A radio host
    (B) An orchestra conductor
    (C) A piano player
    (D) A music critic

54. What does the woman mean when she says, "They're a group of musicians who are really serious about their craft, and their passion is infectious"?
    (A) They make her feel enthusiastic about music.
    (B) They have been touring together for a long time.
    (C) The rehearsals were difficult at first.
    (D) They are wild and creative performers.

55. What does the man say about the concert tickets?
    (A) They will be sold at the entrance.
    (B) People should get them immediately.
    (C) The show is completely sold out.
    (D) There are a lot of tickets remaining.

56. What does the woman offer to do?
    (A) Help the man choose a sofa
    (B) Give the man a catalog
    (C) Let the man try sitting on the sofa
    (D) Find a price for the man

57. Why does the man like the piece of furniture?
    (A) It is cheap and easy to clean.
    (B) It will look good in his living room.
    (C) It matches the desk in his office.
    (D) The design is unique.

58. Why isn't the man able to get the item today?
    (A) It has been sold to another customer.
    (B) It will take one week to deliver.
    (C) The price is more expensive than he expected.
    (D) It must be kept on display.

GO ON TO THE NEXT PAGE

59. Why did the man call?
(A) To order a shipment
(B) To ask about the company's policy
(C) To check the price
(D) To complain about the price change

60. What caused the shipping rate to increase?
(A) Oil has become more expensive.
(B) Workers in Spain are on strike.
(C) The prices change every month.
(D) Export taxes have gone up.

61. What is the man concerned about?
(A) He can't afford the shipping costs.
(B) His shipment is late.
(C) His package was lost in Spain.
(D) He wasn't notified of the change.

Room A	Room B
Ted Brown: "Basic Networking Skills"	Jane Chen: "Sales for Beginners"
Jessica Green: "Online Marketing"	Harry Mac: "Effective Communication Skills in the Workplace"
Snacks and refreshments	Amy May: "Advertising Trends"
Keita Mori "How to Advertise on TV"	Dinner Party (until 9pm)

62. Where is the conversation most likely taking place?
   (A) At a meeting with the CEO
   (B) At a conference
   (C) At a workplace party
   (D) In an office

63. Look at the graphic. Whose session is the man planning to visit first?
   (A) Ted Brown's
   (B) Jane Chen's
   (C) Harry Mac's
   (D) Amy May's

64. What does the man advise the woman to do?
   (A) Eat after the event is over
   (B) Go and get snacks from Room A
   (C) Meet a presenter at the party after his speech
   (D) Skip Amy's talk

GO ON TO THE NEXT PAGE

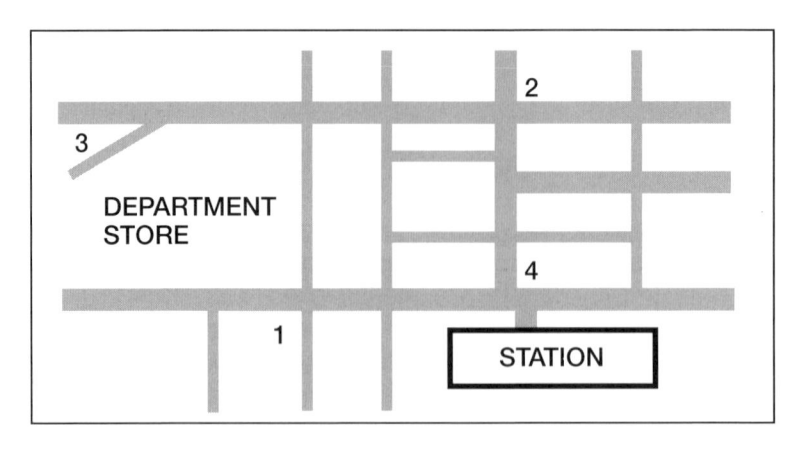

65. Why is the woman calling?
 (A) To ask for directions
 (B) To confirm the meeting time
 (C) To cancel the meeting
 (D) To say she will be late

66. Look at the graphic. Where is the woman now?
 (A) 1
 (B) 2
 (C) 3
 (D) 4

67. Where is the man's office?
 (A) Above the department store
 (B) On the second floor, next to the train station
 (C) On the second floor near an accounting office
 (D) Opposite the department store

Car Rental	
3 hours	$65
6 hours	$80
8 hours	$90
24 hours	$110
Extra Day	$55

68. What are the speakers mainly discussing?
    (A) Their vacation plans
    (B) A speech by the CEO
    (C) A project deadline
    (D) Traveling to a company meeting in a rental vehicle

69. What is the woman worried about?
    (A) The man will drive too fast.
    (B) They won't be able to return within six hours.
    (C) The rental car is too expensive.
    (D) They will be late for the meeting.

70. Look at the graphic. How much will the man likely have to pay for the car rental?
    (A) $80
    (B) $90
    (C) $110
    (D) $165

PART 4

Directions: You will hear some talks given by a single speaker. You will be asked to answer three questions about what the speaker says in each talk. Select the best response to each question and mark the letter (A), (B), (C), or (D) on your answer sheet. The talks will not be printed in your test book and will be spoken only one time.

71. What kind of institute is the listener calling?
    (A) A high school
    (B) A Texas government office
    (C) A photography school
    (D) A web design company

72. What is being offered to local students?
    (A) Help with school fees
    (B) A new photography class
    (C) A chance to win a prize
    (D) An invitation to a free lesson

73. What does the speaker imply when she says, "learn how to get the shots that will blow your clients away"?
    (A) Students will learn how to deal with clients.
    (B) Students will learn how to take impressive photos.
    (C) Students will learn how to take photos in difficult conditions.
    (D) Students will learn how to find photography jobs.

74. What does the speaker want to improve?
    (A) The company's service rating
    (B) The company's online business
    (C) Advertising strategies
    (D) The project with ABC Online

75. What does the speaker request help with?
    (A) Meeting clients
    (B) Hiring new employees
    (C) Collecting data
    (D) Increasing Internet speed

76. What will the listeners receive by e-mail?
    (A) A password
    (B) A project proposal
    (C) A sample report
    (D) A client list

GO ON TO THE NEXT PAGE

77. Who most likely are the listeners?
    (A) IT specialists
    (B) Environmentalists
    (C) Hotel owners
    (D) Event planners

78. What is mentioned about the technology installed?
    (A) It is inexpensive.
    (B) It is from overseas.
    (C) It is environmentally friendly.
    (D) It is an older but reliable technology.

79. What is mentioned about the hotel?
    (A) It has an art museum.
    (B) It is very old.
    (C) It is nearby parks and walking paths.
    (D) It is near a power plant.

---

80. Who most likely is the speaker?
    (A) A news reporter
    (B) A movie actor
    (C) A sports player
    (D) The president of the team

81. What are The Twisters looking for?
    (A) Team name suggestions
    (B) A new player
    (C) A new owner
    (D) A new coach

82. What does the speaker imply when he says, "But this is The Twisters we're talking about"?
    (A) He has never heard of The Twisters.
    (B) He forgot the name of the team.
    (C) The Twisters are a famous team.
    (D) The Twisters are with him for an interview.

83. Who most likely are the listeners?
(A) Zoo maintenance staff
(B) Zoo visitors
(C) Zookeepers
(D) Zoo tour guides

84. What will the listeners be unable to do today?
(A) Walk through the butterfly house
(B) See the lions
(C) Feed the giraffes
(D) Eat their own food

85. What does the speaker say about lunch?
(A) Listeners can only eat at the zoo cafes.
(B) Listeners can not eat on the tour.
(C) Listeners can only eat vegetables.
(D) Listeners can bring their own food.

86. What is the theme of this year's summit?
(A) Developments in solar power generation
(B) Technologies for storing energy.
(C) Advances in the green energy industry
(D) Women's contributions to the field

87. What did Ms. Rimes recently do?
(A) Discover a new energy source
(B) Accept an honorary degree
(C) Get promoted to company CEO
(D) Make a breakthrough in her research

88. What will Ms. Rimes talk about?
(A) Developments in green power generation
(B) Green energy research at the university
(C) Encouraging innovation in the industry
(D) Various ways to store excess solar power

89. What kind of company is the speaker calling from?
    (A) An electronic device factory
    (B) A shipping company
    (C) A financial institution
    (D) A chain of electronics stores

90. Why is the speaker calling?
    (A) To request payment for shipping
    (B) To inform the listener that a shipment will be late
    (C) To confirm the number of devices ordered
    (D) To ask the listener to repair a machine

91. What solution is the listener offered?
    (A) The devices will be sent for a cheaper price.
    (B) The devices will be sent by express shipping.
    (C) The factory will be expanded to meet demand.
    (D) The shipment will be sent in two parts.

92. Who are the listeners likely to be?
    (A) Prospective university students
    (B) Musicians and performers
    (C) New staff at a record company
    (D) Music industry executives

93. What does the speaker mean when he says, "You'll be able to get some hands on time with the software suite we use"?
    (A) The staff will get to try using the computers.
    (B) The staff will get to talk with the production manager.
    (C) The staff will get to purchase a new software.
    (D) The staff will get to meet a famous singer in person.

94. What can the listeners do at 3:00 P.M.?
    (A) See a presentation about the company
    (B) Meet the heads of each department
    (C) Participate in a survey
    (D) Learn about the company's software

Couple's Day	Couples get a 20% discount for *The Greatest Love Ever Known*
Mega Mondays	Free large drink with adult ticket purchase for *Space Battles III*
Discount Day	All tickets 10% off during business hours (except *The Show Must Go On*)
Family Fridays	Buy one adult ticket, get one child ticket free to *Zoo City*

95. What kind of business does the speaker likely work for?
 (A) A convenience store
 (B) An electronics store
 (C) A theme park
 (D) A movie theater

96. What kind of movies are cheap on Sundays?
 (A) Horror
 (B) Romance
 (C) Drama
 (D) Children's

97. Look at the graphic. Which movie is likely providing the listener with a complimentary beverage now?
 (A) *The Greatest Love Ever Known*
 (B) *The Show Must Go On*
 (C) *Space Battles III*
 (D) *Zoo City*

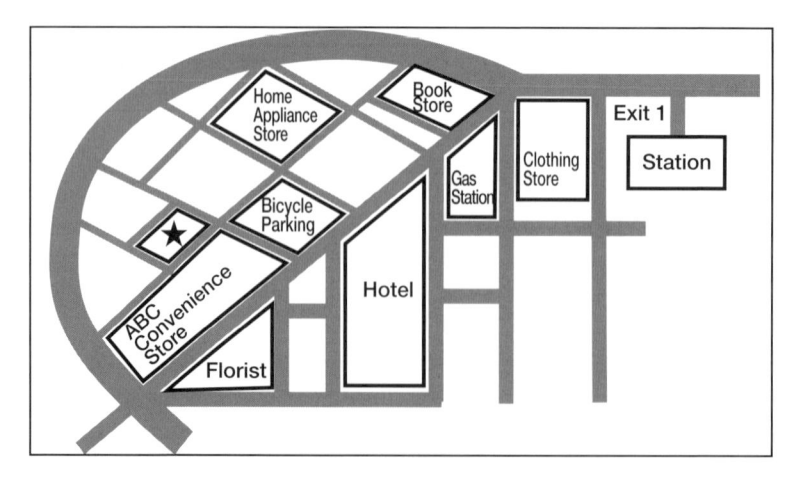

98. Who most likely are the listeners?
(A) People who are looking for a convenience store
(B) People who want to park their bicycle
(C) People who'd like to visit the speaker's workplace
(D) People who don't often use East Subway Station

99. Look at the graphic. According to the speaker's instructions, what is it unlikely that the listener will walk past?
(A) A bookstore
(B) A home appliance store
(C) A gas station
(D) A clothing store

100. What was the listener instructed to do before entering the office?
(A) Push the intercom
(B) Visit the convenience store
(C) Call from the station
(D) Look for the office on a map

This is the end of the Listening test. Turn to Part 5 in your test book.

READING TEST

In the Reading test, you will read a variety of texts and answer several different types of reading comprehension questions. The entire Reading test will last 75 minutes. There are three parts, and directions are given for each part. You are encouraged to answer as many questions as possible within the time allowed.

You must mark your answers on the separate answer sheet. Do not write your answers in the test book.

PART 5

Directions: A word or phrase is missing in each of the sentences below. Four answer choices are given below each sentence. Select the best answer to complete the sentence. Then mark the letter (A), (B), (C), or (D) on your answer sheet.

101. As branch manager, Ms. Dawson felt the responsibility for the poor sales results was solely -------.
  (A) she
  (B) her
  (C) hers
  (D) herself

102. The meeting next week is to decide on a ------- location for the new factory.
  (A) specify
  (B) specifying
  (C) specific
  (D) specification

103. ABC Company has announced it will ------- for the product defect by providing a full refund.
  (A) make room
  (B) make time
  (C) make up
  (D) make sure

104. The product launch meeting is going to be held in either Conference Room A ------- Room 201.
  (A) and
  (B) or
  (C) also
  (D) not

GO ON TO THE NEXT PAGE

105. YHF Electronics stated on their website that they will resolve the problem with their online store in as ------- a manner as possible.
(A) on time
(B) in time
(C) timely
(D) time

106. The museum announced yesterday that it had ------- a rare oil painting after heavy bidding.
(A) delivered
(B) acquired
(C) revealed
(D) repaired

107. Mr. Johnson hasn't moved up much in the company ------- he has been employed there for more than 20 years.
(A) since
(B) even though
(C) unless
(D) but

108. Many office supply companies specialize in furniture that is as stylish and ------- as it is affordable.
(A) durable
(B) durability
(C) duration
(D) durableness

109. It is imperative that you ------- approval from the HR department one month prior to taking any personal time off.
(A) tell
(B) leave
(C) gain
(D) take

110. The e-commerce company decided to revise its new customer returns policy after receiving backlash and ------- from its customers.
(A) preference
(B) recognition
(C) criticism
(D) evaluation

111. Theta Engineering is known for ------- high quality products and excellent customer service.
(A) it
(B) it's
(C) its
(D) itself

112. All employees are expected to ------- the meeting on Friday unless otherwise notified by your direct supervisor.
(A) attendance
(B) be in attendance
(C) attend
(D) attending

113. If you find any discrepancies when editing the document, make a note to ------- the chief editor.
    (A) inform
    (B) alarm
    (C) announce
    (D) discuss

114. There was an ------- disagreement among the citizens over the location of the proposed highway.
    (A) intense
    (B) unacceptable
    (C) exquisite
    (D) unclear

115. Current trends show that more customers prefer to shop online and the number of mail-order catalog users ------- in recent months.
    (A) is decreasing
    (B) has been decreasing
    (C) decreases
    (D) decreased

116. The labor union ------- holds an election to choose a new representative for the company.
    (A) period
    (B) periods
    (C) periodically
    (D) periodic

117. Employees in violation of company policy will ------- to disciplinary action, and repeated violations may result in dismissal.
    (A) subject
    (B) be subjected
    (C) subjected
    (D) subjecting

118. Warehouse Holdings proudly offers all of its products with an ------- guarantee to ensure 100% satisfaction from our customers.
    (A) unmistaken
    (B) abundant
    (C) unconditional
    (D) extra

119. There has been a large increase ------- employment since the labor law was changed earlier this year.
    (A) of
    (B) in
    (C) by
    (D) at

120. After conducting a thorough risk analysis, the company devised a foolproof ------- plan to protect the company's interests.
    (A) contingency
    (B) cautious
    (C) critical
    (D) conclusive

121. Passengers boarding international flights should give ------- at least two hours for checking in and passing through security.
    (A) himself
    (B) itself
    (C) ourselves
    (D) themselves

122. Many personal computer companies ------- Vid Solutions as their graphics chipset manufacturer.
    (A) prefer
    (B) prefers
    (C) preference
    (D) preferring

123. -------, the site for the exhibition would hold up to 1,000 people and have a parking area as well.
    (A) Ideal
    (B) Idealist
    (C) Idealize
    (D) Ideally

124. It took several weeks of negotiations until the two companies reached a final -------.
    (A) agree
    (B) agreement
    (C) agreements
    (D) agreeing

125. In today's eco-friendly world, businesses must adapt to customer demands ------- environmentally friendly products and services.
    (A) to
    (B) for
    (C) with
    (D) on

126. Only time will tell if Solar Software, which has been plagued by financial problems, will be forced into bankruptcy ------- be bought by a competitor.
    (A) to
    (B) if
    (C) or
    (D) by

127. The company provides an attractive -------, including eight weeks paid leave and comprehensive health insurance.
    (A) pension plan
    (B) compensation package
    (C) severance package
    (D) payment condition

128. The city council is meeting tonight to discuss what ------- the new law will have on local businesses.
    (A) measures
    (B) impact
    (C) compromises
    (D) suggestions

129. The candidate for this position should have ------- computer skills and have a high level of knowledge of IT applications.
(A) significant
(B) exceptional
(C) intriguing
(D) equal

130. Most health experts agree that a well-balanced diet eaten in moderation increases energy and -------.
(A) activation
(B) acrimony
(C) amazement
(D) alertness

PART 6

Directions: : Read the texts that follow. A word, phrase, or sentence is missing in parts of each text. Four answer choices for each question are given below the text. Select the best answer to complete the text. Then mark the letter (A), (B), (C), or (D) on your answer sheet.

Questions 131-134 refer to the following notice.

August 15

To all expatriates working abroad:

We hope your ------- posting is going well. Working in a foreign
           131.
country can be challenging, both professionally and financially.

We have some good news for you! The company has decided to

increase the educational allowance for the children of expatriate staff.

------- now, the company has covered 75 percent of your child's
132.
tuition. ------- Beginning September 1, all tuition ------- will be taken
       133.   **134.**
care of by the company.

131. (A) costly
(B) exterior
(C) outside
(D) overseas

132. (A) At
(B) By
(C) Until
(D) From

133. (A) This policy will soon change.
(B) Working abroad is exciting.
(C) This news has been announced.
(D) Children should attend local schools.

134. (A) expensive
(B) expenses
(C) expensively
(D) expend

Questions 135-138 refer to the following e-mail.

TO: jcox@kkg.net
FROM: makino@worldrealtors.com
DATE: December 11
SUBJECT: Possibly interesting property

Ms. Cox,

I may have found an apartment that will be of interest to you.

-------- your requirements, the appropriate location must be near a
135.
major train station. In addition, it should have more than 100 square

meters of floor space. -------- It also needs to be within walking
                          136.
distance of a supermarket.

The previous tenant just moved out yesterday. Normally, I could not

show you this apartment until it has been properly cleaned.

---------, I have a close personal relationship with the landlord and he
137.
has agreed to let me show it to you -------- that. Would tomorrow be
                                     138.
possible for you?

Makino

135. (A) In spite of
 (B) While
 (C) According to
 (D) Because

136. (A) This one is even larger than that.
 (B) It only takes five minutes by bicycle.
 (C) There are four train lines nearby.
 (D) The apartment is on the tenth floor.

137. (A) Consequently
 (B) However
 (C) Furthermore
 (D) Then

138. (A) except
 (B) behind
 (C) within
 (D) before

Questions 139-142 refer to the following information.

As you know, much of our new business comes from potential clients who learn about our company's services via the Internet. But much of the information on our company Web site is the same as it ------- for the past two years. The president has asked me to form
139.
a team to work on ------- our Web site. ------- who is interested in
　　　　　　　　　140.　　　　　　　**141.**
joining this team should contact Melissa Kim at melissa@jaysolutions.com. ------- Please also copy me on your e-mail.
　　　　142.

I am sure this project will help us attract many new customers.

Jill Chang

Chief Information Officer

jill@jaysolutions.com

139. (A) will be
(B) has been
(C) is
(D) having been

140. (A) updating
(B) introducing
(C) establishing
(D) suggesting

141. (A) All
(B) Anyone
(C) Every
(D) Almost

142. (A) The Internet is a valuable resource.
(B) Teamwork is one of our core values.
(C) Melissa was educated in Korea.
(D) She will be heading up the project.

Questions 143-146 refer to the following letter.

April 12
Mr. Kevin Brown
2349 Jolee Street
Rochester, New York 14605

Dear Mr. Brown,

Thank you for your letter of March 31 pointing out the ------- you
143.
had with your recent flight from Boston to Rochester. As a valued customer of AllEast Airlines and a member of our frequent flyer program for many years, ------- must know that we always strive to
144.
provide the highest quality service for those who fly with us.

To compensate you for your trouble, we are crediting 5,000 air miles to your AllEast frequent flyer account. ------- We apologize for the
145.
inconvenience and look forward to serving you again at ------- opportunity.
146.

Sincerely yours,

Patel Gupta

Patel Gupta

Customer Service Representative

143. (A) performance
(B) amusement
(C) issue
(D) setting

144. (A) he
(B) we
(C) they
(D) you

145. (A) This particular route is one of the busiest in our system.
(B) You can join our frequent flyer program by accessing our Web site.
(C) It may take one week for this transaction to appear in your account.
(D) We partner with other airlines for many of our international flights.

146. (A) the earliest
(B) an earlier
(C) early
(D) most early

PART 7

Directions: : In this part you will read a selection of texts, such as magazine and newspaper articles, e-mails, and instant messages. Each text or set of texts is followed by several questions. Select the best answer for each question and mark the letter (A), (B), (C), or (D) on your answer sheet.

Questions 147-148 refer to the following invoice.

Advantage Enterprises
1400 Johnson Street
Wilhelmina, MI 48109

Invoice # 1023
Invoice Date: 11/04/2015

Customer Information:
Richard Santoro
1909 Claremont Crescent, Apt. 3A
Masons Ridge, MI 48852

Order Information:

Service description	Amount
Concrete installation	$ 600.00
Electrical work	$ 800.00
Worksite clean up	$ 100.00

Subtotal: $ 1500.00
Discount: $ 200.00
Tax (10%): $ 150.00
Grand Total: $ 1450.00

Payment due within seven days of receipt of this invoice

Notes:
• The total price has been discounted due to delay caused by heavy rain at the worksite.
• The above work was completed based on the designs provided.

147. What kind of service does Advantage Enterprises provide?
   (A) Consultations
   (B) Dry cleaning
   (C) Construction
   (D) Advertising delivery

148. What probably happened during the service?
   (A) A worker strike
   (B) A blackout
   (C) A budget problem
   (D) Inclement weather

Questions 149-150 refer to the following text message chain.

Tomoko Ishimoto   09:45 A.M.
Sarah, I need some help.

Sarah Hunter   09:50 A.M.
What's wrong?

Tomoko Ishimoto   09:51 A.M.
I'm going to be late for work today because I'm waiting for the babysitter for my son. She's supposed to be here already, but she's late. Can you do me a favor?

Sarah Hunter   09:54 A.M.
Sure, what do you need?

Tomoko Ishimoto   09:55 A.M.
I'm supposed to meet a client, Mr. Tanaka, at 11A.M. But I don't think I'm going to get to work on time. Would you mind meeting him for me?

Sarah Hunter   09:58 A.M.
Okay, sure. Do I need to know anything in particular?

Tomoko Ishimoto   10:00 A.M.
No, just meet him at the office and treat him like a regular client.

Sarah Hunter   10:04 A.M.
I got it.

Tomoko Ishimoto   10:06 A.M.
Thank you!

---

149. What does Ms. Hunter indicate she will do?
    (A) Welcome the guest
    (B) Take her son to a nursery
    (C) Call her client
    (D) Meet Ms. Ishimoto

150. At 10:04 A.M., what does Ms. Hunter most likely mean when she writes, "I got it"?
    (A) She received a text.
    (B) She has met the client.
    (C) She has a new babysitter.
    (D) She understood the message.

Questions 151-152 refer to the following text message notice.

Mandatory Annual Training

Upon beginning your employment, you will have completed a number of mandatory online training modules on the TrainTrack Web site, including an IT security course. Our IT department has informed us that due to the number of new security threats, it is essential that all company employees retake the IT security training every year. Please complete this training by March 31, 2016.

Compulsory training modules that you should have completed include: explanation of company benefits, handling customer information, and workplace safety training. There are a number of optional training modules which you may complete if you wish. These are not mandatory, but they may assist you in the performance of your job. You can access TrainTrack at any time.

For more information, please e-mail Ms. Hannah Smith in Human Resources at hsmith@company.com.

151. What are the employees asked to do?
    (A) Make a new profile on the TrainTrack Web site
    (B) Retake all training modules
    (C) Take some optional training modules
    (D) Retake the IT security training program

152. Who most likely is Ms. Hannah Smith?
    (A) A staff member in the IT department
    (B) A staff member in the personnel department
    (C) The receptionist
    (D) A news reporter

Questions 153-154 refer to the following e-mail.

FROM:	Stephen Jones <stephen@speedyplumbers.com>
TO:	Janice Logan <jsl@rainbowmail.com>
SUBJECT:	Repair work on pipes
DATE:	May 11

Dear Ms. Logan,

I am writing to let you know that we will be able to repair your pipes on Friday. After visiting your house last week and seeing how serious the problem was, we now have the materials we need and are ready to complete the job.

Unfortunately, the cost will be higher than we first estimated. As your pipes are quite old, we had to order a special custom-made wrench from another company.

The final cost for your repair work is outlined below. We would appreciate payment within 7 days of completion of the work.

2 replacement pipes	$150
1 custom-made wrench	$80
Labor (repairs and installation)	$250
Subtotal	$480
+ 12% Sales Tax	(Total Amount Due) $537

We appreciate you using our services, and will see you on Friday.

Sincerely,

Stephen Jones
Speedy Plumbers

153. Why is Mr. Jones writing the e-mail?
(A) To inform the client that the repairs cannot be done
(B) To advise the client that the cost will be very high
(C) To notify the client that the repairs will be done on Friday
(D) To provide the client with further information about the invoice

154. What is indicated about the pipes?
(A) They can be repaired easily.
(B) They are in perfect condition.
(C) The repairs will be very cheap.
(D) They need a special tool to be fixed.

Questions 155-157 refer to the following form.

Dear Guest,

Thank you for giving us the opportunity to serve you at The Oasis Hotel. We are delighted to have you with us and hope you are pleased with our facilities and services.

We are always looking for guest feedback and would appreciate it if you took a moment to rate our services.

Please rate the following	Excellent	Good	Average	Poor
Room service menu variety				X
Promptness of service	X			
Staff hospitality	X			
Value for price paid		X		
Hotel atmosphere		X		
Cleanliness			X	

I chose this hotel because a friend recommended it to me as a good place to relax while getting some work done. I expected to have a wider range of room service menu items to select from, especially since I stayed with you for a week and choosing between chicken and fish became tiresome. Additionally, I noticed that the showerhead had not been cleaned in a while and mildew was starting to build up at the bottom of the shower door. Other than these issues, my stay was enjoyable. I was able to participate in a video conference with my laptop computer and the hotel's Internet connection was always stable. I need to mention that the overall standard of the hotel was exceptional and the service from the staff was second to none. I will be staying here again.

Name (optional) : Desmond Gallagher
Contact information (optional) : desg@live.com
Date of stay: March 11-18

The Oasis Hotel

155. What is NOT indicated about The Oasis Hotel?
 (A) It offers Internet access.
 (B) It seeks feedback from its guests.
 (C) It has ample parking space.
 (D) It has excellent staff.

156. What did Mr. Gallagher find unsatisfactory?
 (A) The room service menu
 (B) The hotel staff
 (C) The water park
 (D) The security of his belongings

157. What is suggested about Mr. Gallagher?
 (A) He has been to Asia.
 (B) He had a web conferencing.
 (C) He was woken up early by the cleaning staff.
 (D) He will never go back to this hotel.

Questions 158-160 refer to the following announcement.

A. J. Blake Memorial Hall renovation to begin. Donations needed!

After many months of planning, the Castlehill Historical Society is pleased to announce that the renovation of the Alan James Blake Memorial Hall is about to begin. Blake was a long-time resident of the town, as well as a popular novelist. His novels depict everyday life in Castlehill, and his stories have included a number of our residents and locations around the town.

However, in order to be able to complete the project we need your donations. Therefore, the Historical Society will be holding a barbecue and movie night on March 12, to raise more funds. Tickets are $20 for adults, and $10 for children. Family tickets (2 adults and 2 children) are $50. Tickets can be bought on the night. A raffle will also be held. First prize will be a collection of A. J. Blake novels.

158. What is the purpose of this announcement?
   (A) To announce the closure of the hall
   (B) To invite residents to a meeting
   (C) To request monetary contributions
   (D) To announce a national holiday

159. What is NOT mentioned in the announcement?
   (A) The renovation is starting soon.
   (B) The barbecue and movie starts at 10:00 A.M.
   (C) Children can purchase tickets.
   (D) A. J. Blake lived in the city.

160. What is indicated about A. J. Blake?
   (A) He documented the town's history.
   (B) He often visited the town.
   (C) He was born in the city.
   (D) He portrayed local people in his novels.

Questions 161-163 refer to the following news article.

Rocky Mountain Business News

(2 February) A spokesperson for Wetware Technology announced the release of its new eBook reader yesterday. Going by the name "Sunflower", it is being marketed as thinner and lighter than previous models. — [1] —. This model will include a built-in battery with a longer life than previous models, lasting over a month. Increased functionality will be supported with the ability to run pages more smoothly. It will also have multilingual support featuring over twenty languages including English, French, German, Spanish, Portuguese and others. — [2] —. The Sunflower will of course have WiFi connection capability similar to previous models.

When asked to comment, Dexter Shaw, head of design and development at Wetware, stated, "The Sunflower was designed with feedback from our customers in mind. They asked for a thinner and more mobile device to be able to take with them anywhere, whether going to the office or to the park. We aim to give our customers an efficient and affordable solution to their desire for a mobile reading device." — [3] —. Wetware Technology has continually improved the mobile work experience for its customers and, largely due to this, it is leading the market and is counting on the release of this eBook reader to further increase its market share. — [4] —.

161. What is the article about?
 (A) Stock trading opportunities
 (B) Language instruction lessons
 (C) The opening of a business
 (D) The release of a new product

162. What is suggested about the device?
 (A) It will come in different colors.
 (B) It will be easy to handle.
 (C) It will come with a free case.
 (D) It will be waterproof.

163. In which of the positions marked [1], [2], [3], and [4] does the following sentence best belong?

"The Sunflower looks like it will be a big hit but only time will tell for sure when it hits electronics stores at the beginning of March."

 (A) [1]
 (B) [2]
 (C) [3]
 (D) [4]

Questions 164-167 refer to the following online chat discussion.

Bruce Byrd [1:03 P.M.] We usually have two staff members at the concession stand during film screening, but this appears to not be enough as we wind up with a long line of customers, so I want to avoid this. Can anybody work the concession stand from either 10:00 A.M. or 4:00 P.M.?

Kristina Wheeler [1:05 P.M.] I am able to work at 10:00 but I have a family matter to attend to later on, so I won't be able to work the 4:00 P.M. shift.

Minnie Chambers [1:08 P.M.] I will have to rearrange my schedule, but I could probably work from 4:00 P.M. Can I work this shift instead of my weekend shift? There's a concert that I want to go to.

Bruce Byrd [1:09 P.M.] If you can get someone to take your shift on the weekend, then that will be fine, Minnie. Kristina have you worked at the concession stand before?

Kristina Wheeler [1:11 P.M.] No I haven't. I've only worked at the ticket booth.

Bruce Byrd [1:12 P.M.] OK. I wasn't sure if you had since you are new here. I'll be there to train you then.

Kristina Wheeler [1:13 P.M.] Sounds good. I'll see you then.

Minnie Chambers [1:16 P.M.] Nick said he is willing to take my shift on the weekend, but I'll have to confirm with him first.

Bruce Byrd [1:17 P.M.] Works for me Minnie. Enjoy the concert.

164. What kind of business do the people work for?
 (A) A security company
 (B) An advertising agency
 (C) A drugstore
 (D) A theater

165. What is mentioned about Ms. Chambers?
 (A) She has family matters to attend to.
 (B) She is going to a concert.
 (C) She is a new employee.
 (D) She has a history of being late.

166. At 1:17 P.M., what does Mr. Byrd mean when he says, "works for me"?
 (A) He plans to hire Ms. Chambers.
 (B) He agrees with Ms. Chambers' suggestion.
 (C) He needs Ms. Chambers to work overtime.
 (D) He wants to retrain Ms. Chambers.

167. What will Ms. Chambers most likely do next?
 (A) Look for a new job
 (B) Contact her coworker to make sure he can work
 (C) Cancel her concert plans on the weekend
 (D) Take Ms. Wheeler's shift

Questions 168-171 refer to the following memo.

INTERNAL MEMO

TO:	All Personnel
FROM:	Eva Tyler, Chief Sustainability Officer
RE:	Paper Output Reduction
DATE:	March 10th

This is to inform you that we will be launching an initiative on Monday next week designed to reduce the amount of paper waste our office produces. As of right now we use several tons of paper a year in the office. By devoting our attention to our office processes, we should be able to cut that amount significantly. This will greatly help the environment as well as increase our profits.

To achieve this goal, we will be implementing the following practices. To conserve paper, we encourage using e-mail instead of documents; and if documents are necessary, please use both sides of each sheet of paper. We also advocate purchasing recycled paper. Finally, we would like to stress the importance of recycling paper whenever possible.

Mr. Burgess, our general officer, will be visiting each department to aid compliance and answer any questions that may arise. Part of his role will be to review current processes and make specific recommendations for consideration by senior management. When this information has been gathered, we will review the new policies and make changes, additions, or deletions as required.

Hopefully, this will lead to more environmentally friendly work practices. I believe that this is something we can all be proud of. I hope you'll cooperate with this initiative enthusiastically. Thank you very much.

168. When will the initiative begin?
　(A) In the middle of March
　(B) At the end of March
　(C) In early April
　(D) In the middle of April

169. What is mentioned about e-mailing?
　(A) Employees should not be doing it during company time.
　(B) The servers will be down, so it will be suspended.
　(C) Each employee needs to get their own e-mail address.
　(D) It is preferred to using paper for communication.

170. The word "conserve" in paragraph 2, line 2, is closest in meaning to
　(A) consume
　(B) save
　(C) break
　(D) neglect

171. What is mentioned about Mr. Burgess?
　(A) He will be providing advice on the initiative.
　(B) He will be traveling between cities.
　(C) He will be offering promotions.
　(D) He will be handling complaints.

Questions 172-175 refer to the following memo.

MEMO

To: All Future Bright Employees
From: Leonie Sommers, CEO Future Bright Network
Date: July 4
Subject: New Venture

Dear all,

Today is a great day for Future Bright Network. We have just received the very exciting news that Evergreen Denmark has accepted our proposal for a joint venture between our two companies. — [1] — This is a wonderful opportunity for our two organizations to work together and exchange ideas for a greener future.

Over the next week or so, we would like you to think about projects to work on with our Evergreen colleagues. You can work on a project proposal by yourself, or as part of a team. The projects will need to be big enough for six people maximum, as we would like three Future Bright and three Evergreen employees per project. — [2] —

Presentations of project proposals will be held during the week starting July 15. These presentations will be given to a panel consisting of Future Bright and Evergreen managers. The winning project will be announced shortly thereafter. We envisage that projects will take between 12 and 18 months, and work may be undertaken both here and in Denmark. — [3] —

This is a wonderful opportunity for all of us, and we hope to see many great ideas in your presentations. — [4] — We hope that this will be the beginning of a very happy relationship between our two companies.

Kind regards,

Leonie

172. Why is Ms. Sommers sending this memo?
  (A) To introduce a new colleague
  (B) To inform employees of an exciting new development
  (C) To announce a company-wide pay cut
  (D) To ask for volunteers for overtime

173. What is indicated about the projects with Evergreen colleagues?
  (A) The projects need more than six people.
  (B) The projects can be suggested by a single person.
  (C) The projects need to be organized by July 15.
  (D) The projects need to have a manager.

174. In the memo, the word "envisage" in paragraph 3, line 5 is closest in meaning to:
  (A) Interpret
  (B) Imagine
  (C) Imbue
  (D) Endeavor

175. In which of the positions marked [1], [2], [3], and [4] does the following sentence belong?

  "Larger ones may be considered in the future."

  (A) [1]
  (B) [2]
  (C) [3]
  (D) [4]

Questions 176-180 refer to the following review and menu.

La Ristorante (Italian Restaurant) review by Sarah Reed

I went to La Ristorante on June 25. Overall, the atmosphere of the restaurant is really nice. The decorations and furniture inside seem to be authentic Italian and everything is clean. There is a patio where you can eat outside when the weather is nice, and they have large heaters, so you can continue to eat outside even in cooler weather. We ate inside because it was raining.

The staff were friendly and our server was great at recommending dishes for us to try. Overall the wait staff was very kind, and they had a lot of expertise, so we were very impressed with them. There were plenty of servers in the restaurant, and we didn't need to wait — someone was always there to fill up our water or bring more bread.

The food was mostly nice. The appetizers were very tasty and the portions were a good size. However, I ordered the spaghetti course and was surprised by how many chilies it contained. I wish that the restaurant had indicated on the menu that this was a hot dish. You should only order this dish if you are good with hot stuff!

There were many desserts that looked delicious; however, I was too full from the main dish. The portions were so big that we couldn't finish all of our food. We asked to take it home and paid a couple of dollars for a plastic box. It was nice to be able to enjoy the food the next day too! Overall I recommend this place, but I'll probably try another dish next time!

MENU

Course A $15.99

Our dough for pizza is handmade fresh every day and sprinkled with our secret seasonings. We add three cheeses and a number of fresh local vegetables.

Course B $18.00 (with chicken $21.00)

Our pasta is made fresh every morning according to our Mama's recipe. The sauce is made with fresh and locally grown vegetables and peppers that are guaranteed to make your tongue tingle! You can add chicken for an extra $3.

Course C $15.00

Layers of freshly made pasta, beef, tomatoes and three cheeses: mozzarella, parmesan and asiago. Our most popular seller!

Today's sweet $9.99

Choose from various desserts: gelato (ask server about today's flavors), tiramisu, lemon cake, chocolate cake, strawberry cheesecake, fruit salad

Courses A, B, and C includes appetizers(Ask your server)

Throughout summer from July 1 until August 31, we are offering a buy-one-get-one-free discount on all of our pizzas!

We allow our guests to take their leftovers home, but there's a charge of $2 for a plastic case

176. What is indicated about La Ristorante?
(A) The owners are Italian.
(B) You can bring your pets.
(C) It specializes in hot food.
(D) It has outdoor seating.

177. What is NOT mentioned about La Ristorante?
(A) The interior design looks authentic.
(B) They have a lot of seats in the restaurant.
(C) The servers are nice.
(D) They have many desserts.

178. What will happen if you buy Course A in July or August?
(A) You will get a bigger pizza.
(B) You will get two pizzas.
(C) You will get free delivery.
(D) You will get free beverages.

179. What was Ms. Reed Not impressed with?
(A) The amount of pasta was too much.
(B) The spaghetti dish was too spicy.
(C) The pizza was burned.
(D) There was not enough bread.

180. What is true about La Ristorante?
(A) There is an extra charge for take-out.
(B) They are recruiting for more waiters.
(C) There are not enough desserts.
(D) Alcoholic beverages are free.

GO ON TO THE NEXT PAGE

Questions 181-185 refer to the following advertisement and e-mail.

ANNOUNCEMENT
JOB OPENINGS AT SYNERGY INDUSTRIES

Position: Mechanical Engineer
Requirements: A Bachelor of Science degree in Mechanical Engineering. Preferably two years of experience, but open to fresh graduates with an ambitious attitude. Must be willing to relocate.

Position: Electrician
Requirements: At least five years of electrical installation experience is required, preferably in an industrial setting.

Position: Marketing Manager
Requirements: At least ten years of experience. Must be friendly and have advanced interpersonal skills.

Position: Office Administrator
Requirements: Proficient in data entry. Excellent customer service, communication and problem solving skills. Willing to train the staff.

How to apply: If one of these positions interests you please e-mail Manuel Bernard at jobs@synergyindustries.com. You may also contact us at 1-800-555-3311 during business hours. Please include your CV and at least two references. Qualified candidates will be contacted for an interview.

To:	Manuel Bernard
From:	Rachel Swanson
Date:	April 11
Subject:	Mechanical Engineer position

Dear Mr. Bernard,

My name is Rachel Swanson, and I am writing you regarding the Mechanical Engineer position advertised on your website. I obtained my Bachelor of Science degree in Mechanical Engineering from Cyprus University. After that, I began working in my present position as an industrial engineer where I have been for three years. In this role, I have proven experience optimizing and improving production processes. I would also like to mention that I am willing to relocate for this position. I would appreciate an opportunity to discuss my qualifications in person. I have attached my resume as well as two references.

Thank you for your time and consideration, and I look forward to hearing from you.

Rachel Swanson

181. Which job description mentions educational background?
(A) Office administrator
(B) Electrician
(C) Mechanical engineer
(D) Marketing manager

182. What are applicants NOT asked to do?
(A) Visit the main office of Synergy Industries
(B) Call during business hours
(C) E-mail Manuel Bernard
(D) Provide a resume

183. What is the purpose of the e-mail?
(A) To accept a job offer
(B) To indicate interest in a job
(C) To ask for a reference
(D) To inquire about the company's services

184. In the announcement, the word "ambitious" in the mechanical engineer section is closest in meaning to
(A) Lazy
(B) Determined
(C) Modest
(D) Uninterested

185. What is a requirement of the position that Rachel Swanson mentions in her e-mail?
(A) Proficiency in data entry
(B) Living in a new location
(C) Academic achievement
(D) Alcohol server certification

GO ON TO THE NEXT PAGE

Questions 186-190 refer to the following advertisement, online shopping cart and e-mail.

Customized Gifts, Inc

Giving a watch or a piece of jewelry to a family member or your spouse has long been an expression of affection. But did you know that there is a simple way to make it even more special? Customized Gifts, Inc. allows you to customize your special gift with an engraved message. Simply choose the item you would like to give, and write your message in the box below. You can choose regular shipping which will take 3 to 5 working days, or next-day delivery for a small additional fee. All of our shipping methods come with a tracking number to ensure safe delivery.

Please make sure that you enter the information that you would like us to engrave exactly as you want it. Unfortunately, we cannot accept returns because of spelling mistakes or other errors on the part of the customer. If there is an error by the engraving staff, please contact us and a replacement will be sent as soon as possible.

---

http://www.customizedgift.com/shoppingcart

Customized Gifts, Inc

Order Reference #245298   Customer: John Smith

Item	Quantity	Price	Engraving
Silver watch	5	$1000	John Thomas Michael Ben David
White gold watch	1	$400	Junho
Yellow gold watch	1	$400	Elshad
Platinum watch	2	$2000	James William
Order Total			$3,800.00
Sales tax (10%)			$380.00
Total Amount Due			$4,180.00

Proceed to Checkout

132

To:	Orders <ordersupport@customizedgifts.com>
From:	John Smith <john.smith@zmail.com>
Date:	May 12th, 2016
Subject:	Problem with order #245298

To whom it may concern,

I received my order of nine engraved watches from you yesterday. All of them look great except for one. I ordered two platinum watches and asked that one name be engraved on each of the two watches: James and William, respectively. Unfortunately, both of the platinum watches have "James" engraved on them. These watches were ordered for the ushers in my wedding and the wedding will be held in two weeks. Would you be able to send me a new platinum watch as soon as possible? I will be happy to return the old one to you.

I look forward to your reply.
John Smith

186. What are Customized Gifts customers advised to do?
(A) Choose next day delivery.
(B) Be careful when writing down what they want engraved.
(C) Visit a store to try on the watch.
(D) Order more than one watch to get a discount.

187. In the advertisement, the word "affection" in paragraph 1, line 2, is closest in meaning to:
(A) expectations
(B) interest
(C) quality
(D) devotion

188. What is most likely true about order #245298?
(A) It included an extra watch.
(B) It was the largest order the store received.
(C) It arrived late.
(D) It was ordered in May.

189. How much is the product Customized Gifts will send Mr. Smith worth?
(A) $100
(B) $400
(C) $1000
(D) $2000

190. What does Mr. Smith hope to get from the shop?
(A) A sincere apology.
(B) A prompt reply and a replacement.
(C) A discount on another watch.
(D) A full refund on one of the watches.

GO ON TO THE NEXT PAGE

Questions 191-195 refer to the following article, memo, and e-mail.

Francis Home Furniture poised to expand into the Chinese market

After a year of record-setting profits, Francis Home Furniture has announced that it will be opening a new location in Hong Kong. The CEO of Francis Home Furniture, Wendell Steele, says, "It is a natural move for us. Our market research indicates that Western brands are highly regarded in the Chinese market and are perceived as providing quality, convenience and customer service. This should give us a key advantage." Steele alluded to the possibility of the company opening a factory in China to support their retail store if the expansion is successful. Francis Home Furniture has developed a name for itself by providing quality home furnishings since its beginning in 1994. It provides products which are marketed as wood residential home furnishings and include a range of offerings for the home, including dining, bedroom, living room, home office, home entertainment, and nursery and youth furniture. This family owned and operated business has over twenty locations across the country in addition to an established online presence.

To:	Kelly Lawson
From:	Gordon Austin
Date:	April 24th
Subject:	On your promotion and about our office-wide party

Hello Kelly,

As you have heard you are being promoted and are to lead the marketing department at our new location in China. I would like to offer my congratulations. I know that you have been working hard to earn this position and you deserve it. Please stop by my office at some point tomorrow to discuss a few matters before you leave.

I also want to let you know that we have settled on a date and location for our office-wide party celebrating the expansion of our company. We will be holding it at the event hall across the road from our head office, the same one where we held our last Christmas party, which you also attended. As for the time, it will be at 7 P.M. next Saturday. Would you get in touch with Marty Crawford? He has recently arrived and will be overseeing the transition between locations, and he will also be handling the celebration party. His e-mail address is mc@francishomefurniture.com.

To:	Marty Crawford
From:	Kelly Lawson
Date:	April 24
Subject:	Location transition

Hello Marty,

I am writing to inform you that I will be able to attend the celebration party next Saturday, and I will be bringing my boyfriend.

I also need to mention that I have been accidentally locked out of the computer security system as my login doesn't work. I believe this may be related to the fact that I am changing locations. I need to be able to access the computer system as there are some matters I need to finalize before I leave. I know this is an IT problem, but they referred me to you since you are in charge of the transition.

Regards,
Kelly Lawson

191. What is NOT indicated about Francis Home Furniture?
    (A) It is doing well financially.
    (B) It does business online.
    (C) It will be expanding into China.
    (D) It specializes in industrial supplies.

192. What is stated about the Chinese market?
    (A) It is difficult to break into.
    (B) It values Western products and services.
    (C) It has been experiencing a downturn.
    (D) It is growing rapidly.

193. What does Mr. Austin mention about Mr. Crawford?
    (A) He comes highly recommended.
    (B) He is in charge of IT.
    (C) He is the head of research and development.
    (D) He is managing the reorganization.

194. What is suggested about Ms. Lawson?
    (A) She is new to the company.
    (B) She is in the marketing division.
    (C) She is in charge of events.
    (D) She is unable to attend the party.

195. What will Ms. Lawson do next Saturday?
    (A) Receive her home furniture
    (B) Attend an event at a hall she probably knows
    (C) Teach a training class
    (D) Revise her marketing proposal

GO ON TO THE NEXT PAGE

Questions 196-200 refer to the following notice, e-mail and article.

Attention Everyone: Arrangements for the "World Music Festival"

As you all know, this Saturday we will be holding our first ever "World Music Festival." The concert will start at 8 P.M. and should finish around 11 P.M. The concert will be held at the Allergen Theater, just ten minutes walk from our office.

Rehearsals will take place from 10 A.M. on Saturday. At the same time, we will be setting up the venue to make sure that everything is ready on time. Chairs and tables will be delivered to the theater by 9 A.M.

Please make sure that you are at the theater by 9:45 A.M. to begin arranging chairs and tables for the concert. A VIP from the local arts council will be attending with his wife, so we want to make a good impression on them.

Larry Rasmussen has greatly contributed to the festival, and he and his spouse will be special guests. Those in charge of their area need to make sure they enjoy the evening.

To:	Howard Jones <hj@rocketmusic.net>
From:	Jay Harris <harris@niftymovers.com>
Date:	Wednesday, September 7
Subject:	Delivery of furniture

Dear Mr. Jones,

I am writing to confirm the delivery of your furniture to the Allergen Theater this Saturday, September 10. As requested, we will be delivering 300 chairs and 50 tables to Gate A, 120 chairs and 30 tables to Gate B, and also a couple of special cushioned chairs for VIPs to Gate C. We aim to be at the theater no later than 9 A.M.

As discussed in our previous e-mail, we will return on Sunday morning to remove the furniture and take it back to our warehouse.

Should you have any questions, please do not hesitate to contact me at any time.

Jay Harris
Nifty Furniture Movers

The Allergen Theater, home of many memorable theater and music productions, hosted the first ever World Music Festival on Saturday. The festival included performances by a number of musicians from all corners of the globe, and featured both traditional and modern music.

After the show, local arts council representative Larry Rasmussen said, "Everyone in the audience had a wonderful experience. I'm sure that this will attract many more talented performers and artists to our city in the future."

One of the highlights of the festival was a special performance by world-renowned violinist Seamus O'Brian, who delighted the audience with his own brand of traditional Irish music. This was the first time that Mr. O'Brian has performed outside of his own country in ten years. To add to the excitement, he performed with a very special group of musicians made up of seven members from seven different countries.

A crew from Channel 4 broadcasted the entire concert live, and, the event was a huge success, judging from the faces of the audience. "This has been one of the most wonderful evenings of my life," said Mr. Rasmussen from his seat at the end of the festival, before leaving the hall from the exit near where he and his wife sat.

According to Mr. Rasmussen who worked for more than five years to make the festival a success, "This event has set a high standard for the future of the festival."

196. What are the staff members instructed to do?
(A) Bring musical instruments to the venue
(B) Help to set up the chairs and tables
(C) Clean the theater
(D) Sell tickets for the concert

197. Where will Mr. Harris likely deliver the materials to?
(A) To Mr. Jones' office
(B) To the back of the theater
(C) To each gate of the theater
(D) To the arts council

198. What is indicated about the World Music Festival?
(A) It has been running for many years.
(B) It will be held during the day.
(C) It will be a chamber music concert.
(D) It will involve a multicultural group of musicians.

199. What is true about Mr. O'Brian?
(A) He has not performed in another country for a decade.
(B) He is not very well known outside of his own country.
(C) He plays the piano.
(D) He will only be performing solos.

200. Where did Mr. Rasmussen and his wife likely enjoy watching the show?
(A) Near Gate A
(B) Near Gate B
(C) Near Gate C
(D) In the front row

TOEIC TEST 1　正解一覧

問題番号	正解	問題番号	正解	問題番号	正解	問題番号	正解
1	A	51	D	101	B	151	C
2	D	52	B	102	A	152	B
3	C	53	B	103	C	153	A
4	B	54	A	104	B	154	B
5	A	55	C	105	D	155	B
6	B	56	B	106	C	156	B
7	A	57	D	107	C	157	D
8	A	58	C	108	C	158	A
9	B	59	C	109	A	159	D
10	B	60	B	110	B	160	D
11	A	61	A	111	B	161	C
12	B	62	C	112	B	162	B
13	C	63	A	113	D	163	C
14	B	64	C	114	C	164	C
15	C	65	C	115	C	165	A
16	A	66	B	116	D	166	B
17	C	67	D	117	A	167	C
18	C	68	C	118	D	168	B
19	B	69	C	119	B	169	C
20	B	70	B	120	B	170	B
21	C	71	A	121	B	171	C
22	A	72	C	122	C	172	D
23	C	73	A	123	D	173	D
24	A	74	A	124	B	174	B
25	A	75	A	125	D	175	C
26	C	76	A	126	B	176	B
27	A	77	C	127	D	177	D
28	A	78	C	128	A	178	B
29	B	79	A	129	C	179	C
30	B	80	A	130	D	180	B
31	A	81	B	131	D	181	D
32	A	82	A	132	C	182	C
33	D	83	A	133	B	183	B
34	A	84	A	134	A	184	B
35	A	85	A	135	D	185	B
36	C	86	B	136	B	186	D
37	B	87	C	137	A	187	B
38	A	88	A	138	C	188	C
39	B	89	A	139	C	189	B
40	D	90	C	140	D	190	A
41	D	91	B	141	D	191	B
42	C	92	C	142	A	192	C
43	B	93	C	143	B	193	A
44	A	94	A	144	A	194	C
45	B	95	B	145	C	195	B
46	C	96	A	146	B	196	A
47	C	97	C	147	A	197	B
48	C	98	B	148	C	198	A
49	A	99	A	149	D	199	B
50	B	100	C	150	B	200	C

TEST 1

解答・解説・訳

PART 1

1 正解 **(A)** 難易度 ★★★　DOWNLOAD TEST 1 REVIEW ▶ 001

British female

(A) She's touching the animal.
(B) She's putting on her sunglasses.
(C) She's unleashing the dog.
(D) She's placing her purse on the table.

(A) 彼女はその動物に触れている。
(B) 彼女はサングラスをかけている。
(C) 彼女は犬を放している。
(D) 彼女はテーブルに財布を置いている。

注　□ unleash　…の革ひもをはずす　□ purse　財布

テスト作成者／ネイティブ・スピーカーの視点

女性はサングラスをかけているが、(B) の She's putting on her sunglasses. の is putting on は「今まさにかけている、かけつつある」ことを示す言い方なので、不適切。

---

2 正解 **(D)** 難易度 ★★★　DOWNLOAD TEST 1 REVIEW ▶ 002

American male

(A) Passengers are boarding a train.
(B) Bicycles are blocking the track.
(C) The platform is crowded today.
(D) The doors to the tram are shut tight.

(A) 乗客は列車に乗り込んでいる。
(B) 自転車がトラックを塞いでいる
(C) プラットフォームは、今日は混んでいる。
(D) 路面電車のドアはしっかり閉まっている。

注　□ board　乗り込む　□ block　（道などを）ふさぐ　□ tram　路面

テスト作成者／ネイティブ・スピーカーの視点

正解 (D) にある tram という語を知らなくても、(A)(B)(C) は写真を正確に描写していないので、消去法で正解が得られる。実際これはそのように意図して作られた問題だ。

3 正解 (C) 難易度 ★★

DOWNLOAD TEST 1 REVIEW ▶ 003

American female

(A) They're all waving flags.
(B) They're stacking the sandbags.
(C) They're all wearing hats.
(D) They're stepping off the curb.

(A) 彼らは全員、旗を振っている。
(B) 彼らは砂袋を積み上げている。
(C) 彼らは全員、帽子をかぶっている。
(D) 彼らは縁石から降りているところだ。

注 stack 積み重ねる curb 縁石

テスト作成者／ネイティブ・スピーカーの視点

これも消去法で正解が得られる。(D) の curb は TOEIC の必須語だ。The truck is parked at the curb.（トラックが縁石に沿って停まっている）というような言い方で Part 1 にもよく出題される。もし (C) が They're all putting hats. であれば、1 の (B) と同じで不正解になるので、注意しよう。

---

4 正解 (B) 難易度 ★★

DOWNLOAD TEST 1 REVIEW ▶ 004

American male

(A) The men are writing in their notebooks.
(B) One man is sitting on the table.
(C) The men are both wearing short sleeves.
(D) One man is getting ready to stand up.

(A) 男性たちはノートに書き込んでいる。
(B) 1 人の男性がテーブルに座っている。
(C) 男性たちは 2 人とも半袖シャツを着ている。
(D) 1 人の男性が立ち上がろうとしている。

注 □ sleeves （衣服の）そで

テスト作成者／ネイティブ・スピーカーの視点

(B) 以外は写真の状況を正確に描写していない。

5 　正解 (A)　難易度 ★★　DOWNLOAD TEST 1 REVIEW ▶ 005

American female

(A) He's staring at the screen.
(B) He's picking up his computer.
(C) He's got both hands on the keyboard.
(D) He's sticking a memo on his laptop.

(A) 彼はスクリーンを見つめている。
(B) 彼はコンピュータを拾い上げている。
(C) 彼は両手をキーボードに載せている。
(D) 彼はラップトップにメモを貼りつけている。

注　□ stare じっと見る　□ stick …をくっつける、貼る

テスト作成者／ネイティブ・スピーカーの視点

(C) の get ... on ~は「…を~に置く、載せる」という意味。両手をしばらくキーボードに置いている状態を現在完了形で表わしている。

6 　正解 (B)　難易度 ★★★★　DOWNLOAD TEST 1 REVIEW ▶ 006

British male

(A) A balloon is attached to the building.
(B) Some people are strolling down the street.
(C) Light fixtures are being maintained.
(D) The café is full to capacity.

(A) 風船が建物に付いている。
(B) 何人かの人が通りを歩いている。
(C) 電気設備が整備されているところだ。
(D) カフェはぎっしり満員だ。

注　attach 付ける　stroll ぶらつく、散歩する　□ fixture 据え付け品、備品　□ maintain 維持する、整備する、管理する　□ capacity 収容力、定員

テスト作成者／ネイティブ・スピーカーの視点

(A) 風船は建物には付いていない。(C) 電気設備が現在調整されている様子はうかがえない。Part 1 にはこうした進行形の受動態の文がよく出てくるが、正解でないことが多い。進行形の受動態の文では being が比較的強く発音されるので、注意しよう。(D) は正確に写真を描写していない。(B) が正解だが、Part 1 では 2 人であっても some people という言い方が使われる。

PART 2

7 正解 (A) 難易度 ★★ DOWNLOAD TEST 1 REVIEW ▶ 007

American female / British male

How are you going to contact Jim?
(A) I'll e-mail him.
(B) He's doing well.
(C) I'm going there by train.

どうやってジムに連絡するつもりですか？
(A) 彼にEメールを送ります。　　(B) 彼はうまくやっています。　　(C) 電車でそこに行きます。

注　□ contact …に連絡する　□ e-mail …にEメールを送る　□ do well 成功する、順調である

テスト作成者／ネイティブ・スピーカーの視点
「どうやって連絡を取るか」と連絡手段を聞いているので、「Eメールを送る」と言っている (A) が正解。(C) は質問で聞いた going が発音されているので、不正解である可能性が高い。

---

8 正解 (A) 難易度 ★★ DOWNLOAD TEST 1 REVIEW ▶ 008

British female / American male

Should I book rooms for everyone?
(A) No, you don't need to do that.
(B) The library is near our office.
(C) Yes, I often read in the morning.

全員の分の部屋を予約しましょうか？
(A) いいえ、その必要はありません。　　(B) 図書館は当社のオフィスの近くです。　　(C) はい、私はよく朝本を読みます。

注　□ book （部屋、席などを）予約する　□ library 図書館

テスト作成者／ネイティブ・スピーカーの視点
イギリス英語はアメリカ英語と違って、Do ...?, Can ...?, Should ...?, Would ...? といった疑問文の文末のイントネーションが下がって発音されることが多い。アメリカ英語に慣れている日本人は瞬間的に疑問文と判断できないことがあるようなので、注意しよう。

9 正解 (B) 難易度 ★★★ DOWNLOAD TEST 1 REVIEW ▶ 009

British female / American male

Is this seat taken?
(A) I'm sitting by the door.
(B) Yes, my friend is coming.
(C) No, I didn't like the show.

この席はどなたかいらっしゃいますか？
(A) 私はドアのそばに座っています。　**(B) はい、友だちが来ます。**　(C) いいえ、そのショーは気に入りませんでした。

注 □ take （席などを）取る　□ by …のそばに

テスト作成者／ネイティブ・スピーカーの視点

Is this seat taken? もイギリス人の発音だが、最後のイントネーションはここでは自然に上がっている。my friend is coming と現在進行形でほぼ確定した未来を表わしている (B) が正解。

---

10 正解 (B) 難易度 ★ DOWNLOAD TEST 1 REVIEW ▶ 010

American male / American female

Who were you talking to on the phone this morning?
(A) For about 20 minutes.
(B) My sales manager.
(C) In the meeting room.

今朝電話で誰と話していたのですか？
(A) 約20分です。　**(B) うちの販売部長です。**　(C) 会議室です。

注 □ on the phone 電話で　□ sales manager 販売部長

テスト作成者／ネイティブ・スピーカーの視点

Who...? と聞かれているので、(B) が正解。Who を Where と聞き間違えたりすると (C) を選んでしまうので、くれぐれも注意しよう。

---

11 正解 (A) 難易度 ★★ DOWNLOAD TEST 1 REVIEW ▶ 011

American female / British male

Do you want to have the papers stapled?
(A) That would be great.
(B) I can't find any.
(C) They're on my desk.

書類をホチキスでとじましょうか？
(A) そうしていただけると嬉しいです。　(B) 何も見つかりません。　(C) 私の机の上にあります。

注　□ staple …をホチキスでとじる

テスト作成者／ネイティブ・スピーカーの視点

〈have ＋目的語＋過去分詞〉で「…を〜させる［〜してもらう］」という意味。「書類をホチキスでとめてもらいたいですか？」→「書類をホチキスでとじましょうか？」となる。

12　正解 (B)　難易度 ★★　DOWNLOAD TEST 1 REVIEW ▶ 012

American male / British female

Why did you move the meeting to 3:30?
(A) Okay, I'll do that right away.
(B) Several people said they were going to be late.
(C) It was scheduled for early this morning.

なぜ会議の時間を3時半に変更したのですか？
(A) わかりました、すぐやります。　**(B) 遅刻しそうだと言う人が何人かいたからです。**
(C) 今朝早く行なわれる予定でした。

注　□ move （日時などを）変える　□ be scheduled for … …に予定されている

テスト作成者／ネイティブ・スピーカーの視点

Why で始まる過去形の疑問文なので、同じく過去形で理由を述べている (B) が正解。(C) は文意が合わない。イギリス英語の発音の schedule(/ʃédjuːl/) にも注意。TEST 1 の Questions 41- 43 の注も参照（161 ページ）

13　正解 (C)　難易度 ★★　DOWNLOAD TEST 1 REVIEW ▶ 013

British female / American male

Would you mind turning off the air conditioner?
(A) What season do you like?
(B) Just turn the corner.
(C) Are you cold?

すみませんが、エアコンを止めていただけませんか？
(A) どの季節が好きですか？　(B) その角を曲がってください。　**(C) 寒いですか？**

注　□ mind 《否定文・疑問文で》…をいやがる（Would you mind ...ing?「…していただけませんか？」）
□ turn off …を止める　□ air conditioner エアコン　□ turn the corner 角を曲がる

テスト作成者/ネイティブ・スピーカーの視点

Would you mind ...ing?（…していただけませんか？）という丁寧な依頼文だが、Part 2 では Not at all. や Of course not. といった定型表現が答えになることは少なく、(C) のように理由を問う表現が正解であることが多い。

---

14 正解 (B) 難易度 ★★★ DOWNLOAD TEST 1 REVIEW ▶ 014

British male / American female

Have you seen the accountant today?
(A) She's my friend.
(B) I just saw her in the elevator.
(C) I've known her for a long time.

今日、会計士に会いましたか？
(A) 彼女は私の友だちです。　　**(B) たった今エレベーターで会いました。**　　(C) 彼女とは長い付き合いです。

注　□ accountant 会計士、会計係　□ know …と知り合いである

テスト作成者/ネイティブ・スピーカーの視点

「今日（これまでに）会計士と会ったか」と聞いているので、「エレベーターの中で会った」という (B) が正解。accountant は「会計士」の意味だが、知らなくても正解できる。ここでも質問文はイギリス英語で、文末のイントネーションが下がっているので注意しよう。

---

15 正解 (C) 難易度 ★★ DOWNLOAD TEST 1 REVIEW ▶ 015

American male / American female

Mr. Jones from the shipping company just called.
(A) He's not here now.
(B) He's called Tim at work.
(C) Does he want a call back?

運送会社のジョーンズ様からたった今電話がありました。
(A) 彼は今ここにはおりません。　　(B) 彼は仕事場でティムと呼ばれています。　　**(C) 折り返し電話するようにおっしゃっていましたか？**

注　□ shipping company 輸送会社、運送会社　□ at work 仕事場で　□ a call back 折り返し電話

テスト作成者/ネイティブ・スピーカーの視点

「…からお電話です」と聞けば、「用件は何でしょうか？」といった返答を連想しがちだが、TOEIC は受験者の裏をかいて、(C) のような答え方を出してくる。

TEST 1 解答・解説・訳

16 正解 (A) 難易度 ★★ DOWNLOAD TEST 1 REVIEW ▶ 016

American male / British female

Would your client prefer a casual restaurant?
(A) I think so.
(B) He has dinner at 7:00.
(C) I like his outfit.

クライアントはカジュアルなレストランのほうがお好きでしょうか？
(A) そう思います。　　(B) 彼は 7 時に夕食を食べます。　　(C) 私は彼の服装が好きです。

注　□ client　クライアント、依頼人　　□ casual　カジュアルな　　□ outfit　服装一揃い

テスト作成者／ネイティブ・スピーカーの視点
この would は現在の推量を表わしていて、ここでは「…だろうか？」と尋ねている。よって、(A) が正解。(B) は質問文の restaurant から連想させる dinner が入っているので、引っかけで使われている可能性が高い。

17 正解 (C) 難易度 ★★★ DOWNLOAD TEST 1 REVIEW ▶ 017

British female / American male

May I ask who's calling?
(A) I need to talk to Brian.
(B) It's my phone.
(C) This is Mike from HR.

お名前を伺ってもよろしいですか？
(A) ブライアンに話があります。　　(B) これは私の電話です。　　**(C) 人事部のマイクです。**

注　□ May I ask who's calling?　どちら様でしょうか？　　□ talk to ...　…と話す　　□ HR　人事部 (human resources の略)

テスト作成者／ネイティブ・スピーカーの視点
May I ask who's calling? は定型表現なので、覚えておこう。状況から (C) が正解。

18 正解 (C) 難易度 ★ DOWNLOAD TEST 1 REVIEW ▶ 018

British male / American female

What do you like about this product?
(A) I have a blue one.
(B) I don't know how much it is.
(C) I like its design.

この製品のどこがお好きですか？
(A) 私は青いのを持っています。　(B) それがいくらか知りません。　**(C) デザインが好きです。**

注 □ product 製品　□ one ［既出の可算名詞の反復を避けて］（同じ種類の）1 つのもの　□ how much いくら

テスト作成者／ネイティブ・スピーカーの視点

「この製品のどこが好きか？」と聞いているので、(C) 以外の正解は考えられない。

19　正解 **(B)**　難易度 ★★★★　DOWNLOAD TEST 1 REVIEW ▶ 019

British female / American male

Is the customer still on hold?
(A) She's putting away her umbrella.
(B) Yes, can you talk to her?
(C) No, it's not my number.

まだお客さまを電話で待たせているのですか？
(A) 彼女は傘を片づけているところです。　**(B) はい、彼女と話をしていただけませんか？**
(C) いいえ、これは私の電話番号ではありません。

注 □ customer 客、顧客　□ on hold （電話で）待たされた状態で　□ put away …を片づける

テスト作成者／ネイティブ・スピーカーの視点

on hold の意味がわからないと、この問題を解くのはむずかしいだろう。また質問文はイギリス英語発音なので、文末のアクセントが下がっていて、一瞬疑問文と判断できないかもしれない。Part 2 は簡単な問題がつづいたあと、突然こうした難易度の高い問題が出てくるので気を抜いてはならない。

20　正解 **(B)**　難易度 ★★★★　DOWNLOAD TEST 1 REVIEW ▶ 020

British female / American male

Didn't you download the files last night?
(A) This is my computer.
(B) I tried, but I couldn't do it.
(C) They're on their way home.

昨夜、ファイルをダウンロードしなかったのですか？
(A) これは私のコンピューターです。　**(B) やってみたのですが、できませんでした。**
(C) 彼らは帰宅途中です。

TEST 1 解答・解説・訳　　TEST 2 解答・解説・訳

注　□ download　…をダウンロードする　　□ on one's way home　家に帰る途中で

テスト作成者／ネイティブ・スピーカーの視点

否定疑問文の質問文で一瞬混乱してしまう人もいるかもしれないが、状況から (B) が正解。

21　正解 (C)　難易度 ★★★★　DOWNLOAD　TEST 1　REVIEW ▶ 021

American male / American male

How well do you know Peter?
(A) He's been busy lately.
(B) He knows a lot about our company.
(C) He's one of my former colleagues.

ピーターとはどのようなお知り合いですか？
(A) 彼は最近忙しいです。　　(B) 彼は当社のことをよく知っています。　　**(C) 彼は元同僚です。**

注　□ know　…と知り合いである　　□ know a lot about...　…について詳しい　　□ former　以前の
□ colleague　同僚

テスト作成者／ネイティブ・スピーカーの視点

疑問詞 how で始まる場合、そのあとの形容詞もしくは副詞も注意して聞くこと。how well と程度を聞いているが、Part 2 では「すごくよく知っている」といったわかりやすい答え方ではなく、「同僚だ」などといった言い方が正解になることが多い。

22　正解 (A)　難易度 ★　DOWNLOAD　TEST 1　REVIEW ▶ 022

British female / American male

Do you think you could give me a ride home?
(A) Sure, no problem.
(B) Some of us work from home these days.
(C) It gets quite hot in the summer.

家まで車で送っていただけませんか？
(A) もちろん、お安いご用です。　　(B) 最近私たちの何人かは在宅勤務をしています。
(C) 夏は大変暑くなります。

注　□ give ... a ride　…を乗せてやる　　□ sure　もちろん、いいとも　　□ no problem　だいじょうぶだ、お安いご用だ　　□ work from home　在宅勤務をする　　□ these days　近ごろ

テスト作成者／ネイティブ・スピーカーの視点

Do you think you could ...? はかなり丁寧に何かをお願いする言い方。(A) 以外は答えにならない。(B) は質問文にある home が出てくるので、「テスト作成者が教える　新形式問題

「TOEIC はこう解け！」の 7 ページで説明したように、不正解である可能性が高い。

23 正解 (C) 難易度 ★★　DOWNLOAD TEST 1 REVIEW ▶ 023

British male / American male

Are you planning on going to the warehouse today?
(A) No, it'll be held tomorrow instead.
(B) I'm pretty sure it's not there.
(C) I went there this morning.

今日、倉庫に行く予定はありますか？
(A) いいえ、代わりに明日開かれます。　(B) まずそこにはないと思います。　**(C) 今朝行きました。**

注　□ plan on ...ing　…するつもりである　□ warehouse　倉庫　□ hold　（会などを）開く、催す

テスト作成者／ネイティブ・スピーカーの視点

Yes/No 疑問文の質問であることから、「はい、…します」「いいえ、…しません」といった返答を連想しがちだが、Part 2 では (C) のような言い方が答えになることが多い（「テスト作成者が教える　新形式問題 TOEIC はこう解け！」の 8 ページ参照）。

24 正解 (A) 難易度 ★★　DOWNLOAD TEST 1 REVIEW ▶ 024

British male / American female

When did you talk to Mr. Garson about the budget?
(A) It was Friday morning, if I'm not mistaken.
(B) I'll do it first thing in the morning.
(C) Yes, the budget has been finalized.

いつガースンさんと予算について話したのですか？
(A) 金曜日の朝です、私の考え違いでなければ。　(B) 朝いちばんにします。　(C) はい、予算は完成しました。

注　□ talk to ...　…と話す　□ budget　予算　□ first thing　まず第 1 に　□ finalize　…を完成させる、仕上げる

テスト作成者／ネイティブ・スピーカーの視点

疑問詞 when とそのあの did がしっかり聞き取れれば、問題なく (A) を正解に選ぶことができるだろう。(C) は質問文に出てくる budget が含まれているので正解にならない可能性が高い。

25 正解 (A) 難易度 ★★★★ DOWNLOAD TEST 1 REVIEW ▶ 025

American female / American male

I thought we were going to meet at the station.
(A) Some of us decided to take a bus.
(B) The next train will come in five minutes.
(C) It's going to be very fast.

駅で待ち合わせだと思っていたのですが。
(A) 何人かがバスで行くことにしたのです。　(B) 次の電車は5分後に来ます。　(C) とても速くなるでしょう。

注　□ meet （約束して）会う、待ち合わせる　□ decide 決める　□ take a bus バスで行く

テスト作成者／ネイティブ・スピーカーの視点

肯定文の質問は要注意だ。新形式TOEICでは、こうした問題の割合が明らかに増えている。文意からも、質問文と同じ過去時制であることからも、(A)が正解と判断できる。

26 正解 (C) 難易度 ★★★★★ DOWNLOAD TEST 1 REVIEW ▶ 026

British female / American male

You haven't heard from Linda yet, have you?
(A) Yes, she can be loud sometimes.
(B) Yes, I'm listening to you.
(C) No, she hasn't replied yet.

リンダからはまだ連絡がないですよね？
(A) はい、彼女は大声になる時があります。　(B) はい、ちゃんと聞いていますよ。　**(C) はい、彼女からまだ返事がありません。**

注　□ hear from ... …から連絡がある　□ loud 大声の、騒々しい　□ reply 返事をする

テスト作成者／ネイティブ・スピーカーの視点

付加疑問文の場合、文末を上昇調で言えば普通の疑問文と同じ意味となり、下降調で言えば念を押したり、相手の同意を求める気持ちが強くなる。この文末は下降調なので、おそらく後者だ。そして否定の付加疑問文で聞かれても、あくまで「ない／していない」のであればNoで答えるべきであるが、その判断が一瞬できない日本人も少なくない。こうしたことが重なって、かなり難易度の高い問題になっている。

27 正解 (A) 難易度 ★★★★ DOWNLOAD TEST 1 REVIEW ▶ 027

American female / American male

Why don't we just move the meeting back a few days?
(A) I guess we have no other choice.
(B) No, that was last week.
(C) I already asked him about it.

会議を2, 3日延期しませんか？
(A) そうするよりしかたがなさそうですね。　　(B) いいえ、それは先週でした。　　(C) そのことについてはすでに彼に聞きました。

注　□ Why don't we ...?　…しませんか？　□ move ... back　…を後ろに下げる　□ guess　…と思う、推測する　□ have no other choice　ほかに選択の余地はない

テスト作成者／ネイティブ・スピーカーの視点

Why don't we ...? と聞かれているので、Sure. や Sounds nice. といった定型の返答を予想してしまうが、(A) のような言い方が正解になることもよくある。

---

28 正解 (A) 難易度 ★★ DOWNLOAD TEST 1 REVIEW ▶ 028

British male / British female

Aren't you going to use this computer?
(A) I'm already done with it.
(B) I'm not buying it today.
(C) I used to work as an engineer.

このコンピューターは使わないのですか？
(A) もう終わりました。　　(B) 今日は買いません。　　(C) 以前はエンジニアとして働いていました。

注　□ be done with ...　…を終える、済ませる　□ used to ...　以前は…した　□ work as ...　…として働く

テスト作成者／ネイティブ・スピーカーの視点

質問はこれからの予定を尋ねる文なので、(A) が正解になる。時制に注意すれば取りこぼしはかなり防げるだろう。

29 　正解 (B)　難易度 ★★　DOWNLOAD TEST 1 REVIEW ▶ 029

American male / American female

Where can I find the reports for last year?
(A) They're quite long.
(B) Look in the yellow folder over there.
(C) I wrote them last November.

昨年のレポートはどこにありますか？
(A) それらはとても長いです。　　(B) あそこの黄色いフォルダーの中を見てみてください。
(C) 私は昨年の11月にそれらを書きました。

注　□ quite とても　□ look in ... …をのぞいて見る、…の中をのぞく　□ over there あそこに

テスト作成者／ネイティブ・スピーカーの視点

疑問詞 where で始まる質問文なので、(B) が正解。(C) は質問にある last が使われているので、不正解である可能性が高い。

30 　正解 (B)　難易度 ★★★★　DOWNLOAD TEST 1 REVIEW ▶ 030

British female / American male

Is attendance at the meeting required?
(A) Yes, we have to cancel it now.
(B) Yes, the CEO will be there too.
(C) No, it's going to be on Tuesday.

その会議への出席は必須ですか？
(A) はい、今キャンセルしなければなりません。　　(B) はい、CEO も出られるので。
(C) いいえ、火曜日に行なわれます。

注　□ attendance 出席　□ required 必須の　□ cancel …をキャンセルする、取り消す
□ CEO CEO、最高経営責任者

テスト作成者／ネイティブ・スピーカーの視点

「出席は必須であるか［求められているか］」と聞かれているので、(B) が正解になる。「はい」という直接の答えだけでなく、「CEO も来るのだから」という理由も添えられている。

31 　正解 (A)　難易度 ★★★★　DOWNLOAD TEST 1 REVIEW ▶ 031

American male / American female

We don't have much time, so we should discuss the main project first.
(A) I couldn't agree with you more.

(B) I wanted to, but the time was limited.
(C) I'm afraid I already told everyone about it.

時間があまりないので、最初に主要プロジェクトについて話し合いましょう。
(A) 大賛成です。　　(B) そうしたかったのですが、時間が限られていました。　　(C) そのことについてはすでにみなさんにお話ししたと思います。

注　□ discuss …について話し合う　□ I couldn't agree with you more. 大賛成だ、まったく同感だ
□ I'm afraid ... …と思う（語気をやわらげるのに用いる）

テスト作成者／ネイティブ・スピーカーの視点

I couldn't agree with you more. という表現がすぐに理解できないとむずかしい。〈推量の意味の助動詞 could や would の否定形＋比較級〉はうしろに than... が省略されていると考えれば、「…以上、できないだろう［しないだろう］」となり、この場合は「…以上賛成できない」→「大賛成だ、まったく同感だ」という意味だと判断できる。リスニングでそれを瞬時に判断するのはむずかしいかもしれないので、こうした口語的な言い方はそのまま覚えてしまうのがいいだろう。

PART 3

DOWNLOAD TEST 1 REVIEW ▶ 032-034　　American female / British male

Questions 32 through 34 refer to the following conversation.

W: ① Did you happen to see my tablet on the meeting room table? I most likely left it there at the end of the meeting we had this morning
M: I didn't see it, but there was a gray briefcase on that little table in the corner. Is this what you were looking for?
W: No, I'm afraid not. ② My tablet is a black one and it's not that big. I'll call Henry and see if he's seen it. I think he was the last one to leave the room.
M: I'm pretty sure he's already left for the day, but ③ I can text him and see if he knows anything about it.

問題 32-34 は次の会話に関するものです。
女性： ①会議室のテーブルの上に私のタブレットがあるのを見なかった？　今朝の会議が終わった時、そこに置いてきてしまったみたいなの。
男性： それは見なかったけど、隅の小さいテーブルの上に灰色のブリーフケースがあったよ。きみが探しているのはそれじゃないの？
女性： いいえ、違うと思うわ。②私のタブレットは黒くて、そんなに大きくないの。ヘンリーに電話して、見なかったか聞いてみる。部屋を出たのは彼が最後だったと思うから。
男性： 彼は、今日はもう帰ってしまったはずだよ。でも、④何か知らないかメールで聞いてみるよ。

32　正解 (A)　難易度 ★★★

設問の訳
女性は何をしようとしていますか？
(A) タブレットを探し出す。　　(B) 会議室を探す。　　(C) 同僚が何か探すのを手伝う。
(D) 同僚との会議を設定する。

テスト作成者／ネイティブ・スピーカーの視点
全体の状況を問う「森問題」。①でわかる。動詞 locate は「…の位置を突きとめる」という意味。locate は TOEIC のリスニング問題でもリーディング問題でもよく出てくる。

33　正解 (D)　難易度 ★★★★

設問の訳
女性が探しているものはどのような外見ですか？
(A) 灰色で薄い　　(B) 分厚くて重い　　(C) おしゃれである　　**(D)** 小さくて黒色

155

テスト作成者／ネイティブ・スピーカーの視点

細部を問う「木問題」。②でわかる。(A) は引っかけなので注意。item は TOEIC では「品目（例：items of business ［商品品目］）、細目、条項」のほか、「記事の一節」といった意味でも出てくるので、ぜひ覚えておこう。

34　正解 (A)　難易度 ★★

設問の訳
男性は何をすると提案していますか？
(A) 同僚にメールを送る　　(B) 女性に自分のタブレットを貸す　　(C) 女性がオフィスの中を探すのを手伝う　　(D) 会社の全員に E メールを送る

テスト作成者／ネイティブ・スピーカーの視点

③から判断できる。問題文にある offer to... は「…しようと申し出る」の意味で、She offered to help the victims.（彼女は被災者たちを助けようと申し出た）というように使われる。また同僚 Henry が (A) で coworker と言い換えられている。TOEIC では会社の同僚を意味する coworker, あるいは colleague がよく出てくる。

注
［パッセージ］□ happen to ...　偶然…する　　□ likely　たぶん、おそらく　　□ that（②に出てくる）それほど、そんなに　　□ for the day　今日はこれでおしまいとして　　□ text（携帯電話で）…にメールを送る
［設問］□ locate　…の位置を突きとめる　　□ coworker　同僚　　□ organize　（会などを）取りまとめる　　□ text message　（携帯電話の）メール

DOWNLOAD　TEST 1　REVIEW ▶ 035-037　　American female / British male / American male

Questions 35 through 37 refer to the following conversation with **three speakers**.

W:　①I'll invite Linda from Ample Motors to come to the new product launch next month.
M1:　Well, I doubt she'll have time. On top of that, if she comes and doesn't understand the benefits, ②then we might not have another chance to talk to her.
W:　I see what you mean, but what do you recommend?
M2:　③Let's wait until after the launch event to talk to her.
W:　④Then after we polish up our presentation, we'll be more prepared.
M1:　⑤Ample Motors is a key client, so we want to give her the best presentation possible.
W:　I can't disagree. It makes sense to avoid telling her about the event and instead to approach her directly.

問題 35-37 は次の 3 人の会話に関するものです。
女性：　①来月の新商品の発表会に、アンプル・モーターズのリンダを招待するわ。
男性1：うーん、彼女にはそんな時間がないと思うよ。それに、もし来たとしても利点をわかってもらえなかったら、②もう彼女に話すチャンスはないかもしれないよ。
女性：　わかるわ、でもどうしたらいいと思う？

男性2 : ③彼女に話すのは発表イベントのあとまで待とうよ。
女性 : ④そうしてプレゼンテーションに磨きをかけたあとなら、準備万端だわ。
男性1 : ⑤アンプル・モーターズは大事なクライアントだからね、できるだけベストなプレゼンテーションをしたいんだ。
女性 : 賛成だわ。イベントについては話さずにいて、直接アプローチするほうが賢明ね。

35 正解 (A) 難易度 ★★★★★

設問の訳
会話をしている人たちは主に何について話していますか？
(A) クライアントに新商品を紹介する最良の方法　　(B) 新商品の発表イベント　　(C) クライアントの商品のリリーススケジュール　　(D) クライアントのニーズに合わせて新商品をデザインすること

テスト作成者／ネイティブ・スピーカーの視点
新形式の「3人の話し手による会話を聞いて答える問題」。これは「森問題」で、①や②の情報だけではすぐに判断できないかもしれない。しかし、あまり時間をかけずに適当なところで36と37の問題に移ろう。それによって、最終的にこの問題も解けるはずだ。

36 正解 (C) 難易度 ★★★

設問の訳
会話をしている人たちは、アンプル・モーターズについて何と言っていますか？
(A) アンプル・モーターズの代表がイベントに出席する。　　(B) 新商品はアンプル・モーターズの役に立たない。　　**(C) 重要な顧客である。**　　(D) 扱いにくいクライアントである。

テスト作成者／ネイティブ・スピーカーの視点
①〜④でなんとなくわかるし、⑤が決定的な情報だ。先読み時間を十分に取って、36だけでなく、37と38の質問内容を把握しておくことが大切だ。⑤の a key client が (C) で an important customer と言い換えられている。

37 正解 (B) 難易度 ★★★★

設問の訳
女性は何をするべきだと提案していますか？
(A) リンダが来れるまでイベントを延期する　　**(B) イベントのあとにプレゼンテーションを改良する**　　(C) リンダが必ずイベントに来るようにする　　(D) リンダにイベントはないと言う

テスト作成者／ネイティブ・スピーカーの視点
③と④からわかる。「3人の話し手による会話を聞いて答える問題」では、このように複数の話し手の発言をあわせて判断しなければならない問題が多いようだ。④の polish up our presentation が、(B) では refine their presentation と言い換えられている。

注

[パッセージ] □ launch 開始、発表　□ on top of ... …に加えて　□ polish up …に磨きをかける
□ make sense 道理にかなう
[設問] □ representative 代表者　□ refine 改良する　□ make sure 確実に…する

DOWNLOAD　TEST 1　REVIEW ▶ 038-040　　American male / British female

Questions 38 through 40 refer to the following conversation.
M: Thanks for talking with me, Ms. Forsyth. I've heard a lot of good things about the company, but ① it's nice to talk frankly with someone who's just a regular employee here before I accept their offer.
W: Since I'm not part of the administration, I think I can give some insight into what goes on here ② from the point of view of the editorial staff.
M: The things I'm interested in asking about are the hours and the opportunities for promotion.
W: This isn't easy to say, but we usually have to work late to meet the deadlines, and we only get paid overtime for work over 20 hours a month. But since it's a small company, ③ your salary will go up if you're the aggressive type.

問題 38-40 は次の会話に関するものです。
男性： お話しさせていただき、ありがとうございます、フォーサイスさん。会社について、たくさんよいことをうかがっていますが、①オファーをお受けする前にこちらの社員の方とざっくばらんにお話しできてうれしいです。
女性： 私は経営側の人間ではないので、②編集スタッフの立場から、この会社の様子について、ちょっとお教えできると思いますよ。
男性： 私がお聞きしたいのは、勤務時間と昇進の機会についてなんです。
女性： 簡単には言えませんけど、締切りに間に合わせるために、いつも遅くまで働かないといけないんです。おまけに残業代も毎月 20 時間を超えた分しか支払われません。でも、うちは小さな会社ですから、③あなたが積極的なタイプならお給料は上がるでしょう。

38　　**正解 (A)**　　**難易度 ★★★**

設問の訳
男性はなぜ女性と話すことに興味があるのですか？
(A) 会社について従業員から話を聞くため　　(B) 上司に彼が成長していることを知ってもらうため　　(C) 会社についての秘密の情報を知るため　　(D) クライアントのために仕事をするため

テスト作成者／ネイティブ・スピーカーの視点
①でわかる。a regular employee が (A) では staff と言い換えられている。staff は複数でも同じ形で使われる。例：twenty staff (20 名の従業員); Our staff is [are] well-experienced. (われわれのスタッフは経験豊富だ)

TEST 1 解答・解説・訳

39 正解 (B) 難易度 ★★

設問の訳
女性はどの部門で働いていますか？
(A) 広告　　(B) 編集　　(C) 経理　　(D) 営業

テスト作成者／ネイティブ・スピーカーの視点
②でわかる。from the point of view ...（…の視点から）という言い方もよく使われるので覚えておこう。

---

40 正解 (D) 難易度 ★★★★

設問の訳
女性によると、この会社で働くことの利点は何ですか？
(A) 会社にはフレックスタイム制がある。　　(B) 残業代はすべて通常の時給の倍支払われる。
(C) 給料は自動的に上がる。　　(D) やる気のある人にはチャンスがある。

テスト作成者／ネイティブ・スピーカーの視点
③でわかるが、(D) と結びつけるのはなかなかむずかしいかもしれない。your salary will go up if you're the aggressive type が、There are opportunities for those who are motivated. と言い換えられているわけだ。すでにおわかりかと思うが、Part 3, 4 にはこうした言い換えがよく出てくるので、十分に先読み時間を取って対応する必要がある。新形式になってもこれは変わらない。

注
[パッセージ] □ frankly 率直に　□ administration 経営陣　□ insight 識見　□ editorial 編集の
□ opportunity 機会、チャンス
[設問] □ improve よくなる、進歩する　□ accounting 会計、経理　□ motivated 意欲的な

DOWNLOAD TEST 1 REVIEW ▶ 041-043　　American male / British female

Questions 41 through 43 refer to the following conversation.
M: Jennifer, how long is the meeting going to last? I'm asking that because ①I have to talk to a newspaper advertising agent at 3:00.
W: It's scheduled to finish at exactly 2:00, but ②these meetings often go overtime, as you know.
M: Well, I know the meeting with our lawyer is important, but the conversation with the agent is just as important. It's vital that we get the ad in the weekend edition.
W: ③When the meeting starts, I'll let everyone know that we have to end before 2:00 no matter what. That way we should be able to get to at least all the important items on the agenda.

159

問題 41-43 は次の会話に関するものです。

男性： ジェニファー、会議はどれくらいかかるのかな？ というのも、①3時に新聞の広告代理店との話し合いがあるんだ。

女性： 2時ちょうどに終わる予定だけど、②会議がしょっちゅう予定時間をオーバーするのは、知ってのとおりよ。

男性： うん、弁護士との会議が重要なのはわかるんだけど、代理店との話し合いも同じくらい重要なんだ。週末版の広告を取るのは、すごく大事なんだよ。

女性： ③会議が始まったら、何が何でも2時前に終わらせないといけないってみんなに言うわ。そうすれば、少なくとも重要な議題だけは扱えるでしょう。

---

41 正解 (D) 難易度 ★★★

設問の訳
男性は午後の中頃に何をする予定ですか？
(A) 歯医者の予約診察に行く (B) クライアントに会う (C) 同僚を空港に迎えに行く
(D) 広告代理店の人に会う

テスト作成者／ネイティブ・スピーカーの視点
Part 3, 4 の各セットの1問目は全体の状況を尋ねる「森問題」であることが多いが、ときどきこういった「木問題」が出題されるので油断してはいけない。これは①で判断できる。

---

42 正解 (C) 難易度 ★★★

設問の訳
女性によると、この会議ではよく何が起こりますか？
(A) 2時間以上かかることはほとんどない。 (B) ほぼ毎回時間どおりに終わる。 **(C) 通常、予定よりも長くかかる。** (D) 通常、休憩が入る。

テスト作成者／ネイティブ・スピーカーの視点
②でわかると思うが、these meetings often go overtime が They usually go longer than planned. と単語レベルではなく表現そのものが言い換えられているので、注意しなければならない。(B) にある on time は「時間どおりに」という意味。

---

43 正解 (B) 難易度 ★★★

設問の訳
女性は男性を助けるため、何をすると申し出ていますか？
(A) 突然、会議を終わらせる **(B) 会議の冒頭にアナウンスする** (C) 男性を早めに会議から抜けさせる (D) あとで会議について男性に話す

テスト作成者／ネイティブ・スピーカーの視点
③でわかるが、(B) はそれを言い換えた形になっており、注意が必要だ。質問文の volunteer は

ここでは名詞ではなく、「自発的に申し出る」という意味の動詞。

> **注**
> ［パッセージ］□ last つづく　□ schedule スケジュール、予定（アメリカ英語では /skédʒuːl/ だが、イギリス英語はここで確認できるように /ʃédjuːl/ なので注意しよう）　□ vital きわめて重要な　□ no matter what どんなことがあっても　□ get to ... …に取りかかる　□ agenda 議題
> ［設問］□ mid afternoon 午後の中頃《午後3時前後》　□ volunteer to ... …しようと自発的に申し出る　□ end …を終える

DOWNLOAD　TEST 1　REVIEW ▶ 044-046　（America male / American female）

Questions 44 through 46 refer to the following conversation.

M: Hello, ①I'd like to purchase two adult and two child tickets for the Sea Animal Water Ride.
W: Good afternoon, sir. Are both your children under twelve?
M: Well, no ..., ②my eldest just turned twelve in January. Does that mean he doesn't count as a child?
W: Yes, ③I'm afraid children twelve and older are considered adults for the purposes of this ride. Your younger child certainly qualifies for the discount ticket price.

問題 44-46 は次の会話に関するものです。
男性： こんにちは、①シー・アニマル・ウォーター・ライドの大人券2枚と子供券2枚ください。
女性： こんにちは。お子さんは2人とも12歳未満ですか？
男性： いいえ…、②上の子は1月に12歳になったばかりです。それだと子供にはならないということですか？
女性： はい、③12歳以上の子供は、この乗り物では大人扱いになります。下のお子さんはもちろん割引チケットの対象です。

44　正解 **(A)**　難易度 ★★★

設問の訳
女性が働いているのはどこだと考えられますか？
(A) 遊園地　　(B) 自然史博物館　　(C) 動物病院　　(D) 保育所

テスト作成者／ネイティブ・スピーカーの視点
男性の①の言い方と、そのあとの女性の Good afternoon, sir. という返答で、おそらく女性は the Sea Animal Water Ride というアトラクションを運営する amusement park の従業員であることがわかる。(C) にある veterinary（獣医）も覚えておこう。

45 正解 (B)　難易度 ★★

設問の訳
男性は上の息子について何と言っていますか？
(A) 12歳未満である。　**(B) 最近12歳になった。**　(C) 小学生である。　(D) 乗り物を楽しみにしている。

テスト作成者／ネイティブ・スピーカーの視点
②から判断できる。この男性の発言、そして正解の(B)にあるように、「…歳になる」はbecome ではなく、turn を使うのが自然だ。覚えておこう。

---

46 正解 (C)　難易度 ★★★★

設問の訳
なぜ子供の年齢が重要なのですか？
(A) 12歳未満の子供は乗れないから。　(B) 12歳未満の子供は無料で入場できるから。
(C) 12歳未満の子供にはもっと安いチケットがあるから。　(D) 12歳未満の子供は無料のおもちゃがもらえるから。

テスト作成者／ネイティブ・スピーカーの視点
③でわかるだろう。I'm afraid children twelve and older are considered adults for the purposes of this ride. は、つまり Children under 12 can get cheaper tickets. であると判断しなければならない。

注
[パッセージ] □ under（年齢などが）…未満で　□ turn（年齢・時・額などが）…を越える、過ぎる
□ consider …とみなす　□ ride（遊園地などの）乗り物　□ qualify（基準などを）満たす
[設問] □ veterinary 獣医の

DOWNLOAD　TEST 1　REVIEW ▶ 047-049　　British female / British male

Questions 47 through 49 refer to the following conversation.
W: There's a rumor going around that you're planning on retiring.
M: No, that's just a rumor. ①I'll be here for at least a few more years.
W: I'm glad to hear that. If you were to leave, I don't think we would survive. Jack is a smart man, but he doesn't handle details very well. I heard when he first started the company, ②the employees often got paid late because he was handling all the accounting tasks himself.
M: Right, that's when he hired me and I took over the job. But even if I do leave, Nancy can fill my shoes.
W: Well, it's great to know you won't be leaving right away.

問題47-49は次の会話に関するものです。
女性： あなたが退職するつもりらしいっていううわさが流れているわよ。

TEST 1 解答・解説・訳

男性： いいや、それはただのうわさだよ。①少なくとももう数年はここにいるつもりだよ。
女性： ああよかった。あなたが辞めてしまったら、私たちはやっていけないと思う。ジャックは頭の良い人だけど、細かいことを処理するのはあまり得意じゃないでしょう。彼が会社を始めたころは、②しょっちゅう従業員の給料の支払いが遅れたって聞いたわ。彼が経理の仕事を全部自分でやっていたから。
男性： そう、それで僕が雇われて、仕事を引き継いだんだ。でも僕が辞めてしまっても、ナンシーが後任になってくれるよ。
女性： とにかく、あなたがもうすぐ辞めてしまうのではないとわかってよかったわ。

47 正解 (C) 難易度 ★★★

設問の訳
男性はいつ会社を辞めるつもりですか？
(A) 今年の末までに　　(B) 来月中　　**(C) 数年は辞めない**　　(D) 絶対に辞めない

テスト作成者／ネイティブ・スピーカーの視点
①でわかる。「少なくとももう数年いる」ということは、言い換えれば「数年は辞めない」ということ。

48 正解 (C) 難易度 ★★★★

設問の訳
ジャックが経理をしていた時、よく何が起こりましたか？
(A) 使途不明金　　(B) 相当な赤字　　**(C) 給与遅配**　　(D) 不正確な支払額

テスト作成者／ネイティブ・スピーカーの視点
②でわかる。the employees often got paid late という文は delayed payment of wages と言い換えられる。(A) の unaccounted for（［使途・原因など］不明の、説明されていない）も覚えておこう。たとえば、This expense is unaccounted for.（この費用は使途不明だ）といった形で使われる。

49 正解 (A) 難易度 ★★★

設問の訳
男性が "Nancy can fill my shoes" と言った際、どのようなことをほのめかしていますか？
(A) ナンシーが彼のあとを引き継ぐ。　　(B) ナンシーが彼の後任を雇う。　　(C) ナンシーがどうなろうとかまわない。　　(D) ナンシーも同時に辞める。

テスト作成者／ネイティブ・スピーカーの視点
新形式の「話し手の意図を問う設問」。fill one's shoes（［人の］後任になる）という熟語を知っていればすぐに解答できるだろう。

注

[パッセージ] □ rumor うわさ　□ go around （うわさなどが）広がる　□ plan on …するつもりである　□ leave 退職する、やめる　□ survive （苦しいところを）うまく切り抜ける　□ handle …を処理する　□ accounting 会計、経理　□ task 仕事　□ take over 引き継ぐ　□ fill one's shoes （人の）後任になる
[設問] □ accountant 会計士、会計係　□ unaccounted for （使途・原因など）不明の、説明されていない　□ expenditure 支出　□ sizable かなりの大きさの、相当な　□ successor 後任

DOWNLOAD　TEST 1　REVIEW ▶ 050-052　　(American female / British male)

Questions 50 through 52 refer to the following conversation.

W: I've been instructed to let everyone know something. ①<u>The company has decided to open three new branches in surrounding cities, and they want to reassign half the staff from this location to the new offices.</u>

M: Just a minute. This is the first I've heard about this, and I don't want to work in a different city. Who will decide which staff are relocated?

W: The board of directors will be asking for volunteers first, ②<u>but if necessary they will reassign people based on skills and experience.</u> They also plan to offer salary increases as an incentive to move.

M: I understand, ③<u>but being close to my family is important to me. I hope other people volunteer.</u>

問題 50-52 は次の会話に関するものです。

女性： みんなに知らせるようにと指示されたの。①<u>会社が近隣の町に新しく 3 つの支店を開くことを決定して、スタッフの半分をここから新しいオフィスに配置換えしたいそうよ。</u>

男性： ちょっと待ってよ。そんなことを聞くのは初めてだし、ほかの町では働きたくないよ。どのスタッフが転勤になるか、誰が決めるの？

女性： ②<u>取締役会は、まず志願者を募るみたい。でも必要があれば、能力や経験に基づいて配置換えを行なうんですって。</u>それに、転勤の奨励金として昇給も提案するつもりらしいわ。

男性： それはわかるけど、③<u>僕にとっては家族のそばにいることが大切なんだ。ほかの人が志願してくれればいいなあ。</u>

50　正解 **(B)**　難易度 ★★★★

設問の訳

会話をしている人たちは何について話していますか？
(A) 彼らが働いている支店の閉鎖　　**(B) スタッフがほかの町での勤務を求められていること**
(C) 海外の支店での仕事　　(D) 減給の可能性

テスト作成者／ネイティブ・スピーカーの視点

①の情報を整理して (B) に結びつけなければならない。reassign を聞き取って意味を認識する必要もある。reassign は assign（…を割り当てる、…に [仕事・物] をあてがう、…を任命する）に、「再び」を意味する接頭辞 re- が付いた語である。

51　正解 (D)　難易度 ★★★

設問の訳
どのスタッフが新しいオフィスに移りますか？
(A) 志願者のみ　　(B) もっとも経験の浅いスタッフ　　(C) もっとも経験のあるスタッフ
(D) 志願者と適当なスキルのある人

テスト作成者/ネイティブ・スピーカーの視点
②から判断できる。ここでも動詞 reassign が使われている。この問題も一見むずかしそうだが、消去法で正解を得られるだろう。

52　正解 (B)　難易度 ★★

設問の訳
男性はなぜ現在のオフィスにとどまりたいのですか？
(A) 昇給だけでは十分でないから。　　**(B) 家族と一緒にいたいから。**　　(C) 現在の同僚たちが好きだから。　　(D) 自分が働いている町が好きだから。

テスト作成者/ネイティブ・スピーカーの視点
③からわかる。being close to my family is important to me という表現が、He wants to stay with his family. と簡単に言い換えられている。

注
[パッセージ] □ branch 支店　□ surrounding 周辺の　□ reassign （人を）再配置する
□ relocate …を移転させる　□ board of directors 取締役会　□ ask for … …を求める
□ volunteer 【名】志願者、【動】志願する　□ incentive 奨励金、報奨金
[設問] □ closure 閉鎖、閉店　□ assignment （あてがわれた）仕事、任務　□ junior 若手の

DOWNLOAD　TEST 1　REVIEW ▶ 053-055　　(British male / American female)

Questions 53 through 55 refer to the following conversation.

M: Excuse me, I'm looking for a new pair of winter boots. ①I have to go on a business trip to the north soon, and my old boots are worn out. I wear a size 26.

W: All right. These are our most popular men's boots. They're very warm, and yet flexible enough to move and run in.

M: They feel very comfortable, ②but I'm afraid the price is a bit beyond my budget. ③Do you have anything in the $30 range?

W: In that case, I would recommend this pair. ④These boots are slightly less flexible but still provide good insulation from the cold and have a classic design.

問題 53-55 は次の会話に関するものです。
男性：　すみません、新しい冬物のブーツが欲しいのですが。①もうすぐ出張で北のほうへ行か

165

> なくてはならないのですが、古いブーツはもうボロボロになってしまって。サイズは26です。
> 女性： かしこまりました。こちらがもっとも人気のある男性用ブーツです。とても温かい上に、柔軟性があって、動いたり走ったりしやすいんです。
> 男性： とても履き心地が良いですね。②でも、残念ながらお値段がちょっと予算オーバーです。③30ドル以内のものはありませんか？
> 女性： それなら、こちらがおすすめです。④柔軟性は少し劣りますが、寒さからは十分に守ってくれますし、はやりすたりのないデザインです。

53　正解 (B)　難易度 ★★★

設問の訳
男性はなぜブーツを買いたいのですか？
(A) スキー旅行に行く。　**(B) 寒い地方への出張がある。**　(C) 古いブーツは暖かくない。
(D) 古いブーツはおしゃれではない。

解説　男性の①の発言にある go on a business trip to the north から「寒い地方へ出張する」ことを連想する必要がある。ただし、ほかの選択肢を見て消去法で解答できるだろう。

54　正解 (A)　難易度 ★★

設問の訳
1足目のブーツの何が問題ですか？
(A) 高すぎる。　(B) 履き心地が悪い。　(C) あまり温かくない。　(D) あまり柔軟性がない。

テスト作成者／ネイティブ・スピーカーの視点
②の a bit beyond my budget により、(A) を選べばよい。beyond は beyond my imagination（私には想像もできない）, beyond my power（私には力がおよばない）といった言い方でよく使われる。

55　正解 (C)　難易度 ★★★★

設問の訳
2足目のブーツの良い点は何ですか？
(A) 温かくて柔軟性がある。　(B) もっとも人気のあるブーツである。　**(C) 温かくて、値段が高くない。**　(D) 値段は高いが、品質がいい

テスト作成者／ネイティブ・スピーカーの視点
③と④をあわせて判断しなければならない。「30ドル以内」「寒さから十分に身を守ってくれる」の2つの情報から、(C)「温かくて、値段が高くない」を選ぶ。④の provide good insulation from the cold（寒さから十分に身を守る）という表現にも注意しよう。

TEST 1 解答・解説・訳

注
[パッセージ] □ worn out 使い古した □ flexible 柔軟な □ comfortable 快適な □ beyond …の範囲を越えて □ budget 予算 □ range 範囲 □ slightly わずかに □ insulation 隔離、保護 □ classic はやりすたりのない

DOWNLOAD TEST 1 REVIEW ▶ 056-058 （American male / American female）

Questions 56 through 58 refer to the following conversation.

M: Lydia, ① did you hear that a consultant has been hired to increase office efficiency?

W: ② Yes, I heard about that, but I don't back the idea. ③ We had already agreed on taking several steps that would encourage efficiency and help eliminate waste, so I feel that hiring a consultant wasn't necessary.

M: Yes, I remember that. That was at the quarterly meeting in June. I wonder why management decided to hire the consultant despite those decisions. I suppose they must have either changed their minds or are disappointed with our results thus far.

W: Maybe so. I'm in charge of our orders with the paper supplier, so ④ I know our needs have not decreased as much as we expected. I hope the consultant has some good ideas.

問題 56-58 は次の会話に関するものです。

男性: リディア、①職場の効率を上げるためにコンサルタントが雇われたって聞いた？

女性: ②ええ、聞いたわよ。だけど、私はその考えは支持しないわ。③効率を上げ、無駄を除く措置を取ることにもう決めたじゃない。コンサルタントを雇う必要はなかったと思うわ。

男性: そう、僕も覚えているよ！ 6 月の四半期会議だったね。そういう決定をしたのに、どうしてコンサルタントを雇うことにしたのかな。考えが変わったか、あるいはこれまでに僕らが上げた成果にがっかりしたんだろうね。

女性: そうかもね。私、紙の納入業者への注文を担当しているから、④期待したほどニーズが減っていないのを知っているの。コンサルタントに何かよいアイデアがあればいいわね。

56　正解 (B)　難易度 ★★★

設問の訳
会話をしている人たちは主に何について話していますか？
(A) 6 月に開催された四半期会議　**(B) 新しいコンサルタントを雇うという会社の考え**
(C) 紙の納入業者への注文　(D) オフィスでの浪費を減らすこと

テスト作成者／ネイティブ・スピーカーの視点
これも「森問題」だが、①と②から判断できる。「雇う」はここにある hire のほかにも employ があり、受身形でよく用いられる。例：How many people are employed in your office? （あなたのオフィスでは何人雇われていますか？）

167

57 正解 (D) 難易度 ★★★

設問の訳
女性が "but I don't back the idea" と言う際、何を意図していますか？
(A) それはすばらしい考えだと思っている。　(B) コンサルタントを雇うことに反対はしていない。　(C) 彼女がそのアイディアを提案したのではない。　**(D) コンサルタントを雇う必要はなかったと思っている。**

テスト作成者／ネイティブ・スピーカーの視点
新形式の「話し手の意図を問う設問」。back はここでは名詞ではなく、「…を支援する、支持する」という意味の動詞で使われている。動詞の back は Many people backed her plan.（多くの人が彼女の計画を支持した）のように用いられる。

---

58 正解 (C) 難易度 ★★★

設問の訳
会社はすでにどのような措置を取りましたか？
(A) 従業員にメールを送った　(B) 紙代を削減した
(C) 無駄を減らす対策を実施した　(D) アイディアを出し合うよう従業員に求めた

テスト作成者／ネイティブ・スピーカーの視点
③から判断できる。We had already agreed on ... と過去完了が使われているので、「コンサルタントを雇う前」であるとわかる。そして④ですでに「無駄を減らす対策を実施している」と推量できる。

注
[パッセージ] □ efficiency 効率　□ back …を支持する　□ take steps 措置を取る　□ encourage …を促進する　□ eliminate …を除去する　□ quarterly 四半期ごとの　□ thus far ここまでは　□ in charge of ... …を管理して　□ supplier 供給業者
[設問] □ wastage 浪費　□ oppose …に反対する　□ implement …を実行する　□ measure 対策　□ brainstorm （意見などを）出し合う

DOWNLOAD TEST 1 REVIEW ▶ 059-061　　British female / American male

Questions 59 through 61 refer to the following conversation.

W: ①I think you have a good idea, but I'm not sure you'll be able to stay in business unless you find the funds to keep your company running for a few years.
M: I see what you mean. Do you think I should set up my company and then start looking for investors or for loans, or should I secure the funds first?
W: ②If I were you, I'd start talking to investors and also to the banks. You shouldn't have to worry about them stealing your idea, ③but it's best to have them sign a nondisclosure agreement.
M: Okay, I'll get right on that. Thanks again for your advice. It's great to talk with

someone who has actual experience.

問題 59-61 は次の会話に関するものです。

女性： ①よいアイディアをお持ちだと思いますが、数年間、会社を運営していけるだけの資金を見つけないと、ビジネスをつづけられるかわからないと思いますよ。

男性： わかりました。先に会社を設立してから出資者やローンを見つけるべきでしょうか、それとも先に資金を確保すべきでしょうか？

女性： ②私だったら、出資者、また銀行との話し合いを始めますね。彼らがあなたのアイディアを盗むことは心配しなくても大丈夫ですが、③守秘義務契約書にサインしてもらうのがベストです。

男性： なるほど、すぐに取りかかることにします。アドバイスしていただいて、本当にありがとうございます。実際の経験をお持ちの方とお話しできて、とてもよかったです。

59 正解 (C)　難易度 ★★★★

設問の訳

男性は何をしたいのですか？
(A) 出資者を探し始める　(B) 守秘義務契約書にサインする　**(C) 新しいビジネスを始める**
(D) ビジネスについての新しいアイディアを見つける

テスト作成者／ネイティブ・スピーカーの視点

全体の内容を問う「森問題」。女性の発言①が解答の鍵になる。場合によってはこの問題を後回しにして、先に問題 60, 61 に解答してもいいだろう。

60 正解 (B)　難易度 ★★★★

設問の訳

女性は男性にどのようなアドバイスをしましたか？
(A) ほかの人にアイディアを盗まれないか、非常に心配すべきだ。　**(B) いますぐ出資者や銀行と話し合いを始めるべきだ。**　(C) 出資者と話す前に会社を設立すべきだ。　(D) 資金調達について心配する必要はない。

テスト作成者／ネイティブ・スピーカーの視点

②でわかる。この If I were you, I'd start talking to investors and also to the banks. は教科書に出てくるような典型的な仮定法過去の文だ。TOEIC にはこうした基本的な文法が出てくるので、学生時代の英語学習がむだではなかったことがわかるだろう。

61 正解 (A)　難易度 ★★★★

設問の訳

女性は男性の会社が成功するには何が必要と言っていますか？
(A) 守秘義務契約　(B) 経験者からのアドバイス　(C) もっと良いアイディア　(D) 十分な資本金

テスト作成者／ネイティブ・スピーカーの視点

60 を解く鍵となる②の直後の③でわかる。このように 2 つの問題の解答の手がかりがつづけて出てくることがあるので注意が必要だ。会話では a nondisclosure agreement だが、(A) では a confidentiality agreement となっているので、さらに解答がむずかしくなる。

注

[パッセージ] □ run うまく営まれる　□ set up （学校・組織・会などを）設立する　□ investor 投資家、出資者　□ nondisclosure agreement 守秘義務契約（書）　□ get on …に取りかかる
[設問] □ funding 財源、資金調達　□ capital 資本

DOWNLOAD　TEST 1　REVIEW ▶ 062-064　　American male / American female

Questions 62 through 64 refer to the following conversation and **price list**.

M: ①I want to buy my daughter a laptop to congratulate her for getting into university.
W: That's a good idea. The laptop will definitely be useful for her studies. How about this Arch Laptop? It's powerful and durable.
M: ②That laptop looks really big and heavy to take to class every day.
W: ③How about the Peach Laptop then? It's slim and the design is very sleek.
M: My daughter likes trendy things, ④but that's more than I planned to spend. Can you show me the tablet?
W: Sure. ⑤The tablet comes with a 12 month Internet contract, so you can use it on the go.
M: ⑥A 12 month contract? Once the Internet bill is added, the total cost is even more expensive than the laptop. I think I'll get the small laptop.

問題 62-64 は次の会話とリストに関するものです。
男性：①娘のためにノートパソコンを買いたいのですが。大学の入学祝いなんです。
女性：いいですね。ノートパソコンはきっと勉強の役に立ちますね。こちらのアーチ・ラップトップはいかがですか？　強力で頑丈ですよ。
男性：②そのノートパソコンは、毎日学校に持っていくのにはすごく大きくて重そうですね。
女性：③では、ピーチ・ラップトップはいかがでしょう？　こちらはスリムでデザインもとてもおしゃれですよ。
男性：うちの娘ははやりのものが好きなんですが、④それは予算オーバーだなあ。タブレットを見せてもらえますか？
女性：どうぞ。⑤タブレットには 12 カ月のインターネット契約が付いていますから、移動中もご使用いただけます。
男性：⑥12 カ月契約？　インターネット料金を合わせたら、総額はノートパソコンよりもさらに高くなるなあ。小さいノートパソコンをいただきます。

62　正解　**(C)**　難易度 ★★

設問の訳
男性はなぜノートパソコンを買いたいのですか？

TEST 1 解答・解説・訳

(A) 古いものと交換するため　　(B) 学校での学習に備えるため　　**(C) 娘への贈り物として**
(D) 自分のオフィスで使うため

> **テスト作成者／ネイティブ・スピーカーの視点**

新形式の「図表を見て答える設問を含む問題」。「テスト作成者が教える　新形式 TOEIC はこう解け！」の 9 ページで述べたように、先読みの時間を十分に取って、会話文が放送される前に、図表の内容もしっかり読み取っておく必要がある。ただし、1 問目は従来の「森問題」が多く、容易に答えられるだろう。ここは①で判断できる。

63　正解 **(A)**　難易度 ★★★★

> **設問の訳**

アーチ・ラップトップのどこが問題ですか？
(A) 持ち運びがしにくい。　　(B) デザインがおしゃれでない。　　(C) つくりが安っぽく見える。
(D) あまり強力でない。

> **テスト作成者／ネイティブ・スピーカーの視点**

②で判断できるが、Arch Laptop が③の Peach Laptop と発音が似ているので、混乱させられる。まさにこれがテスト作成者の仕掛ける罠だ。注意して正確に聞き取ろう。

64　正解 **(A)**　難易度 ★★★★★

> **設問の訳**

図を見てください。男性は買い物にいくら使うと考えられますか？
(A) 1000 ドル　　(B) 800 ドル　　(C) 500 ドル　　(D) 60 ドル

ピーチ・ラップトップ 1000 ドル	アーチ・ラップトップ 800 ドル	アーチ・タブレット 500 ドル
サイズ：15.6 インチ 軽量　アルミケース	サイズ：18.4 インチ パワフル	12 カ月のインターネット 契約付　60 ドル／月

> **テスト作成者／ネイティブ・スピーカーの視点**

これが新形式問題の「図表を見て答える設問」だ。「図表の内容を瞬時に理解したあと会話文を聴き取り、再び図表を確認して解答する」ことが求められる。慣れないとやはりむずかしい。ここでは②〜⑥の情報を整理して判断しなければならない。最終的に男性は I think I'll get the small laptop. と言っているので、「小さくてデザインのおしゃれな Peach Laptop」を選んだことになる。そして表でその値段を確認すれば $1000 であることがわかる。

> **注**

［パッセージ］□ laptop　ノートパソコン　□ get into ...　（学校など）に受かる、入学する　□ definitely 確かに　□ durable　丈夫な　□ sleek　洗練された　□ come with ...　…が付く　□ contract　契約

☐ on the go　移動中に　　☐ bill　請求額、費用

DOWNLOAD / TEST 1　REVIEW ▶ 065-067　　(British male / American female)

Questions 65 through 67 refer to the following conversation and **sign**.

M:　① What floor are we on now?
W:　Well, ② we came up two flights of stairs from the parking lot... ③ Look, there's a sign.
M:　④ I don't see any electronics stores, only restaurants. The parking lot must be a long way underground.
W:　⑤ We're supposed to meet the client at the elevator lobby on the third floor, and then ⑥ take them up to the Sky Restaurant. ⑦ The boss suggested that we take them there. ⑧ He said the steak is to die for.
M:　Isn't that expensive? Well, anyway, the art gallery closes at 6:00 PM. We should probably show the client the paintings that are for sale first and go up to the restaurant after that. I might try the seafood platter.
W:　Okay, but first we need to find our client.

問題 65-67 は次の会話と案内板に関するものです。
男性：①今、何階にいるのかな？
女性：ええと、②駐車場から階段を2つ分上がってきたから…。③見て、あそこに案内板があるわ。
男性：④ここには電器店なんかないよ、レストランばかりだ。駐車場はずいぶん地下にあるんだね。
女性：⑤クライアントには3階のエレベーターロビーで会って、それから⑥スカイ・レストランにお連れすることになっているの。⑦ボスがそうしろと提案したのよ。⑧ステーキが最高なんですって。
男性：高いんじゃないの？　まあ、とにかく、アート・ギャラリーは午後6時に閉まるよ。まず、クライアントに売りに出されている絵をお見せしてから、そのあとレストランに上がっていくのがいいだろうね。シーフード料理を食べようかな。
女性：いいわよ、でもまずクライアントを探さないとね。

65　　正 解　**(B)**　　難易度　★★★★

設問の訳

会話をしている人たちは今、何階にいますか？
(A) 地下2階　　**(B) 1階**　　(C) 2階　　(D) 3階

テスト作成者／ネイティブ・スピーカーの視点

新形式の「図表を見て答える設問を含む問題」。そしてこの設問は「森問題」と「木問題」があわさったような難問だ。男性が①で「今自分たちはどこにいるか」と尋ねると、女性が②で「駐車場から階段を2つ分上がってきた」と答え、つづけて③と言っているので、案内板を見て確認しなければならない。

TEST 1 解答・解説・訳

66 正解 (B) 難易度 ★★★★

設問の訳
図を見てください。2人が次に向かう階にはどのようなお店がありますか？
(A) 家庭用電気製品　**(B) 衣服**　(C) 飲み物　(D) レストラン

61階　スカイ・レストラン
5階～60階　オフィス（カードキーが必要です）
4階　アート・ギャラリー
3階　衣料品店
2階　電器店
1階　フードコート
地下2階　駐車場

テスト作成者／ネイティブ・スピーカーの視点
これもなかなかむずかしいかもしれない。⑤を正確に聞き取り、案内板を見て判断しなければならない。⑥に惑わされないようにしよう。案内板によれば3階にあるのはClothing Storesだ。Clothingが(B)ではGarmentと言い換えられているので、さらに正答するのがむずかしくなるだろう。

67 正解 (D) 難易度 ★★★

設問の訳
どの食べ物が非常におすすめですか？
(A) フードコートのステーキ　(B) スカイ・レストランの魚料理　(C) フードコートの魚料理　**(D) スカイ・レストランのステーキ**

テスト作成者／ネイティブ・スピーカーの視点
⑥⑦⑧からわかるが、選択肢の内容がまぎらわしいので注意しよう。

注
［パッセージ］□ a flight of stairs　階段の一登り　□ to die for　欲しくてたまらなくなるような、すてきな　□ platter　（大皿の）盛りつけ料理　□ keycard　カードキー
［設問］□ home appliance　家庭用電気製品　□ garment　衣服　□ beverage　飲み物　□ highly　非常に、とても

DOWNLOAD　TEST 1　REVIEW ▶ 068-070　　British female / American male

Questions 68 through 70 refer to the following conversation and list.

W: David, ① I'm making a reservation for the manager's birthday party. What do you think of this restaurant?
M: That looks good. They have a lot of options for group discounts.
W: Well... ② there's 10 people coming and I was hoping to keep the cost down.

M:	③ Do you think the Deluxe Package will be good enough?
M:	Hm, ④ maybe not. ⑤ Some people in the office aren't too keen on pasta. ⑥ How much can you afford to spend?
W:	⑦ About $500 in total.
M:	Okay, ⑧ I think you should get both the pizza and the pasta. ⑨ You should meet your budget exactly. By the way, ⑩ what about the birthday cake?
W:	⑪ My assistant, Tina, lives near a bakery, so I'll ask her to pick one up on the way to the party.

問題 68-70 は次の会話とリストに関するものです。

女性： デヴィッド、①今、部長の誕生日パーティーの予約をしているの。このレストラン、どう思う？

男性： よさそうだね。いろいろなグループ割引のオプションがあるんだね。

女性： それでね・・・②10 人参加なんだけど、費用を抑えられないかと思っているの。③デラックス・パッケージで十分だと思う？

男性： うーん、④そうでもないんじゃない。⑤オフィスの中にはパスタが大好きってわけじゃない人もいるからね。⑥いくら使えるの？

女性： ⑦全部で 500 ドルくらい。

男性： それなら、⑧ピザとパスタ両方あったほうがいいと思うな。⑨予算にぴったり合わせたほうがいいよ。ところで、⑩バースデーケーキはどうするの？

女性： ⑪私のアシスタントのティナがベーカリーのそばに住んでいるから、パーティーに行く途中で 1 つ買ってきてもらうわ。

---

68 正解 (C) 難易度 ★★

設問の訳

会話をしている人たちは主に何について話していますか？
(A) 忘年会　　(B) 新しいレストラン　　**(C) 部長の誕生日パーティー**　　(D) 好きな食べ物

テスト作成者／ネイティブ・スピーカーの視点

新形式の「図表を見て答える設問を含む問題」。この設問は「森問題」だが、①で容易にわかるだろう。

---

69 正解 (C) 難易度 ★★★★

設問の訳

図を見てください。会話をしている人たちはどのパッケージを選ぶと考えられますか？
(A) ベーシック・パッケージ　　(B) デラックス・パッケージ　　**(C) プレミアム・パッケージ**
(D) パーティー・パッケージ

ベーシック・パッケージ： 60分間飲み放題（食事は別料金） 1人15ドル	プレミアム・パッケージ： 90分間飲み放題＋ピザとパスタ食べ放題 1人50ドル
デラックス・パッケージ： 60分間飲み放題＋パスタ食べ放題 1人30ドル	パーティー・パッケージ： 90分間飲み放題＋ピザとパスタ食べ放題＋バースデーケーキ 1人60ドル

テスト作成者／ネイティブ・スピーカーの視点

これもなかなかむずかしいだろう。②〜⑨の情報を理解した上で、メニューリストと照らしあわせて判断する必要がある。情報を整理すると「参加者は10人、予算は500ドルくらい、パスタとピザを入れたい」ということなので、"90 mins all you can eat pizza and pasta $50/person" の Premium Package を選ぶと考えられる。②の there's 10 people coming... の言い方に注意。there's は there is の短縮形であるが、口語表現ではこのあとに複数形の名詞がつづくことがある。例：There's lots of people waiting for the actor outside.（大勢の人たちがその俳優を外で待っている）

---

70 正解 **(B)** 難易度 ★★★

設問の訳

誰がバースデーケーキを用意しますか？
(A) 女性　　**(B) 女性の秘書**　　(C) レストラン　　(D) 部長

テスト作成者／ネイティブ・スピーカーの視点

⑩⑪からわかる。My assistant, Tina が (B) で The woman's secretary と言い換えられている。

注

[パッセージ] □ manager 部長　□ keep down （数量・経費などを）抑制する、抑える　□ keen on ... …に熱中して、大好きで　□ afford to ... …することができる　□ meet …に応じる　□ pick up …を買う

PART 4

DOWNLOAD TEST 1 REVIEW ▶ 071-073　　British male

Questions 71 through 73 refer to the following excerpt from a meeting.
① Someone has this room reserved from 5:00, so we need to finish up, but let me first thank you all for your comments today. I think we've reached an agreement on the key points, and we should have plenty of time to work out the remaining details before ② the new staff orientation begins in July. Please let all departments know about the event so that they can start the necessary preparations. I'll find a suitable location that's within walking distance from here, and ③ Ellen in Human Resources will send out the official invitations by the end of next week. Thank you all again for your time.

問題 71-73 は次の会議の一部に関するものです。
①誰かが5時からこの部屋を予約しているようなので、終わりにしないといけないのですが、まずは今日コメントをいただいたことに御礼を申します。重要な点については合意できたと思いますし、②7月に新スタッフのオリエンテーションが始まるまでに、残りの項目を解決できる時間は十分にあると思います。必要な準備を始められるように、このイベントについて全部署にお知らせください。ここから歩いていける距離のところに適当な場所を探し、③来週末までに人事部のエレンが正式な招待状を送ります。今日はお時間をありがとうございました。

71　正解 (A)　難易度 ★★★★

設問の訳
このアナウンスはどこでなされていると考えられますか？
(A) 貸会議室　(B) スタッフの講習会　(C) 話し手のオフィス　(D) 人事部のオフィス

テスト作成者／ネイティブ・スピーカーの視点
全体の状況を尋ねる「森問題」ではあるが、情報が①でいきなり出てきて、そのあと確認できる箇所はないので、意外にむずかしいだろう。

72　正解 (C)　難易度 ★★★

設問の訳
7月に何がありますか？
(A) 会場が決まる。　(B) エレンが招待状を作る。　**(C) 新しい従業員の研修会が行なわれる。**
(D) イベントの計画が始まる。

TEST 1 解答・解説・訳

テスト作成者／ネイティブ・スピーカーの視点

②でわかる。the new staff orientation が (C) では a new employee training event と言い換えられている。

---

73 正解 (A) 難易度 ★★★

設問の訳
聞き手はあとで何を受け取りますか？
(A) 招待の通知　(B) イベントのスケジュール　(C) 準備についての最新情報　(D) 残りの項目についての情報

テスト作成者／ネイティブ・スピーカーの視点
③の情報で判断できる。the official invitations が (A) では an invite notification と言い換えられている。

注
[パッセージ] □ work out …を解決する　□ detail 細目、項目　□ department 部門　□ suitable 適当な　□ human resources 人事部
[設問] □ venue 会場

DOWNLOAD TEST 1 REVIEW ▶ 074-076　　American male

Questions 74 through 76 refer to the following announcement.
①Samson Business School is pleased to announce its continuing education courses for next year's fall semester. Due to a recent increase in students wishing to get a masters in business, we will be providing more business management classes. Additionally, we'll begin providing both online and night courses. Although cheaper than regular courses, the online classes will be managed by the same excellent teachers who teach at the college. In fact, you may know that Samson Business School's business professors have been ranked by experts as some of the top in the region. For additional information, including enrollment fees, class times and information about how to register, please visit our website. ②There will also be information sessions throughout August on Mondays and Fridays.

問題 74-76 は次のお知らせに関するものです。
①サムソン・ビジネス・スクールから、来年の秋学期の継続的な教育コースについて、お知らせします。 最近ではビジネスの修士号を取りたいという学生が増えていることから、経営学のクラスを増やすことになりました。さらに、オンライン講座と夜間講座も開講いたします。通常の講座よりも低料金でありながら、オンライン授業は大学で教えておられるのと同じすばらしい先生方が担当されます。実際、ご存知かもしれませんが、SBS の経営学の教授の何人かは、専門家のランク付けで地域トップの中に入っています。入学金、授業時間、登録方法などの詳細については、どうぞ当校のウェブサイトをご覧ください。②8月中の月曜日と金曜日には説明会も開催されます。

74　正解 (A)　難易度 ★★★

設問の訳
聞き手は誰だと考えられますか？
(A) 学生　(B) 将来の教授　(C) 観光客　(D) 地元企業

テスト作成者／ネイティブ・スピーカーの視点
典型的な「森問題」だ。①および 75 に出題されている In fact, you may know that Samson Business School's business professors have been ranked by experts as some of the top in the region. などから判断できるだろうが、この問題を深追いしていると時間がなくなってしまうので、適当なところで 75 と 76 の問題に移り、最後にこの 74 に解答すればいいだろう。

75　正解 (A)　難易度 ★★

設問の訳
話し手は "In fact, you may know that Samson Business School's business professors have been ranked by experts as some of the top in the region" と言う際、何を意図していますか？
(A) 教育のレベルが高い。　(B) 講座の時間は融通が利く。　(C) 授業料が手ごろである。
(D) 学生カウンセリングがすぐに利用できる。

テスト作成者／ネイティブ・スピーカーの視点
新形式の「話し手の意図を問う設問」。状況から (A) 以外考えられない。

76　正解 (A)　難易度 ★★★

設問の訳
話し手によると、8 月に何があるでしょうか？
(A) 学生が新しい講座について知る機会がある。　(B) イベントの詳細が公開される。
(C) 教授のランキングが発表される。　(D) 修士号取得者が発表される。

テスト作成者／ネイティブ・スピーカーの視点
②でわかる。information sessions が、(A) では a chance for students to learn about new classes と言い換えられている。

注
[パッセージ] □ continuing 継続的な　□ semester 学期　□ due to ... …のため　□ rank …を格付けする　□ enrollment 入学　□ register 登録する　□ session 会合
[設問] □ readily すぐに　□ available 利用できる　□ master's degree 修士号

TEST 1 解答・解説・訳

DOWNLOAD　TEST 1　REVIEW ▶ 077-079　　American female

Questions 77 through 79 refer to the following announcement.
For 40 years, Red Apple Credit Union has helped numerous New York residents become homeowners, regain financial stability and plan for retirement. They're the people to call for financial consultation. Their consultants can answer all of your questions and help you reach your goals. ① Red Apple Credit Union has announced that they're also now offering a scholarship program for students that will allow them to reach their education goals without the worry of paying back student loans. ② Students who are attending university within this city can apply for this scholarship. Approved students will receive up to $22,000 which can be used for tuition and books. If you are interested in applying, call Red Apple Credit Union at 555-0977 for more information.

問題 77-79 は次のお知らせに関するものです。
40 年にわたり、レッド・アップル・クレジット・ユニオンは、数多くのニューヨーク在住のみなさまが自宅所有者になり、財政的安定を得て、退職後の計画を立てるお手伝いをしてまいりました。金融に関するご相談は、ぜひお電話ください。 コンサルタントが、あなたのご質問にすべてお答えし、目標の達成をお手伝いいたします。①また、レッド・アップル・クレジット・ユニオンは、現在、奨学金プログラムを提供しております。これにより、学生たちは学生ローンの返済を気にすることなく、教育目標を達成できるようになります。 ②市内の大学に通っている学生は、この奨学金にお申し込みいただけます。 奨学生は、最大 2 万 2000 ドルを受け取り、授業料、書籍代などに使うことができます。お申し込みは、555-0977 のレッド・アップル・クレジット・ユニオンまでお問い合わせください。

77　正解 (C)　難易度 ★★★★

設問の訳
何が宣伝されていると考えられますか？
(A) 無料の相談会　　(B) 新しい融資の種類　　(C) 大学生のための金融支援　　(D) 退職後の計画

テスト作成者／ネイティブ・スピーカーの視点
「森問題」。①で決定的にわかるが、その前にいろいろな情報があり、さらにそうしたものを意識した引っかけの選択肢もあるので、慎重に判断しなければならない。最初の問題としては手がかりがかなりあとにあるので、それよりも前の部分に 78 と 79 の問題を解く手がかりも出てくるのではないかと意識して放送を聞く必要がある。

78　正解 (C)　難易度 ★★★★

設問の訳
話し手は "They're the people to call for financial consultation" と言う際、何を意図していますか？

(A) 資金が必要である。　　(B) 新しいスタッフを探している。　　**(C) その仕事に最適である。**
(D) 学生割引を提供する。

テスト作成者／ネイティブ・スピーカーの視点
新形式の「話し手の意図を問う設問」。出題されている文が 77 の決定的な手がかりとなる①の前に出てくるので、慌ててしまうかもしれない。だが、もし聞き逃しても、選択肢の表現を見れば対応できることもあるので、あきらめてはいけない。この問題がまさにそうで、消去法で対処できる。

79　正解 (A)　難易度 ★★★

設問の訳
話し手は、所属している団体の奨学金について何と言っていますか？
(A) 地域の学生だけが対象である。　　(B) 1 人の学生にしか提供されない。　　(C) 40 周年を祝っている。　　(D) 受給者は大学に雇われる。

テスト作成者／ネイティブ・スピーカーの視点
②でわかる。Students who are attending university within this city が local students と言い換えられている。

注
[パッセージ] □ numerous 多数の　□ resident 居住者　□ stability 安定　□ scholarship 奨学金　□ tuition 授業料
[設問] □ funding 資金　□ recipient 受取人

DOWNLOAD　TEST 1　REVIEW ▶ 080-082　　British male

Questions 80 through 82 refer to the following excerpt from a meeting.
Good morning! I'd like to first thank you for all your hard work this year. As you know, two of our biggest rivals merged last November. This means that the market was very different this year compared to last year. We still have some tough competition in other areas, but ① we were able to grow our market share by nearly 5%. I'd also like to report that ② we achieved all of our sales goals for the year, except for one. Our strongest product line was our low-energy air conditioner units. It was a very strong year and we couldn't have done it without everyone's support. ③ With the upcoming launch of our most innovative product, there is great potential for the next year to be even more profitable.

問題 80-82 は次の会議の一部に関するものです。
おはようございます！　まず、今年のみなさんの懸命な働きに感謝いたします。ご承知のとおり、当社の最大のライバル 2 社が昨年 11 月に合併しました。これはつまり、今年度の市場は昨年度とは別物だったということです。ほかの分野ではまだ競争は厳しいですが、①市場シェアをほぼ 5%伸ばすことができました。　また、②今年度の売上げ目標を、1 つを除き、すべて達成したことをご報告いたします。　もっとも好調だった製品ラインは、低エネルギーのエアコンユニット

でした。今年度はとても好調な1年でしたが、みなさんの協力がなければ達成できませんでした。③次のもっとも革新的な商品の発売により、来年はさらに収益を上げることができるでしょう。

80 正解 (A) 難易度 ★★★★

設問の訳
この会議の目的は何ですか？
(A) 今年の売上げについて皆に知らせること。　　(B) プロジェクトの計画を発表すること。
(C) 悪い知らせを伝えること。　　(D) 企業合併について皆に知らせること。

テスト作成者／ネイティブ・スピーカーの視点
「森問題」。①と②でわかるが、どちらも問題文の真ん中あたりに出てくる。初めのほうに手がかりがないと気づいた時点で81と82の問題も意識する必要があるだろう。

81 正解 (B) 難易度 ★★★★★

設問の訳
話し手は "except for one" と言った際、何をほのめかしているでしょうか？
(A) ひどい1年だった。　　**(B)** すべての目標が達成されたわけではない。　　(C) 低エネルギーのACユニットについて話している。　　(D) 次の商品について話している。

テスト作成者／ネイティブ・スピーカーの視点
新形式の「話し手の意図を問う設問」では、このように文中の一部が問題の対象になることもあるので、注意しないといけない。このタイプの問題では、その部分を聞き逃すと解答するのが厳しくなる。80だけに気を取られず、この81、さらには82の問題も意識して音声を聞き取る必要がある。

82 正解 (A) 難易度 ★★★

設問の訳
会社は何をする用意をしていますか？
(A) 最新の商品を発売する　　(B) 売上げを5%上げる　　(C) ほかのライバル企業と合併する
(D) 別の市場を調査する

テスト作成者／ネイティブ・スピーカーの視点
③でわかる。the upcoming launch of our most innovative product が、(A) では release their latest product と言い換えられている。

注
[パッセージ] □ merge 合併する　□ achieve …を達成する　□ upcoming 今度の　□ launch 発売、発表　□ innovative 革新的な　□ potential 可能性　□ profitable 収益の多い
[設問] □ competitor 競争相手　□ explore …を調査する

DOWNLOAD TEST 1 REVIEW ▶ 083-085　　American male

Questions 83 through 85 refer to the following telephone message.
Hello, Mr. Williams. This is technical support from CosmoBot Tech. ①Thank you for your message this morning about upgrading the software on your company's computers. ②We'd like to schedule a time to go to your office and do that for you. The upgrades you requested will take over 30 minutes per system. Due to the amount of time required, ③I thought it might be best to do the work over the weekend while the office is empty. Please let me know if this is possible. Additionally, since you will be upgrading more than 20 computers, ④we can give you a discount of 10%. Give us a call back at 555-0243 to confirm when is best for you. Thank you again.

問題 83-85 は次の電話メッセージに関するものです。
こんにちは、ウィリアムズさん。こちらはコスモボット・テックのテクニカルサポートです。①今朝は、御社のコンピュータのソフトウェアをアップグレードする件でメッセージをいただき、ありがとうございました。②オフィスに伺って作業をする時間の予定を立てさせていただけますでしょうか。ご希望いただきましたアップグレードには、システムごとに30分以上かかります。作業には時間がかかるため、オフィスに誰もいない③週末に作業を行なうのがいちばんよいのではないかと思います。可能かどうかお知らせください。また、20台以上のコンピュータをアップグレードしていただきますので、④10%のお値引きをいたします。555-0243 まで、お電話にてご都合のよい日程をお知らせください。どうもありがとうございました。

83　正解 (A)　難易度 ★★★

設問の訳
このメッセージの主な目的は何ですか？
(A) サービスの依頼についての電話に折り返し電話をすること　(B) 最近のキャンペーンについてある人に知らせること　(C) ソフトウェアについての調査を行なうこと　(D) ビジネス会議の予定を立てること

テスト作成者／ネイティブ・スピーカーの視点
「森問題」。①あるいは②からわかる。他動詞 schedule は普通は受身形で使われることが多いが（例：His workshop is scheduled on August 9.［彼のワークショップは8月9日に予定されている］）、ここにあるように能動態でも用いられる（例：We have tentatively scheduled his workshop for 19:00 to 21:00 on August 9.［彼のワークショップは暫定的に8月9日の午後7時から午後9時までと予定している］）。また schedule のアメリカ発音とイギリス発音の違いは TEST 1 の Questions 41-43 の解説の注（161ページ）参照。

84　正解 (A)　難易度 ★★★

設問の訳
話し手は、ウィリアムズさんにどのような提案をしていますか？

182

TEST 1 解答・解説・訳

(A) コンピュータのアップデートを週末に行なうこと (B) さらに 20 台を割引価格でアップデートすること (C) 午前中にオフィスに行くこと (D) 所要時間 30 分のクイックサービスを利用すること

テスト作成者／ネイティブ・スピーカーの視点
③から判断できる。

---

85 正解 (A) 難易度 ★★★

設問の訳
話し手は何を申し出ていますか？
(A) 値引き (B) もっと速いサービス (C) 追加のアップデート (D) 10 台のコンピュータのアップグレード

テスト作成者／ネイティブ・スピーカーの視点
④でわかる。a discount が (A) では a price cut と言い換えられている。

注
[パッセージ] □ schedule …を予定する □ require …を必要とする
[設問] □ survey 調査

DOWNLOAD TEST 1 REVIEW ▶ 086-088   American female

Questions 86 through 88 refer to the following telephone message.
①Thank you for calling Soundscape, the only company in town offering the finest home theater systems. Press two to hear about our products. We have a new line of energy saving power converters made from recycled parts. Press three to hear more. If you're interested in our home theater installation service, press four to consult with a professional. ②If you need speaker systems for a small or large event, press five. If you are planning a wedding, we have multiple options for you to choose from, so press nine to speak with one of our experts. ③Please visit our website at SoundScapeHomeAudio.com for a Soundscape location near you.

問題 86-88 は次の電話メッセージに関するものです。
①サウンドスケープへのお電話ありがとうございます。当社はこの町で唯一、最高のホームシアターシステムを提供しております。当社の製品についてお聞きになるには 2 を押してください。リサイクル部品を利用した省エネの電力変換器の新製品がございます。詳しくお聞きになりたければ 3 を押してください。当社のホームシアター設置サービスにご興味をお持ちの方は、4 を押して専門スタッフにご相談ください。②大小各種イベント用のスピーカーシステムをお求めの方は、5 を押してください。結婚式をご計画中でしたら、さまざまな商品をご用意いたしておりますので、9 を押して当社の専門スタッフとお話しください。③お近くのサウンドスケープの店舗については、当社のウェブサイト SoundScapeHomeAudio.com をご覧ください。

86 正解 (B) 難易度 ★★★★

設問の訳
聞き手はどのような会社に電話をしていますか？
(A) 家電用品店　**(B) ホームシアターおよび音響機器会社**　(C) 内装業者　(D) リサイクル会社

テスト作成者／ネイティブ・スピーカーの視点
①が解答の手がかりとなるが、消去法で対処してもいいだろう。(B) 以外には考えられない。

---

87 正解 (C) 難易度 ★★

設問の訳
イベントのためのサービスについて聞くには、聞き手は何をしますか？
(A) 3 を押す　(B) 4 を押す　**(C) 5 を押す**　(D) 9 を押す

テスト作成者／ネイティブ・スピーカーの視点
②の情報でわかる。こうした電話案内の問題では複数の数字が出てくるので、注意して聞かなければならない。

---

88 正解 (A) 難易度 ★★★

設問の訳
店舗を訪れたい聞き手は何をするべきですか？
(A) ウェブサイトで最寄り店を確認する　(B) 9 を押して専門スタッフと話す　(C) 0 を押してオペレーターと話す　(D) 専門家に予約をする

テスト作成者／ネイティブ・スピーカーの視点
③でわかる。a Soundscape location near you が、the closest store と言い換えられている。

注
[パッセージ] □ line（商品の）種類　□ energy saving 省エネの　□ converter 変換器
□ installation 設置　□ multiple 多様な

DOWNLOAD TEST 1 REVIEW ▶ 089-091　(British male)

Questions 89 through 91 refer to the following excerpt from a meeting.
Firstly, thank you all for coming to this meeting at such short notice. As some of you may know, ⁰there was recently an incident where company documents were removed from the premises and misplaced. Given the sensitive nature of the information we have, we simply can't allow this kind of incident to happen again. Therefore, ²we will be implementing new procedures regarding data handling. First,

TEST 1 解答・解説・訳

③employees who need to take any data or documents away from the office will need to notify their superior and sign a release form. Second, you will need to 'check in' the data when you return it. We will be trialing these procedures for a two month period, and we would appreciate your cooperation during this time.

問題 89-91 は次の会議の一部に関するものです。
まず、急なお知らせにもかかわらず、会議に参加していただきありがとうございます。知っている方もいらっしゃるかもしれませんが、①最近、会社の文書が社内から持ち出され、紛失したという出来事がありました。情報がデリケートなものであることを考えると、二度とこのような事態を起こすわけにはいきません。したがって、②データの取り扱いに関する新しい手続きを実施することになりました。 第 1 に、③オフィスからデータや文書を持ち出す必要のある従業員は、上司に知らせ、持出し申込用紙にサインしなくてはなりません。 第 2 に、従業員は返却する際、データを「チェックイン」しなくてはなりません。この方法を 2 カ月間ためしてみますので、期間中はご協力をお願いします。

89 正解 (A) 難易度 ★★★★

設問の訳
この会議の目的は何ですか？
(A) 新しいルールについて説明すること　　(B) 特にない　　(C) 従業員に事件について知らせる　　(D) 会社の予算について話し合うこと

テスト作成者／ネイティブ・スピーカーの視点
全体の状況を問う「森問題」。だが、決定的な手がかりは②まで待たないといけないので、90, 91 を解くことにも意識を向けないといけない。②にある implement は名詞のように見えるが、「（計画・政策などを）施行［実施］する」の意味で使われる動詞だ。この名詞形は implementation（履行、実行、実施）だ。

90 正解 (C) 難易度 ★★

設問の訳
話し手の職場では何が起こりましたか？
(A) 会社は負債を抱えた。　　(B) 従業員の給料が上がった。　　**(C)** 書類が紛失した。
(D) 従業員が解雇された。

テスト作成者／ネイティブ・スピーカーの視点
①の情報でわかる。これは 89 の決定的な手がかりがえられる②の前に聞こえてくる。先読みの時間を十分に取って、3 問同時に待ち伏せすることが大事だ。①にある premises は、「（土地・付属物付きの）建物、家屋、構内、店内」の意味。これも TOEIC によく出てくる。そしてこの関係副詞 where の使い方にも注目。

91　正解 (B)　難易度 ★★★

[設問の訳]
従業員は、オフィスからデータを持ち出す前に何をするよう求められていますか？
(A) 従業員に関するデータのリストを作る　**(B) 上司にそれを知らせ、申込用紙に記入する**
(C) 新しい書類が会社に届いたら従業員に知らせる　(D) 会社のデータをすべて削除する

[テスト作成者／ネイティブ・スピーカーの視点]
③でわかる。a release form は「持ち出し書類」。

[注]
[パッセージ] □ short notice 急な通知　□ incident 出来事　□ remove …を動かす　□ premises 建物　□ misplace …の置き場所を誤る　□ given …を考慮に入れれば　□ sensitive 扱いに注意を要する　□ nature 性質　□ therefore それゆえに　□ implement …を実行する　□ procedure 手続き　□ regarding …に関して　□ superior 上司　□ form 書式、申込用紙　□ trial …の性能［実効性］をテストする、試してみる
[設問] □ be in debt 借金がある　□ fire …を解雇する　□ fill in …に記入する

DOWNLOAD　TEST 1　REVIEW ▶ 092-094　(American female)

Questions 92 through 94 refer to the following announcement.
①This is an announcement for all passengers travelling to New York today on Flight AZ193. Unfortunately, due to bad weather, ②this flight has yet to depart from San Francisco, and it will arrive at least four hours late here at Houston Airport. We apologize for any inconvenience this may cause. As compensation, we will be offering free entry vouchers to our premium lounges for all passengers for this flight. ③Please bring your boarding pass to Counter A to receive your voucher. Please note that these vouchers may be redeemed at any of our premium lounges located in Terminal 1, 2 or 3, excluding the third floor lounge in Terminal 2. The vouchers may also not be exchanged for cash. Thank you for your cooperation.

問題 92-94 は次のお知らせに関するものです。
①本日の AZ193 便でニューヨークへ向かわれるお客さまにお知らせいたします。あいにくの悪天候により、②こちらの便はまだサンフランシスコを出発しておりません。よって、少なくとも 4 時間遅れで、こちらのヒューストン空港に到着する予定です。ご不便をおかけいたしまして申し訳ございません。お詫びといたしまして、こちらの便をご利用のすべてのお客さまに、プレミアム・ラウンジに無料でお入りいただける引換券を差し上げます。③搭乗券を A カウンターまでお持ちいただき、引換券をお受け取りください。こちらの引換券はターミナル 1, 2 または 3 のどのプレミアム・ラウンジでもお使いいただけますが、ターミナル 2 の 3 階ラウンジは対象外ですので、ご注意ください。引換券は現金との交換はできません。みなさまのご協力、誠にありがとうございます。

TEST 1 解答・解説・訳

92 正解 (C) 難易度 ★★★★★

設問の訳
このアナウンスはどこでなされていますか？
(A) 機内　(B) ターミナル1　**(C) ヒューストンの空港のゲート**　(D) ニューヨークの空港

テスト作成者／ネイティブ・スピーカーの視点
航空機のアナウンス問題はよく出題される。これは①を聞くと一瞬正解は(A)でないかと思ってしまうが、②の特に後半の情報で判断できる。なかなかむずかしい問題だ。②にある has yet to ... に注目しよう。have [has] yet to ... は「まだ…していない」という意味。TOEIC にはよく出題される。

93 正解 (C) 難易度 ★★★

設問の訳
AZ193 便は今どこですか？
(A) ヒューストン　(B) ニューヨーク　**(C) サンフランシスコ**　(D) シカゴ

テスト作成者／ネイティブ・スピーカーの視点
②でわかる。

94 正解 (A) 難易度 ★★★

設問の訳
乗客はどうすれば引換券をもらえますか？
(A) 飛行機の搭乗券を見せる　(B) 現金で支払う　(C) ターミナル2の3階ラウンジに行く　(D) ニューヨークに行く

テスト作成者／ネイティブ・スピーカーの視点
③の情報でわかる。③にある voucher は「（食事・買い物などの）引換券、クーポン、割引券」のことで、TOEIC ではリスニングにもリーディングにもよく出てくる。次のような語もぜひ覚えておこう。complimentary（無料の）例：If you sign up for a course by the end of this month, you'll receive a complimentary set of headphones.（今月末までにいずれかのコースにお申し込みいただくと、ヘッドフォン・セットを無料でプレゼントいたします）／ waive（[権利・主張などを] 放棄する、撤回する；[規則などを] 適用するのを控える）例：This fee will be waived for all the company employees.（料金は全従業員無料となります）

注
[パッセージ] □ have [has] yet to ...　まだ…していない　□ compensate　償う　□ voucher　引換券
□ boarding pass [card]　搭乗券　□ redeem　（クーポン・商品券などを）商品に換える

187

DOWNLOAD TEST 1 REVIEW ▶ 095-097　　British female

Questions 95 through 97 refer to the following advertisement and **schedule list**.
①Come to the annual arts and crafts fair this weekend to get great deals on products made by local artisans. You can buy kitchenware, clothes, art and all kinds of fun gifts. The whole park will be open on both Saturday and Sunday, from 9:00 AM to 9:00 PM, but some vendors will only be open on one day. ②The list of shops and attractions for each day is listed below, so make sure you don't miss out on what you want to see the most. ③We recommend that you come both days to support the local community, but more importantly, 40% of all profits will be donated to a local hospital.

問題 95-97 は次の宣伝とスケジュール表に関するものです。
①今週末開催される年に1度の工芸フェアにぜひお越しください。地域の職人さんが作った商品がお得に手に入ります。台所用品、洋服、美術品、そのほかいろいろな楽しいものを買うことができます。公園全体は、土曜日と日曜日の両日とも午前9時から午後9時まで営業しておりますが、一部のお店はいずれか1日しか営業していません。②各日のお店とアトラクションは以下のリストのとおりですから、いちばん見たいものを見逃さないようにしてくださいね。③ぜひ両日ともおいでください。地域のコミュニティの支援になりますし、何よりも収益の40%が地域の病院に寄付されますから。

95　正解 **(B)**　難易度 ★★

設問の訳
どのようなタイプのイベントが宣伝されていますか？
(A) 料理コンテスト　　**(B) 地域の工芸フェア**　　(C) 子供たちのための楽しい週末　　(D) 野外博物館

テスト作成者／ネイティブ・スピーカーの視点
新形式の「図表を見て答える設問を含む問題」。これは①の情報で判断できる。

96　正解 **(A)**　難易度 ★★★

設問の訳
図を見てください。聞き手はいつジーンズをお手頃価格で買えますか？
(A) 土曜日の午前中　　(B) 土曜日の午後　　(C) 日曜日の午前中　　(D) 日曜日の午後6時まで

店とアトラクション	土曜日	日曜日
ネイティブ・アメリカン・ジュエリー	○	×
ハンドメイドのお皿とボウル	○	○

188

TEST 1 解答・解説・訳

古着（ジーンズとチェックのシャツを含む）	○（正午まで）	×
絵画	○	○
ハンドメイドの帽子とシャツ	×	○
子どもの遊び場	○	○（午後6時まで）
ホットドッグ・スタンド	○	×
メキシコ料理のスタンド	○	○
ハンバーガー・スタンド	○	○

テスト作成者／ネイティブ・スピーカーの視点

②の情報が聞こえたら、図を見る。すると、ジーンズがありそうなのは Used clothing しかない。

97　正解 (C)　難易度 ★★★

設問の訳

客はなぜ土曜日と日曜日の両日とも出かけることを勧められているのですか？
(A) いくつかの店は両日とも営業しているわけではないから。　(B) 病院がイベントを主催しているから。　**(C)** 売上金は地域の病院に寄付されるから。　(D) 公園全体が開いているから。

テスト作成者／ネイティブ・スピーカーの視点

③の特に 40% of all profits will be donated to a local hospital の部分が手がかりとなる。

注

[図] plaid 格子じまの（発音は /plǽd/ なので注意）
[パッセージ] □ annual 毎年の　□ arts and crafts 工芸　□ deal 取引　□ artisan 職人　□ kitchenware 台所用品　□ vendor 露店商人　□ attraction 呼び物、アトラクション　□ miss out 見逃す　□ donate …を寄付する
[設問] □ competition 競争、コンテスト　□ organize …を主催する

DOWNLOAD　TEST 1　REVIEW ▶ 098-100　(British female)

Questions 98 through 100 refer to the following excerpt from a talk and **map.**
①Hello — Welcome to the Visitor Center of the Wildlife Zoo and Nature Museum. My name's Sandra and I'll be guiding the tour around the entire park today. Normally we take the Lion's Path to the Savannah Park, continuing to the Zebra Oasis where we break for lunch, but since it might rain a little later we will take a different way. Instead, ②we'll be starting out on the Lion's Path and changing to the Tree Trail, as you can see on the map. The Tree Trail is a covered area, and will give us a break from the rain. ③We'll break for our lunch when we reach the Zebra Oasis, and then we'll take the Star Trail back to here. Like I said, ④it's supposed to rain, so if you need an umbrella, please borrow one from us.

189

問題 98-100 は次の話と地図に関するものです。
①こんにちは、ワイルドライフ・ズー・アンド・ネイチャー・ミュージアムのビジター・センターへようこそ。私はサンドラ、今日 1 日、園内ツアーのガイドを務めます。通常は、ライオンズ・パスを通ってサバンナ・パークからゼブラ・オアシスへ行ってお昼休みにしますが、今日はこれからちょっと雨が降るかもしれないので、違う道を通ります。代わりに②ライオンズ・パスから出発し、地図にあるように、ツリー・トレイルに入ります。ツリー・トレイルは屋根のあるエリアなので、雨をしのぐことができます。③ゼブラ・オアシスに着いたらお昼の休憩を取り、スター・トレイルを通ってここに戻ってきます。さっきも言ったとおり、④今日は雨が降るようですから、傘が必要な人は借りてくださいね。

98 正解 (B) 難易度 ★★

設問の訳
聞き手は誰だと考えられますか？
(A) 建設現場の作業員　　(B) 観光客　　(C) パークレンジャー　　(D) タクシーの運転手

テスト作成者／ネイティブ・スピーカーの視点
新形式の「図表を見て答える設問を含む問題」。この設問の答えは①でわかる。

99 正解 (A) 難易度 ★★★★

設問の訳
図を見てください。聞き手が今日行くことができないのはどこですか？
(A) インセクト・ガーデン　　(B) サバンナ・パーク　　(C) ゼブラ・オアシス　　(D) ビジター・センター

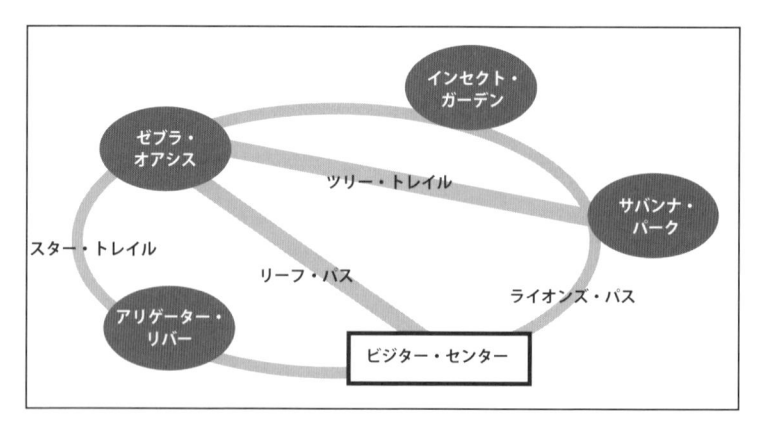

テスト作成者／ネイティブ・スピーカーの視点
②と③あたりを聞きながら地図を確認する必要がある。

TEST 1 解答・解説・訳

100 正解 (C)   難易度 ★★★

設問の訳
女性は聞き手に何をするよう勧めていますか？
(A) 日焼け止めを使用する　　(B) 昼食を持参する　　**(C) 傘を借りる**　　(D) 地図を持ってくる

テスト作成者／ネイティブ・スピーカーの視点
④の情報で判断できる。

注
［パッセージ］□ break ［動詞］休憩にする、［名詞］中断、とぎれ　□ start out　出発する　□ be supposed to ...　…することになっている

PART 5

101 正解 (B) 難易度 ★★

訳 来たるべき住民税の増税が心配な市民は、自ら行動を起こし、地元の市長に連絡すべきだ。

注 □ citizen 市民、国民　□ concerned about ... …を心配している、…に関心のある　□ upcoming 来たるべき　□ residential tax 住民税　□ take action 行動を起こす　□ mayor 市長

テスト作成者／ネイティブ・スピーカーの視点

選択肢はすべて they の人称変化。Citizens concerned about the upcoming residential tax increase が主部で should take が動詞、action が目的語なので、そのあとに使うことができるのは、「彼ら自身で」という意味の再帰代名詞 themselves しかない。

---

102 正解 (A) 難易度 ★★

訳 市場調査によれば、平均的な家族は電気自動車が自分たちのニーズに合うなら購入したいと考えている。
(A) 興味を持って　(B) 興味深い　(C) 興味の対象、利益　(D) 興味、関心、利息

注 □ market research 市場調査　□ average 平均的な　□ purchase 購入する　□ electric vehicle 電気自動車　□ fit one's needs (人)のニーズに合う

テスト作成者／ネイティブ・スピーカーの視点

interest（興味）に関係する適当な語を選ぶ問題。前後に be と in があるので、interested を入れれば、be interested in ...（…に興味がある）の形が作れる。

---

103 正解 (C) 難易度 ★★

訳 イーストゲート大学の研究員らによって発見された新たな素材は、アルミニウムの3倍の強度があるが、重量は半分しかない。
(A) 強さ、強度［名詞］　(B) 強い［形容詞の原級］　(C) 強い［形容詞の比較級］　(D) 強い［形容詞の最上級］

注 □ material 素材、物質　□ discover 発見する　□ researcher 研究員、研究者　□ aluminum アルミニウム　□ times …倍

テスト作成者／ネイティブ・スピーカーの視点

選択肢はすべて strong（強い）の変化した形。than があるから比較級の stronger が入ると考えると、three times stronger than ...（…の3倍強い）という表現になる。

TEST 1 解答・解説・訳

104 正解 (B) 難易度 ★★★

訳 プレミアム・ホテルの従業員は、非常に心のこもった役に立つサービスを提供することで定評がある。
(A) 簡単な、単純な　　(B) 助けになる、役に立つ　　(C) 先の、以前の　　(D) 手当たりしだいの

注　□ reputation　評判　　□ provide　提供する　　□ exceptionally　並外れて、非常に
□ courteous　礼儀正しい、丁重な

テスト作成者/ネイティブ・スピーカーの視点
選択肢はすべて形容詞。よって、文脈から判断する問題。staff は集合名詞で、ここでは「従業員たち」。この語はおもにイギリス英語では are, were などの複数名詞を受ける動詞がつづくが、アメリカ英語ではこの問題のように単数名詞を受ける動詞が来る。exceptionally は exceptional（特別に優れた、並外れた）の副詞。「プレミアム・ホテルの従業員は並はずれて礼儀正しく、…なサービスを提供するという評判がある」ということなので、「…」にいちばん適当と思える語は helpful だ。

---

105 正解 (D) 難易度 ★★

訳 キセノン・インダストリーズの最高経営責任者は先月引退し、その繁栄する巨大企業の支配権を 3 人の息子に譲った。

注　□ CEO　最高経営責任者、CEO　　□ retire　退職する、引退する　　□ rein　手綱、制御、支配
□ flourishing　繁栄する　　□ empire　帝国、大企業

テスト作成者/ネイティブ・スピーカーの視点
選択肢は he の人称変化。reins や flourishing など初級者にはあまりなじみのない語が含まれているので、むずかしく感じるかもしれない。leave the reins of A to B で、「A の手綱［支配］を B に渡す」。空所を含む部分が A にあたるので、所有格 his が flourishing とともに empire を修飾していると考えればよい。

---

106 正解 (C) 難易度 ★★

訳 スーツケースが電車の荷物室から盗まれた。
(A)［過去形］　　(B)［過去分詞］　　(C)［過去形、受身］　　(D)［現在完了形］

注　□ steal　盗む　　□ luggage compartment　荷物室

テスト作成者/ネイティブ・スピーカーの視点
選択肢は steal の変化した形。これはスーツケースを主語にした受動態の文であると考えられ、was stolen を選ぶ。

107 正解 (C)　難易度 ★★

訳　モンゴルの発掘現場の調査員は、壊れやすい恐竜の骨を岩から掘り出すため、慎重に作業を進めている。
(A) 慎重な［形容詞］　　(B) 思いやりのある、福祉に関わる［形容詞］　　**(C) 慎重に［副詞］**
(D) 注意［名詞］

注　□ researcher 研究員、調査員　□ excavation site 発掘現場　□ extract 取り出す
□ fragile 壊れやすい　□ dinosaur 恐竜

テスト作成者／ネイティブ・スピーカーの視点
選択肢は care（注意）の変化形。Researchers at the excavation site in Mongolia are working ------- までであれば、are working を修飾する副詞 carefully をなんなく選べるはずだが、そのあとに extract や fragile のような語があることで、ややむずかしくなる。to extract 以下は、「壊れやすい恐竜の骨を岩から掘り出すために」と「目的」の意味で使われている。

---

108 正解 (C)　難易度 ★★

訳　チョー氏は上海にある当社の仕入れ先と会うため、金曜日まで出張している。
(A) …から　　(B) …に　　**(C) …まで**　　(D) …のあいだ

注　□ on a business trip 出張で　□ meet with …と会う　□ supplier 供給業者、仕入れ先

テスト作成者／ネイティブ・スピーカーの視点
選択肢は前置詞。文脈から「金曜日まで」ということになるので、until が正解。

---

109 正解 (A)　難易度 ★★★

訳　ライトテックはプロジェクトが失敗すれば倒産しかねない危険を冒して、太陽エネルギーへの大胆な投資を行なった。
(A) …の危険を冒して　　(B) …を試して　　(C) …に挑戦して、…に異議を唱えて
(D) …を避けて

注　□ make an investment in …に投資する　□ bold 大胆な　□ solar energy 太陽エネルギー
□ bankruptcy 破産、倒産

テスト作成者／ネイティブ・スピーカーの視点
選択肢はすべて動詞の -ing 形。そして問題文はおそらく LiteTech を主語とする分詞構文を作ると考えることができる。よって、ここでは「プロジェクトが失敗すれば倒産しかねない…をして、大胆な投資を行なった」という文意を考えて判断することになり、risk（危険を冒す）の -ing 形である (A) が正解。

110 正解 (B) 難易度 ★★★

訳 製品の発売日に間に合わせるために長時間の残業をしたあとで、作業員は疲れきっていた。
(A)（衣服が）着慣らした、（馬などが）飼い慣らされた　**(B) 消耗した、疲れきった**
(C) 圧倒された、感動した　(D) 強化された

注 □ work overtime　時間外勤務をする、残業する　□ release date　発売日、公開日

テスト作成者／ネイティブ・スピーカーの視点

選択肢は句動詞。文脈から適当なものを選ぶ問題。文意から、「疲れた」というような意味ではないかと判断する。

---

111 正解 (B) 難易度 ★★★★

訳 リサーチサイエンティストらは、新たに発見された病気に関する会議のためパリに集まった。
(A) 参加した　**(B) 集まった**　(C) 旅行した　(D) 出席した

注 □ research scientist　リサーチサイエンティスト、科学研究員　□ conference　会議
□ discover　発見する　□ disease　病気

テスト作成者／ネイティブ・スピーカーの視点

文意から適当な動詞を選ぶ問題。Paris という都市に「集まった」ということなので、(B) が適当。meeting や conference に「参加する」のであれば、join in あるいは attend も可能。

---

112 正解 (B) 難易度 ★★

訳 在庫管理の大部分はコンピュータにより自動的に行なわれるが、最終チェックとして商品の実地棚卸が行なわれる。
(A) 自動的な［形容詞］　**(B) 自動的に［副詞］**　(C) 自動化［名詞］　(D) 自動化された［形容詞］

注 □ inventory control　在庫管理　□ merchandise　商品、在庫品　□ physically　物理的に
□ final check　最終チェック

テスト作成者／ネイティブ・スピーカーの視点

is done の動詞部分を修飾すると判断し、automatically を選ぶ。automatic と automated の区別を問う問題も出されることがあるので、この際に覚えておこう。

---

113 正解 (D) 難易度 ★★★

訳 飛行機は左側のエンジンが故障したあと急速に高度を下げたが、無事に空港に到着し、軽微な損傷のみで着陸した。

(A) 革新的に　　(B) 非常に、大いに　　(C) たやすく、進んで　　**(D) 速く、急速に**

注　□ failure　故障　　□ descend　下る、降りる　　□ safely　安全に、無事に　　□ minor　小さな
□ damage　損害、損傷

テスト作成者／ネイティブ・スピーカーの視点

選択肢はすべて副詞。文意から「急降下した」という意味になると思われるので、rapidly を選ぶ。rapidly はもちろんいい意味でも使われる。例：Your English speaking skill is improving rapidly.（あなたの英語を話す力は急速に伸びています）

114　正解 (C)　難易度 ★★★★

訳　当慈善団体は、困っている家庭に差し上げられる衣類や家庭用品の寄付に感謝いたします。
(A) 寄付する［動詞の原形］　　(B) 寄付［名詞の単数形］　　**(C) 寄付［名詞の複数形］**　　(D) 寄付する［動詞の過去形または過去分詞］

注　□ charity organization　慈善団体　　□ appreciate　感謝する　　□ clothing　衣類
□ household item　家財道具、家庭用品　　□ in need　困って、困窮して

テスト作成者／ネイティブ・スピーカーの視点

文意から名詞が入ると思われるが、donation と donations がある。うしろに単複を判断できる動詞がないか見てみるが、can be given が使われていて、それができない。この慈善団体は１つの家庭のために１つの寄付を受け入れているのではなく、継続的に複数の寄付を受け入れていると思われる。そして空欄の前には the や a, an などの冠詞や this, that のような語もなく（ネイティブはここに特に注目する）、おそらく日常的、一般的に行なわれていることを話していると判断できる。そうした場合は名詞を複数にして用いるのが普通であるから、donations を選ぶ。

115　正解 (C)　難易度 ★★★

訳　世界中の専門家は、現在地球の気温が野生生物にとって危険な速度で上昇していることで意見が一致している。
(A) ［原形］　　(B) ［過去形］または［過去分詞］　　**(C) ［現在分詞］**　　(D) ［三人称単数現在形］

注　□ agree　同意する、…に意見が一致する　　□ increase　増加する、上昇する　　□ rate　率、速度
□ hazardous　危険な　　□ wildlife　野生生物

テスト作成者／ネイティブ・スピーカーの視点

選択肢は動詞 increase の変化した形。that 節の主語であると思われる the global temperature のあとに is があることから、現在進行形を作っていると判断し、increasing を選ぶ。

116 正 解 (D)　難易度 ★★

訳　その建物に採用される設計は、経験を積んだ建築家からなる国際的な審査員団によって決定される。
(A) 見積もられる、推定される　(B) 招待される　(C) 巻き込まれる　**(D) 決定される**

注　□ winning 勝利を得た、授賞した　□ panel パネル、審査員団　□ experienced 経験を積んだ　□ architect 建築家

テスト作成者/ネイティブ・スピーカーの視点
問題文は未来形の受動態であると思われる。文意から「決定される」を選ぶ。panel は TOEIC の頻出語。

117 正 解 (A)　難易度 ★★

訳　ゼッド・コーポレーションは、1985年の設立以来、電子工学分野で市場をリードしている。
(A) …から、…以来　(B) …まで　(C) (今より) …前に　(D) …に

注　□ market leader 市場のリーダー　□ electronics エレクトロニクス、電子工学　□ establishment 設立

テスト作成者/ネイティブ・スピーカーの視点
現在完了形の構文なので、「…以来」を表現する語 since を選ぶ。こういった問題は3秒で解答し、ほかの問題に時間を割こう。

118 正 解 (D)　難易度 ★

訳　新しい市立図書館は、5月に行なわれたイベントで正式に開館された。
(A) 正しく　(B) 立派に　(C) 明確に、明らかに　**(D) 正式に、公式に**

注　□ city library 市立図書館　□ hold an event イベントを行なう

テスト作成者/ネイティブ・スピーカーの視点
文意から判断する問題。この問題も比較的容易に解けるので、即座に解答し、ほかの問題に時間を使おう。

119 正 解 (B)　難易度 ★★

訳　その2国間の貿易協定は、国際協力の新時代の幕開けを告げるものであった。
(A) [原形]　**(B) [過去形]**　(C) [現在形、受身]　(D) [過去形、受身]

注　□ trade agreement 貿易協定　□ signify 示す、知らせる　□ era 時代　□ international cooperation 国際協力

197

> テスト作成者／ネイティブ・スピーカーの視点

選択肢は動詞 signify の変化した形。空欄の前は主語 The trade agreement between the two countries, うしろは目的語 the beginning of a new era があるので signify か signified が入ると判断できる。現在形も過去形も可能であるが、主語 The trade agreement が単数であることから、signify は不可となる。

120　正解 (B)　難易度 ★

訳　ゼイン・テックは日曜日のプレスリリースで、同社が本四半期を生き残るには迅速な資本注入が不可欠であると発表した。
(A) 必要な［形容詞］　**(B) 必要なもの、不可欠のもの［名詞］**　(C) …を必要とする［動詞］
(D) 必要なもの、必需品［名詞、複数形］

注　□ announce　発表する　□ press release　プレスリリース、新聞発表　□ injection of capital　資本注入　□ survival　生き残ること

> テスト作成者／ネイティブ・スピーカーの視点

a ------ for the company's survival に注目すれば、単数名詞が入ると思われるので necessity を選ぶ。これも短時間で解答したい。ただ、簡単な問題の直後にむずかしい問題が出てくるのが TOEIC だし、テスト作成者もそれを意識している。油断してはならない。

121　正解 (B)　難易度 ★★★★

訳　その候補者は、中道の穏健な政策で多くの浮動票を獲得するものと予想される。
(A) 仲裁者、調停者［名詞］　**(B) 穏健な［形容詞］、和らげる［動詞の原形］**　(C) 和らげる［動詞の現在分詞］　(D) 穏健、中庸［名詞］

注　□ candidate　候補者　□ vote　投票　□ undecided voter　浮動票を有する人　□ middle-of-the-road　中道の　□ policy　政策

> テスト作成者／ネイティブ・スピーカーの視点

意外にむずかしいかもしれない。with his middle-of-the-road, ------- policies. がひとかたまりと思えるが、middle-of-the-road は難易度の高い語であるし、選択肢にある語の意味の違いを判断するのもむずかしい。おまけに middle-of-the-road のあとにカンマがあるが、これはどういうことか？　このカンマが and であれば判断しやすいかもしれないが、ここでは middle-of-the-road と正解の moderate を同義語というか言い換えとして使っているので、カンマのほうがよいと思われる。二重、三重にひねった問題だ。

122　正解 (C)　難易度 ★★

訳　著名な海洋生物学者のシャノン・ウェルズ博士が、私たちの大切な海の保護を呼びかけるために、本大学で講演をする。

(A) 彼女の　　(B) その　　**(C) 私たちの**　　(D) 彼らの

注　□ renowned　有名な　　□ marine biologist　海洋生物学者　　□ lecture　講演　　□ encourage（…するように）励ます　　□ precious　大切な、貴重な

テスト作成者／ネイティブ・スピーカーの視点

代名詞の所有格を選ぶ問題。主語が Dr. Shannon Wells なので her を、あるいは people があることから their を選んでしまいそうだが、地球はわれわれのもので、「われわれの大切な海」であるので、our を選ぶ。

123　正解 (D)　難易度 ★★★★★

訳　ナチュラル・ディザスター・ファンドは、サンフランシスコにある急成長中のテクノロジー企業の経営者から、多額の非常にありがたい寄付を受けた。
(A) 目に見えるほどの、明らかな　　(B) 感謝する、認識する [appreciate の現在分詞]
(C) 感謝している、満足した様子の　　**(D) 感謝されている、ありがたい、認識されている [appreciate の過去分詞]**

注　□ natural disaster　自然災害　　□ fund　基金　　□ appreciate　感謝する　　□ donation　寄付、寄付金　　□ tech company　テクノロジー企業

テスト作成者／ネイティブ・スピーカーの視点

難易度の高い問題。文意から「ありがたい」の意味を示す語を選ぶ問題のようだが、選択肢がどれも形容詞もしくは形容詞の役割を果たす語であり、それぞれの意味がわからないと判断できない。正解は appreciated だが、おそらく正答率は低いと思われる。TOEIC はやさしい問題がつづいていたところで突然こうしたむずかしい問題が出てくる。わからないと思った時は、適当なものをマークして次に進もう。いくら時間をかけても解けないものは解けない。

124　正解 (B)　難易度 ★★★★★

訳　最初の 3 年以内に諸経費を賄う収入を得られる会社は、10 社のうち 1 社しかない。
(A) 利益　　**(B) 間接費、諸経費**　　(C) 無形資産　　(D) 損益計算書

注　□ enough　十分な量、数　　□ cover　補う、賄う

テスト作成者／ネイティブ・スピーカーの視点

文意から「経費」を意味する表現が入ると思われるが、それに相当する表現を選択肢から選び出すのはむずかしいだろう。overhead expenses が正解だが、expense は「費用、出費」であると思い出せれば答えられるかもしれない。overhead は「頭上の」という意味であるが、この場合は「（経費などが）一切を含めた」。名詞として「間接経費、一般経費」の意味でも使われる。

125 正解 (D) 難易度 ★★

訳 数カ月にわたる調査のあと、その投資家は石油や天然ガスなどの天然資源に投資する決定をした。
(A) 資源に富む、臨機応変な［形容詞］　(B) 資源を供給する［動詞の現在分詞、動名詞］
(C) 資源［名詞の単数形］　**(D) 資源［名詞の複数形］**

注　□ research　調査　□ investor　投資家　□ put money into　…に投資する　□ natural resource　（通例複数形で）天然資源

テスト作成者／ネイティブ・スピーカーの視点
natural resource という言い方は聞いたことがあるだろうし、通常は natural resources と複数で使われることを知らなくても、うしろに such as oil and natural gas と複数の例があることから判断できる。

---

126 正解 (B) 難易度 ★★

訳 『ニューヨーク・タイムズ』のベストセラーリストの1位になってからずっと、その本には高い需要がある。
(A) 尊敬　**(B) 需要**　(C) 目的　(D) 場所

注　□ ever since　…からずっと　□ reach number one　1位になる　□ in demand　需要がある

テスト作成者／ネイティブ・スピーカーの視点
文意から判断する問題。demand（需要）とあわせて supply（供給）も覚えておこう。

---

127 正解 (D) 難易度 ★★★★★

訳 その会社の最高経営責任者は、会社の取締役会や株主の希望より優先して従業員の福祉を確保する義務を負っている。
(A)（ある状態に）保つ　(B) 持っている、(have A to ... で A に）…させる［使役］
(C) 返す、戻す　**(D) 確保する**

注　□ be obliged to　…することを強いられる、…する義務を負う　□ welfare　福祉　□ above　…よりも優先して　□ board　(the ... として）委員会

テスト作成者／ネイティブ・スピーカーの視点
難問。問題文の大体の意味が取れないと、正解するのはむずかしい。ensure も TOEIC によく出てくるので覚えておこう。例：Please send in the application early to ensure that if it arrives by May 17.（申請書が5月17日までに着くかどうか確認して、お早めにご提出ください）

TEST 1 解答・解説・訳

128　正解 (A)　難易度 ★★★★

訳　フォーカスグループの顧客は、その製品はうまく設計されていて使いやすいことがわかったが、価格が残念だと考えた。
(A) …によって　(B) …のために　(C) …で　(D) …とともに、…で

注　□ focus group　フォーカスグループ　□ find　(試してみて)…とわかる　□ well designed　うまく設計された　□ discourage　落胆させる

テスト作成者／ネイティブ・スピーカーの視点

discouraged があることから、受動態で「がっかりした」の意味で使われていると判断すれば、by が選択できる。しかし、at や with で悩んだ人も多いだろう。無理もないことで、be surprised at ...（…に驚く）や be covered with ...（…に覆われる）など、by 以外の語が使われることがあるので、その度に覚えるしかない。

129　正解 (C)　難易度 ★★★★★

訳　お客さまへ、フレッシェスト・スーパーマーケットはショッピングカートに放置されたものについては責任を負いかねますのでご注意ください。
(A) 変わっていない　(B) 未発表の　**(C) 持ち主のいない、放置された**　(D) 了解ずみの

注　□ warn　警告する、注意する　□ accept responsibility for　…に対する責任を負う　□ item　品目

テスト作成者／ネイティブ・スピーカーの視点

これは unattended の意味を知らないと答えられない問題だ。unattended はこの問題のような意味で使われるほか（例：She left her baggage unattended.［彼女は荷物を放置した］）、「付き添いのいない」や「（集会などに）出席者の少ない［いない］」の意味でも使われるので注意しよう。

130　正解 (D)　難易度 ★★★★

訳　当大学の留学生は、最初に1年かけて学問のための英語を学ぶことが推奨される。
(A) 必要とされる　(B) 受け入れられる　(C) 選ばれた　**(D) 推奨されている**

注　□ foreign student　外国人学生、留学生　□ academic English　学問のための英語

テスト作成者／ネイティブ・スピーカーの視点

問題文は〈It is ... that ～〉構文で、空欄には「推薦される」「勧められる」といった意味の形容詞が入ると思われる。正解は recommended だ。needed を選んだ人もいるかもしれないが、これは形容詞ではなく、動詞の過去分詞であり、この状況では使えないし、ネイティブには不自然な言い方に思える。

PART 6

訳 問題 131-134 は次の記事に関するものです。

ミルサップ— 5 月 10 日　ミルサップ地区に移住してきたばかりの移民世帯の多くが抱える言葉の不安に応えるため、教育委員会は 5 月 8 日、ミルサップ地区の小学校全校で行なう新しい英語訓練プログラムを発表した。この英語教室は、通常の授業終了後に行なわれる。受講に費用はかからない。

教室の講師は、地域のボランティアが務める。教育委員会では、過去に英語を教えたことのある経験者を募集している。以前の経験がある方は、ミルサップ教育委員会に連絡を。

131　正解 (D)　難易度 ★★★

選択肢の訳　(A) [未来形]　(B) having announced [現在完了形・ing 形]　(C) [現在進行形]　**(D) [過去形]**

テスト作成者／ネイティブ・スピーカーの視点

文脈から動詞の形を判断する問題。冒頭に Milsap – May 10 とあるが、空欄のうしろを見ると on May 8 とあることから、現在より前の出来事、すなわち過去の出来事をレポートする記事と判断し、過去形 announced を選ぶ。

132　正解 (C)　難易度 ★★★★

選択肢の訳　(A) 多くの移民が東南アジア出身だ。　(B) 追加の支援が必要な人もいる。　**(C) 受講に費用はかからない。**　(D) その学校は最近改築されたばかりだ。

テスト作成者／ネイティブ・スピーカーの視点

Part 6 の新形式問題。各セットに 1 問ずつ出題される。空欄を含む段落では a new English language instruction program for all Milsap area elementary schools のことを話題にしており、文脈から (C) 以外あてはまらない。

133　正解 (B)　難易度 ★★

選択肢の訳　(A) …から　**(B) …によって**　(C) もし　(D) いつ

テスト作成者／ネイティブ・スピーカーの視点

空欄の前後に注目すれば、未来形の受動態が使われていると判断できる。

TEST 1 解答・解説・訳

134 正解 (A) 難易度 ★★★

選択肢の訳 (A) 以前の　　(B) 追加の　　(C) 落胆させる　　(D) …の前に

テスト作成者／ネイティブ・スピーカーの視点

文脈から適当な語彙を判断する問題。「過去に英語を教えたことのある経験者」のことを言っているので、「以前の」を意味する previous を選ぶ。

注

[パッセージ] □ needs 必要性、ニーズ　□ immigrant 移民、移住者　□ board of education 教育委員会　□ instruction 教育、訓練　□ elementary school 小学校　□ in the past 昔は、かつて　□ contact 接触する、連絡を取る
[設問] □ additional 追加の　□ cost 代価、費用、コスト　□ remodel 改築する

訳　問題 135-138 は次の E メールに関するものです。

> 宛先：salesteam2@linkup.co.nz
> 送信者：ブレンダー・バーンズ <brenda.barnes@linkedup.co.nz>
> 日付：11 月 25 日
> 件名：至急　会議室変更

> どたん場でのお知らせになってしまって申しわけないのですが、今日の月例営業部会はいつもの会議室でなく場所を移して行なうことになりました。中国から企業関係者の訪問団をお迎えしている最高経営責任者（CEO）が、彼らとの会合に私たちの会議室を使いたいと要望したのです。
>
> 私たちは 10 階の 1023 号室を使います。開始時間は同じです。会場変更を反映した会議予定表のコピーを添付しておきます。その他、会議のスケジュールや議題については変更ありません。
>
> ブレンダ

135 正解 (D) 難易度 ★★★

選択肢の訳 (A) [原形]　(B) [to 不定詞・現在完了形]　(C) [現在分詞]　(D) [to 不定詞]

テスト作成者／ネイティブ・スピーカーの視点

動詞の形を問う問題。need のあとには to 不定詞が来る。to 不定詞か、動名詞か問う問題は新形式問題導入後の TOEIC でもおそらく問われることだろう。ここでは、あとにつづく語が動名詞になる動詞と句動詞をまとめておく。

admit	認める	advise	助言する
avoid	避ける	consider	考慮する
deny	否定する	enjoy	楽しむ

escape	逃れる	finish	終える
give up	あきらめる	mind	気にする
postpone	延期する	practice	練習する
put off	延期する	stop	…をやめる
suggest	提案する		

※ stop:「…するために止まる」という意味で使われる時は to 不定詞

136　正解 (B)　難易度 ★★★

選択肢の訳 (A) その　**(B)** 私たちの　(C) 彼らの　(D) 私の

テスト作成者/ネイティブ・スピーカーの視点

代名詞を問う問題。前の文で「今日の月例営業部会はいつもの会議室でなく場所を移して行なうことになった」と言っていて、空欄があるこの文で「中国から企業関係者の訪問団をお迎えしている最高経営責任者（CEO）が、彼らとの会合に私たちの会議室を使いたいと要望している」とその理由を述べていると考えられる。

137　正解 (A)　難易度 ★★★

選択肢の訳 **(A)** 開始時間は同じです。　(B) 今期は売上が増えています。　(C) 毎月お会いしたいと思っています。　(D) 今回の訪問者たちは将来、取引相手になる可能性があります。

テスト作成者/ネイティブ・スピーカーの視点

新形式問題。「場所は変わったが、開始時間は同じ」と考えるのが妥当。

138　正解 (C)　難易度 ★★★

選択肢の訳 (A) やり方　(B) 組織　**(C)** 変更　(D) 寸法

テスト作成者/ネイティブ・スピーカーの視点

問題 135-138 では会議室の変更が主要な話題なので、change が入る。

注

[パッセージ] □ last minute 最後の瞬間の、どたん場での　□ sales 販売部門、営業部、売上　□ host 客を主人役としてもてなす　□ attach つける、添付する　□ agenda 議事日程表、予定　□ venue 会場、開催指定地　□ reflect 反映する、反射する　□ otherwise ほかの（すべての）点では
[設問] □ quarter 4分の1、四半期　□ potential 見込みのある

TEST 1 解答・解説・訳

訳 問題 139-142 は次のお知らせに関するものです。

6月16日
お知らせ

ヒルサイド・テラス居住者各位

西側エレベーターの定期保守点検が来月初めの2日間、7月1日～2日に行なわれます。点検期間中は、西側エレベーターは利用できませんので、東側エレベーターをご利用ください。もちろん、各部屋まで階段もご利用いただけます。階段の出入り口は、ロビーのうしろにあります。

7月3日（水）以降は、両方のエレベーターがご利用いただけるようになります。作業によりご迷惑をおかけしますこと、まことに申しわけございません。ご了承のほどよろしくお願いいたします。

---

139 正解 (C) 難易度 ★★★

選択肢の訳 (A) 従業員　　(B) 訪問者　　**(C) 居住者**　　(D) 投資家

テスト作成者／ネイティブ・スピーカーの視点

文脈から判断する問題だが、これは少なくとも以下の第1段落を読まないと答えが出せない。よって、ほかの問題を解いてから答えるようにしよう。文脈から Hillside Terrace の住民たちにエレベーターの定期点検を知らせるメモだと思えるので、residents を選ぶ。

---

140 正解 (D) 難易度 ★★★★

選択肢の訳 (A) …するあいだ　　(B) …のあとに　　(C) そのうえ　　**(D) …中に**

テスト作成者／ネイティブ・スピーカーの視点

文脈から「点検期間中」だと思えるので、「…するあいだ」を意味する while か、「…中に」の during を選ぶことになるが、空欄のうしろは the period that the elevator is out of service であり、the period が関係代名詞 that 以下に修飾される形になっているので、前置詞 during を選ぶ。while は接続詞であり、While we are talking with you... というようにうしろに節 (S+V) が来なければならない。

---

141 正解 (D) 難易度 ★★★

選択肢の訳 (A) 居室の鍵を使ってビルに入ることができます。　　(B) エレベーターはすべての階で停止します。　　(C) 保守点検は2日間にわたって行なわれます。　　**(D) 階段の出入り口は、ロビーのうしろにあります。**

テスト作成者／ネイティブ・スピーカーの視点

新形式問題。前の文で「各部屋まで階段もご利用いただけます」と言っているので、「階段」について述べる文が来ると思われる。

142　正解 (A)　難易度 ★★★

選択肢の訳　(A) 始める［動詞の現在分詞］　(B) 開始［名詞］　(C) 始める［動詞の原形］
(D) 始める［動詞の三人称単数現在形］

テスト作成者／ネイティブ・スピーカーの視点

選択肢は動詞 commence の変化した形。Starting from June 1, applications will be accepted.（願書は6月1日から受けつけます）も Starting June 1 と言えるのと同じように、Commencing from...（…からはじまる）も from が省略されて使われることがよくある。commence は TOEIC の必須単語だ。commencement は「開始」であるが、「卒業式」の意味で使われることもある。commencement speech と言えば、「卒業式祝辞」だ。

注
［パッセージ］□ notice　お知らせ、掲示　□ undergo　受ける、経験する　□ out of service　使用［運転］中止になって　□ available　利用［使用］できる　□ apologize　謝罪する　□ inconvenience　不都合、不自由、迷惑　□ patience　忍耐、我慢、辛抱強さ
［設問］□ perform　実行する　□ period　期間　□ stairwell　階段の吹き抜け　□ rear　（ものの）後部

訳　問題 143-146 は次の案内に関するものです。

> 重要なご案内
>
> このたびは、外部ハードディスクドライブ MDQ-01 をお買い上げいただき、ありがとうございました。以下のガイドラインをお読みいただき、十分にご留意ください。
> - MDQ-01 をパソコンから取り外す前に、必ず本製品をシャットダウンしてください。
> - 極端な温度の場所（高温・低温いずれも）では MDQ-01 を使用しないでください。たとえば、直射日光のあたる場所での使用はおやめください。
> - MDQ-01 を持ち運ぶ場合は、必ず蓋のできるケースに入れてください。
>
> MDQ-01 を何年も安心してお使いいただくために、上記の注意点をお守りいただきますようお願いいたします。

143　正解 (B)　難易度 ★★★

選択肢の訳　(A) 持つ　**(B) 払う**　(C) 保つ　(D) 申し出る

テスト作成者／ネイティブ・スピーカーの視点

空欄のうしろに attention to があるので、pay を入れれば、pay attention to...（…に注意を払う、…に注意する）の表現が完成する。

144　正解 (A)　難易度 ★★

選択肢の訳　(A) …か…か、いずれも　(B) …も…も　(C) …もまた　(D) …でもなく、また…でもない

テスト作成者／ネイティブ・スピーカーの視点

空欄のうしろに ... or ～が確認できるので、either を入れれば either ... or ～の表現ができる。

145　正解 (C)　難易度 ★★★★

選択肢の訳　(A) さらに、本製品には3年間の製品保証が付いています。　(B) しかし、本製品のシャットダウンは手動で行なわなければなりません。　(C) たとえば、直射日光のあたる場所での使用はおやめください。　(D) したがって、本製品には誤動作を起こす傾向があります。

テスト作成者／ネイティブ・スピーカーの視点

新形式問題。いくつか注意すべき項目が挙げられていて、そのうちの1つの項目（極端な温度の場所では使用しない）の例を示す文であると思われるので、(C) を選ぶ。

146　正解 (B)　難易度 ★★

選択肢の訳　(A) そのあとの　**(B)** 上の　(C) 義務的な　(D) 矛盾した

テスト作成者／ネイティブ・スピーカーの視点

「上記の注意点」ということだから、above を選べばよい。

注

［パッセージ］ □ purchase　買う、購入する　□ external　外の、外部の　□ disconnect　接続を断つ、電源を切る　□ extreme　極度の、過激な　□ enclosed　囲われた、閉じ込められた　□ transport　移動させる、運ぶ　□ ensure　確実にする、守る　□ serve　…の役に立つ、…に尽くす
［設問］ □ warranty　保証　□ manually　手動で　□ consequently　その結果として　□ tendency　傾向　□ malfunction　故障、機能不全

PART 7

訳 問題 147-148 は次の案内に関するものです。

> ユニバース社製 LP-310 フラットパネル・テレビをお買い上げいただき、ありがとうございました。プロモーションの一環として、①4月中にご購入いただきましたユニバース社製テレビ全品を対象に、100 ドルの払い戻しを行なっております。②添付の用紙にお客さまの個人情報を記入し、購入日から 1 カ月以内に当社のカスタマーサービスセンターに郵送いただくだけで、100 ドルが返金されます。

147　正解 (A)　難易度 ★★

設問の訳
提供されるものは何ですか？
(A) テレビ購入代金の返金　(B) 電化製品の割引　(C) 100 ドルをもらうチャンス
(D) 割引クーポン

テスト作成者／ネイティブ・スピーカーの視点

Part 7 の「設問 2 問」問題はこう解け！

Part 7 では設問が 2 問ずつの問題が 147-148, 149-150, 151-152, 153-154 と 4 セットつづくが、これは比較的簡単な問題である。しかし、決して必要以上に時間をかけてはいけない。できれば **4 セットを 1 セット平均 1 分半、合計 6 分以内**で解きたいところだ。そのためにはいきなり問題文を読むのではなく、**はじめに設問にざっと目を通しておこう**。たとえばこのセットであれば、147 では「何が提供されるか、差し出されるか？」が、148 では「顧客は何をする必要があるか？」ということが聞かれていると確認し、「**その答えを探しながら問題文を読む**」ようにすればよい。

　そうすれば、この 147 の答えは①に書かれているとつかめるはずだ。rebate が money back と言い換えられている。［※「テスト作成者が教える　新形式問題 TOEIC はこう解け！」の 16 ページに記したとおり、テストによっては、147-148, 149-150, 151-152, 153-154 の「設問 2 問」問題の中に「設問 3 問」問題が何セットか入ってきて、147-148（設問 2 問），149-151（設問 3 問），152-153（設問 2 問），154-155（設問 2 問），156-157（設問 2 問），158-160（設問 3 問），161-163（設問 3 問）とか，147-148（設問 2 問），149-151（設問 3 問），152-154（設問 3 問），155-156（設問 2 問），157-158（設問 2 問），159-160（設問 2 問），161-163（設問 3 問）といった順番で出題されることもある］

TEST 1 解答・解説・訳

148 正解 (C) 難易度 ★★

設問の訳
客は何をしなければなりませんか？
(A) レシートを渡す　(B) 電話をかける　**(C) 会社に用紙を郵送する**　(D) 直接店に行く

テスト作成者／ネイティブ・スピーカーの視点
「顧客は何をする必要があるか？」の答えを探しながら問題文を読めば、②で判断がつく。動詞 mail は状況に応じて「郵送する」としても「Eメールを送る」としても使われるので注意しよう。

注
[パッセージ] □ purchase 購入する　□ flat screen フラットパネル　□ rebate 払い戻し、割り戻し
□ fill out 記入する　□ detail 詳細な情報、個人情報
[設問] □ offer 提供する　□ electronic goods 電化製品　□ in person 本人直々に

訳　問題 149-150 は次のテキストメッセージのやりとりに関するものです。

> ジョージ・サントス [午前 10:24] マリア、最高経営責任者との会議がそろそろ始まるよ。プレゼンテーションの準備はできてるかい？　どこにいるの？
> マリア・ブラウン [午前 10:25]　ごめんなさい。電車が止まっちゃったの。あと1駅で着くんだけど、動かないのよ。
> ジョージ・サントス [午前 10:27]　タクシーに乗ればいいだろ。①最高経営責任者と取締役が来る予定だから、定刻になったら始めなければならないんだ。ただでさえぼくたちのプロジェクトは崖っぷちに立たされているんだぞ。
> マリア・ブラウン [午前 10:28]　ええ、知ってるわ。でもどうしようもないの。駅と駅との間で今、立ち往生しているんだから。
> ジョージ・サントス [午前 10:29]　わかった。②全員にメールをして、会議を午後3時に変更してもらえるようにしてみる。
> マリア・ブラウン [午前 10:30]　ありがとう。でも最高経営責任者にはメールではなくて、電話をしてちょうだい。たぶんビルにもう着いていると思うから。

149 正解 (D) 難易度 ★★★

設問の訳
午前 10:27 にジョージ・サントスが話している「ただでさえぼくたちのプロジェクトは崖っぷちに立たされているんだ」は、何を意味していますか？
(A) 最高経営責任者はプロジェクトに乗り気でいる。　(B) プロジェクトはほとんど終わっている。　(C) プロジェクトを進めるのはむずかしい。　**(D) プロジェクトは中止になるかもしれない。**

テスト作成者／ネイティブ・スピーカーの視点
新形式問題。このような口語表現が聞かれることもあるが、前後関係から十分に判断できるので、

問題文をしっかり読もう。時間がかかりそうであれば、150を先にすればよい。

150 正解 (B) 難易度 ★★★

設問の訳
午後3時に何が起こる予定ですか？
(A) マリアがオフィスに着く。　**(B) 時間調整をした会議が始まる。**　(C) 最高経営責任者がオフィスに着く。　(D) 電車の運行が再開する。

テスト作成者／ネイティブ・スピーカーの視点
設問に目を通して「午後3時に何が起こるか？」と頭の中で唱えながら、その答えを探しつつ、問題文を読み進めよう。おそらく 3:00 P.M. という表記がどこかに書かれているはずだ。それが②に見つかるので、①とあわせて判断すればよい。

注
[パッセージ] □ CEO （the chief executive officer の略）最高経営責任者　□ be about to 今にも〜しかけている　□ presentation プレゼンテーション　□ board of directors 取締役会、理事会　□ be on thin ice 薄氷を踏むような危険な状態である　□ stuck （stick の過去形・過去分詞）動かなくなる、はまり込む　□ text Eメールを書く
[設問] □ reschedule 予定を組みなおす

訳　問題 151-152 は次の広告に関するものです。

キッズ・バーン

①知育ゲーム、玩具、衣服など、どの年齢のお子さまにもお楽しみいただけるもの

営業時間：月曜日―木曜日の午前 9:30 から午後 8:45 まで、土曜日―日曜日の午前 11:00 から午後 7:00 まで

お子さまに差しあげるものをお買い求めですか？　キッズ・バーンでは、お客さまがお探しのものはなんでも、さらにそれ以上の商品を豊富にご用意しております。男の子や女の子が喜ぶのに必要なものでしたら、ありとあらゆるものがそろえてあります。毎週土曜日の正午に開かれる新しいロボットダンスの実演もお見逃しなく。

当店には 3000 冊以上の児童書の在庫もございます。世界中を探し、間違いなくお子さまの教育に役立ち、想像力を刺激してくれる児童書を選りすぐってご用意いたしました。②お客さまが店内をご覧になっているあいだ、お子さまはお話のコーナーにいらして当店のボランティアによる読み聞かせをお楽しみいただくのはいかがでしょうか。当店では 10 冊売るごとに 1 冊をアントン児童養護施設に寄贈していることを、お忘れなく。

TEST 1 解答・解説・訳

151 正解 (C) 難易度 ★★★

設問の訳
キッズ・バーンはどんな種類の店と考えられますか？
(A) 衣料品店　(B) 本と文房具を売っている店　**(C) 子供向けの玩具を売っている店**
(D) 金物店

テスト作成者／ネイティブ・スピーカーの視点
「キッズ・バーンはどんな種類の店だ？」と考えながら読み進め、①で判断する。

152 正解 (B) 難易度 ★★★

設問の訳
子供が読み聞かせを聞いているあいだ、親には何をすることを勧めていますか？
(A) 自分のための本を探す　**(B) 店内で買い物をする**　(C) 困っている子供たちを助ける
(D) 特別割引を受けるための申し込みをする

テスト作成者／ネイティブ・スピーカーの視点
②から判断できる。問題文では「親が店内を見ているあいだ、子供は…」と書かれているが、設問では「子供が読み聞かせを聞いているあいだ、親は…」と尋ねている。

注
[パッセージ] □ barn　納屋、小屋　　□ educational　教育のための　　□ a little one　小さい子供
□ delight　楽しませる　　□ robotics　ロボット（工学）、ロボットダンス　　□ demonstration　実演、デモンストレーション　　□ stock　在庫　　□ be sure to　必ず…する　　□ stimulate　刺激する
□ imagination　想像力　　□ browse　見てまわる　　□ volunteer　ボランティア　　□ remember　記憶にとどめる　　□ donate　寄付する、寄贈する　　□ orphanage　児童養護施設
[設問] □ stationery　文房具　　□ hardware　金物、工具　　□ recommend　推薦する　　□ in need　困っている　　□ sign up　申し込む

訳　問題 153-154 は次の E メールに関するものです。

宛先：ジョン・スクラブス <owner@skullzskatepark.com>
送信者：ボブ・コックス <bcox@anymail.com>
日付：2月12日
件名：スケートパークの規則

スクラブス様

①5年前、あなたのスケートパークが開園してから今まで利用してまいりましたが、これまでの体験から、不満に感じることがいくつか出てまいりましたので、お伝えしようと思い、メールをお送りしております。そればかりか、自宅から離れているとはいえ、そちらほど規則が厳しくないよそのスケートパークに行くのを検討しているほどです。こ

のように感じているのは、決して私だけではないと断言できます。

②スカルズ・スケートパークはかつて、町でも最高に楽しいところでした。その理由の1つは、スナックや飲み物を1つたった1ドルで売っている自動販売機があったので、友人と私はスケートボードで遊ぶ前後に、そこで買ってきたものを芝生で食べたり飲んだりできたことにあります。スケートパークの入場料は、まる1日スケボーで遊んでもわずか10ドルですみました。現在、1日の入場料はその額の倍に値上がりし、それどころか③遊んでいる最中に一休みしたくても、くつろいで昼食や軽食をとるところがありません。④芝生が生えていたところは今では駐車場になり、通路は飲食禁止と定められています。どうか規則を緩めて、これまで提供してくださった居心地のよい場に戻していただけないでしょうか。

敬具
ボブ・コックス

153　正解 **(A)**　難易度 ★★★

設問の訳

コックス氏はなぜEメールを書いていますか？
(A) オーナーに不満を伝えるため　　(B) オーナーに礼を言うため　　(C) スケートパークでなくしたものを探すため　　(D) 新しい事業を始めてはどうかと提案するため

テスト作成者／ネイティブ・スピーカーの視点

すでにおわかりかと思うが、Part 7もリスニングのPart 3, 4と同じで、全体的な状況を尋ねる「森問題」が1問目に出てくることが多い。そしてその答えの手がかりは大体第1文か、あるいは第1段落でわかることが多い。この設問もまさに第1文の①で判断がつく。

154　正解 **(B)**　難易度 ★★★★

設問の訳

コックス氏と友人がかつて食事をした場所はどうなりましたか？
(A) その区域は柵で囲まれ、立ち入り禁止になった。　　**(B)** その区域は駐車場になった。
(C) 今ではその施設に使用料がかかるようになった。　　(D) その区域は拡大され、椅子が用意された。

テスト作成者／ネイティブ・スピーカーの視点

③と④に書かれている。この文は情報量が多いが、「コックス氏たちが食事をしていた場所はどうなったか？」という答えをすばやく見つけ出す必要がある。

注

[パッセージ]　□ skate park　スケートパーク、スケートボード向けの運動施設　　□ dissatisfaction　不満　□ experience　経験　　□ in fact　そればかりか　　□ consider　検討する　　□ strict　厳しい　　□ I can tell　確かに、本当に　　□ partly　一部分には　　□ lawn　芝生　　□ vending machine　自動販売機

☐ admission 入場料　☐ entire day 1日中　☐ on top of …の上さらに　☐ grassy area 草が生えている場所　☐ parking lot 駐車場　☐ hallways 廊下　☐ prohibit 禁止する　☐ convenience 便利さ　☐ provide 与える、もたらす　☐ sincerely 敬具[設問]　☐ suggest 提案する　☐ location 場所　☐ used to ... (今はしないが)以前は…した　☐ fence off 柵で仕切る　☐ out of bounds 出入り禁止区域　☐ charge 料金　☐ expand 広がる　☐ add 加える

訳　問題155-157は次の記事に関するものです。

> パビリオン・ハウス・ブックスの新刊
> 『過去を掘り起こす』
> エドゥアルド・フローレス著
>
> 世界的に有名な古生物学者エドゥアルド・フローレス氏が、恐竜の世界に関する見解や推論がつまったすばらしい本を新たに書き上げました。モンタナ州で10カ月にわたる発掘でさまざまな重大な発見をし、このほど作業を終えたフローレス博士は、その成果を一般の読者向けにフルカラーの美しい本にまとめ上げました。①子供の頃からずっと恐竜という大昔の動物に夢中になっている人はもちろん、恐竜に軽い興味がある人までご満足いただける1冊になっております。
>
> ②今までの本と比べ、この本は2つの点で際立った特徴があります。③1つは、フローレス博士が発掘の解説に加え、ご自分の体験を書き下ろした部分が多い点で、そのおかげで読者は自分が本当に発掘現場にいるかのような気持ちになります。④2つめは、フローレス博士の新発見の影響に関して、深く突っ込んだところまで論じられている点で、そのため読み応えのある内容となっています。
>
> 著者について：⑤エドゥアルド・フローレスは古生物学者の第一人者で、古代の発掘物を研究する科学者。ワシントン大学で博士号を取得し、教授としてカナダの大学で数年間教鞭を執ったのち、⑥未開地での発掘に仕事人生を捧げ、大きな成功を収めている。子供向けのテレビ科学番組にもレギュラー出演。フローレス博士はモンタナ州のボーズマンで妻とともに住んでいる。

155　正解 (B)　難易度 ★★★

設問の訳
記事によると、この本に興味を持つのはどういった人ですか？
(A) 現場にいる科学者と著述家　**(B) 科学者ではないが恐竜に関心がある人**　(C) 恐竜にそれほど興味のない人　(D) 古生物学の研究に興味がある学生

テスト作成者／ネイティブ・スピーカーの視点

Part 7 の「設問3問」問題はこう解け！

Part 7 のシングル・パッセージ問題の 155-157, 158-160, 161-163 の 3 セットは設問が 3 つずつになる。ここから Part 7 も第 2 ステージに入り、難易度が上がる。しかし、この「設問 3 問」問題も「設問 2 問」問題と解き方は同じだ。問題文を読む前に、設問にざっと目を通す

ことから始めよう。そしてリーディングの Part 7 もリスニングの Part 3, 4 と同様に、**答えの手がかりは、基本的に問題文の中で設問の順番どおりに出てくる**。このあとの「設問4問」問題、さらにはダブル・パッセージ問題、トリプル・パッセージ問題でも基本的には同じだ。それを頭の中に入れておけば、解答の手がかりの絞り込みが楽になる。

いうまでもなく time management（タイム・マネジメント、時間管理）が重要だ。この 155-157, 158-160, 161-163 の「設問 3 問」問題は平均 **2 分**、計 **6 分**で解きたいところだ。155 では「この本に興味がある人はどんな人か？」と考えながら問題文を読み進めれば、①で正解が引き出せる。

156　正解 (B)　難易度 ★★★★

設問の訳

この本がほかの本と違っているのはどの内容が含まれているからですか？
(A) フローレス博士が活動した地域の詳細な歴史　(B) フローレス博士が現場で行なった作業についての生き生きとした描写　(C) 古生物学が発展した経緯についての解説　(D) 恐竜に興味を持ち始めたばかりの人向けの基礎知識

テスト作成者／ネイティブ・スピーカーの視点

設問の内容から、②が手がかりになる。さらにそのあとの③と④の情報から判断する。

157　正解 (D)　難易度 ★★★★

設問の訳

フローレス博士は生活の大半を何に費やしていますか？
(A) 大学で教えている　(B) 大学の図書館で調べものをしている　(C) 自宅で子供たちを楽しませている　(D) 恐竜の発掘作業をしている

テスト作成者／ネイティブ・スピーカーの視点

How does Dr. Flores spend a large portion of his time? と現在形で尋ねていることに注目。すなわち、フローレス教授が「現在」何に多く時間を費やしているかを聞いているのだ。

注

[パッセージ] □ read　読み物　□ dig up　掘り出す　□ renowned　有名な　□ paleontologist　古生物学者　□ fascinating　魅惑的な　□ conjecture　推論　□ dinosaur　恐竜　□ recently　最近　□ discovery　発見　□ put together ...　…を合わせる　□ orient　方向づける　□ casual　きまぐれの、おざなりな　□ ... as well as ～　～はもちろん…も　□ ancient　大昔の　□ apart from ...　…と区別して　□ previous　前の　□ account　説明、報告　□ excavation　発掘　□ site　現場　□ implication　影響　□ evidence　証拠、跡　□ Ph.D. (Doctor of Philosophy の略)　博士（号）　□ devote　(時間・金・努力などを)捧げる　□ wild　未開地　□ success　成功
[設問] □ according to ...　…によれば　□ vivid　真に迫った　□ explanation　解説　□ evolve　発展する　□ portion　部分　□ university　大学　□ research　調査　□ library　図書館　□ entertain　楽しませる

TEST 1 解答・解説・訳

訳 問題158-160は次の掲示に関するものです。

エコ・エンジェルズに参加しよう！

せっかく繁華街を散歩していたのに、生ゴミの汚臭に襲われたことはありませんか？もしくは公園へジョギングをしにいったのに、地面がなんとゴミで覆われていたことはありませんか？

①この都市をきれいにする時がきた、とお思いなら、仲間はいます。②エコ・エンジェルズは非営利団体で、あなたと同じボランティアで構成されています。③ゴミやめざわりで無用なものがない都市を思い描き、私たちが住む界隈をきれいにしようと日々対策を講じております。

実態：
・河川の90パーセント以上がゴミで埋まり、地元の鳥や野生動物の健康を害しています。
・道路上のゴミはカモメやハトを引きつけ、その糞のせいで私たちの建物や駐車してある車が被害を受けます。
・④私たちの町の通りは、観光に悪影響を及ぼしています。汚い都市を訪れたい人はいないからです。⑤その結果、地元の商店は廃業をせざるをえない状況に陥っています。

手を携えれば、この都市を美しい住宅地に変えることができます！　資産価値は高くなり、観光業は一層盛んになり、環境はより健全になる。すべてが手の届くところにあります。

下記の住所にご連絡ください。あなたがこの都市のためにできることを探しましょう！

158　正解 (A)　難易度 ★★★★

設問の訳
このお知らせはどこにあったと考えられますか？
(A) 地域の掲示板　(B) 会社の社内報　(C) スポーツ雑誌　(D) 企業のウェブサイト

テスト作成者／ネイティブ・スピーカーの視点

新形式問題導入後もおそらくこうしたタイプの問題は出題されると思う。なぜなら、この手の設問の解答の手がかりは問題文中にはっきり書かれているわけではなく、全体を読んで判断しなければならず、思わぬ時間がかってしまうからだ。155の「テスト作成者／ネイティブ・スピーカーの視点」で述べたが、この155-157, 158-160, 161-163の3セットは平均2分、計6分で解くのが理想的だ。たとえばこの158-160のセットに3分以上かけてしまえば、予定はどんどん崩れていき、時間内にすべて解き終えない可能性が高くなる。これをまさにテスト作成者は狙っているのであり、そんな彼らの術中にはまってはならない。こうした問題は全体を読んで判断するしかない。先に159と160をやってから答えるのでもよい。

159 正解 (D)　難易度 ★★★

設問の訳

記事によると、エコ・エンジェルズが1つ行なっていることは何ですか？
(A) ゴミのない都市を計画すること　(B) 道路上のゴミの量を減らす新しい方法を探すこと
(C) 観光客に状況は改善しつつあると知らせること　(D) 都市をきれいにするため、毎日行動すること

テスト作成者／ネイティブ・スピーカーの視点

①③で判断できる。

---

160 正解 (D)　難易度 ★★★

設問の訳

この記事によると、いくつかの店が廃業した理由は何ですか？
(A) より美しい都市に移転したから。　(B) 所有者が病気になったから。　(C) 忙しくてエコ・エンジェルズの手伝いができないから。　(D) 観光業の落ち込みが売上に大きな影響を与えたから。

テスト作成者／ネイティブ・スピーカーの視点

「設問3問」問題には、細部を突いてくるものが1問は含まれている。この設問がまさにそうで、3つ挙げられた Some facts の中から④⑤の、特に④の情報をすばやく抜き出さなければならない。

注

[パッセージ] □ downtown 繁華街　□ only to 結局…するだけ　□ assault 襲う　□ smell 臭い　□ garbage 生ゴミ　□ jog ジョギングをする　□ discover 発見する　□ litter ゴミ　□ not-for-profit community organization 非営利団体　□ envision 心に描く　□ free of …がない　□ eyesore めざわりなもの　□ take steps 方策を講ずる　□ neighborhood 近所　□ waterway (河川・運河などの) 水路　□ endanger 危険にさらす　□ local 地元の　□ wildlife 野生生物　□ trash ゴミ　□ attract 引きつける　□ seagull カモメ　□ pigeon ハト　□ ruin 荒廃させる　□ dropping (鳥獣の) 糞　□ tourism 観光　□ business 店、会社　□ transform 大きく変化させる　□ property 資産、所有地　□ environment 環境
[設問] □ bulletin board 掲示板　□ newsletter 社内報　□ corporate 企業　□ reduce 少なくする　□ improve 改善する　□ establishment (学校・病院・会社・店などの) 設立物　□ go out of business 廃業する　□ drop 落下、落ち込み　□ impact 強い影響を与える　□ revenue 収益

訳　問題 161-163 は次の記事に関するものです。

> 9月13日テキサス州オースティン――①ベクター・セミコンダクター社とキール＝ヘンダーソン社は本日付で合併契約を締結したと発表した。合併手続きは11月1日に完了する予定で、②合併後の会社はアメリカ合衆国のコンピュータ・ハードウェア製造会社でも最大手となり、年間売上高約300億ドル、従業員は15万人以上となる。―[1]―合併した新会社はベクターのブランド名を採用し、テキサス州オースティンに本社を置く。

> 合併契約は数週間に及ぶ交渉の末に実現した、とK-H社の関係者は語った。―[2]―契約条件は両社の取締役会において全会一致で可決され、ベクター・セミコンダクター社の株主は最終的に新会社の約53％を保有し、一方のキール＝ヘンダーソン社の株主は47％を保持する。―[3]―
>
> ベクター・セミコンダクター社は金曜日、オースティンの本社にて記者会見を開き、業界の将来の展望に関し、質疑応答を受ける予定でいる。―[4]―

161 正解 (C) 難易度 ★★★

設問の訳
記事の内容は何ですか？
(A) 2社間の競争　　(B) 2社の共同事業　　**(C) 2社の合併契約**　　(D) 新会社の設立

テスト作成者／ネイティブ・スピーカーの視点
これも「森問題」だが、①で判断できる。この問題ではmerger agreement（合併契約）とmerge（合併する）の表現を知っているかが問われている。この記事には特に覚えてほしい表現を盛り込んだので、問題文をよく読んだあと、「注」を確認してほしい。

---

162 正解 (B) 難易度 ★★★

設問の訳
新会社の説明としてもっともふさわしいのはどれですか？
(A) テキサス州から海外に移る。　　**(B) アメリカ合衆国のコンピュータ・ハードウェア製造会社のトップになる。**　　(C) 会社名がベクター-キールになる。　　(D) 株主から株式を買い戻す。

テスト作成者／ネイティブ・スピーカーの視点
②で判断できる。the leading manufacturer of computer hardware in the country がthe top computer hardware maker in the United States に言い換えられている。

---

163 正解 (C) 難易度 ★★★★

設問の訳
[1], [2], [3], [4] と記載された箇所のうち、次の文が入るのにもっともふさわしいのはどれですか？「K-H社の株主はK-H株式1株に対して、ベクター株式0.725株を引き当て、割り当てられることになる」
(A) [1]　　(B) [2]　　**(C) [3]**　　(D) [4]

テスト作成者／ネイティブ・スピーカーの視点
新形式問題。各セットの最後だけでなく途中に出てくることもある。だが、この問題を解くのは最後でもよい。文脈から新会社の株式の話をしている [3] に入れるのが適当。K-H

shareholders will be compensated by receiving 0.725 Vector shares for each of their K-H shares. に使われている動詞 compensate は、TOEIC 必須単語だ。ぜひ覚えておこう。例: Employees will be compensated at one and a half times their usual hourly wages for overtime hours.（従業員は残業時間には通常の時給の 1.5 倍の額がもらえる）

注

［パッセージ］□ TX　テキサス州の略語　□ semiconductor　半導体　□ Inc.(incorporated の略)　会社〔法人〕組織の、株式会社の　□ announce　発表する　□ merger agreement　合併契約　□ transaction　執行、処理　□ combined company　合併会社　□ approximately　約　□ revenue　収益　□ billion　10億　□ employee　従業員　□ consolidate　合併する　□ adopt　採用する　□ headquarter　本社　□ negotiation　交渉　□ according to ...　…によれば　□ close to ...　…に近い　□ terms of the deal　契約条件　□ unanimously　全会一致で　□ state　述べる　□ stockholder　株主　□ roughly　おおよそ　□ ownership　所有権　□ retain　持ちつづける　□ compensate　相殺する　□ hold a conference　会議を開く　□ press conference　記者会見　□ vision　展望
［設問］□ competition　競争　□ joint project　共同事業　□ merge　合併する　□ description　記述　□ overseas　海外の

訳

問題 164-167 は次のオンライン・チャットの話し合いに関するものです。

> ジョシュア・ホワイト [午前 11:46]：ガルシアさんと話す機会があったら、明日の 3 時の会議に出られないって伝えてくれないか？①工場でかなりまずい事態が起こったから、その処理にあたらなければならないんだ。
>
> トルーディ・ケイ [午前 11:47]：会議をキャンセルするのは、得策ではないと思う。冬の生産ラインの計画をすぐにでも了承してもらわないと、②新しい製造ラインを 10 月 10 日の開始日までに準備できないわよ。
>
> ジョシュア・ホワイト [午前 11:49]：おっしゃるとおりさ。だが、どうにも出席できそうにないんだ。③ぼくの代わりに出られないかな、クリスティ？
>
> クリスティ・ジョーンズ [午前 11:50]：ええ、出られると思うわ。でもあなたしか知らないことを聞かれたら、どうすればよいの？
>
> ジョシュア・ホワイト [午前 11:53]：携帯電話を持っていくから、いつでも電話してくれ。
>
> トルーディ・ケイ [午前 11:53]：わかった、会議を延期するよりましだものね。ガルシアさんが驚かないように、必ず彼に知らせておくわ。
>
> ジョシュア・ホワイト [午前 11:55]：夜にはオフィスに戻るから、きみが担当しなければならないことで大事な点をさらっておこう。
>
> クリスティ・ジョーンズ [午前 11:56]：④そうね。計画の要旨は知っているけど、あなたに聞いておかなければならないことがいくつかあるから。

164　正解 **(C)**　難易度 ★★

設問の訳

ケイ氏にガルシア氏と話すようにホワイト氏が頼んでいるのはなぜですか？
(A) 会議に出たくないから。　(B) 工場で働くほうが好きだから。　**(C)** 重大な問題に対処しなければならないから。　(D) 提案することがないから。

218

TEST 1 解答・解説・訳

テスト作成者／ネイティブ・スピーカーの視点
Part 7の「設問4問」問題はこう解け！

ここから設問4問の問題が3セットつづくことになる（164-167, 168-171, 172-175）。問題文も長くなり、それにあわせて語彙も増えるので、時間はますますかかることになるが、**基本的に1セット平均3分、この3セットを10分で乗り切りたい**。

「設問2問」問題、「設問3問」問題と同じように、まず設問に目を通し、その答えを探しながら問題文を読み進める方法が効果的だ。しかし、「設問4問」問題、さらには **176番**からのダブル・パッセージ問題、そして **186番**からのトリプル・パッセージ問題については、設問をすべて覚えるのがむずかしくなると思うので、**最初の2問ぐらいをとりあえず頭に入れてからただちに問題文を読み進め、そのあとは問題文と設問を交互に見ながら解答する**という姿勢でよいと思う（トリプル・パッセージ問題はさらに注意を要することもあるので、233ページを見てほしい）。Part 7の解き方はあらゆるTOEIC講師があらゆる方法を勧めているし、どれもまったくそのとおりだと思うが、ネイティブ・スピーカーとしては、まず600点をめざす人たちに、この方法をお勧めしたい。

そしてこれは新形式のチャット問題だ。Part 7の「設問2問」問題の前半にもチャット問題は出てくるが、そちらがスマホでのチャットと思われるのに対し、この「設問4問」問題ではパソコンでのチャットを設定していることが多い。チャット参加者も3人以上の場合もある。

TOEICでは、リスニング、リーディングを通じて、問題文で **Joshua White** や **Trudy Kay** という形で人名が出てきても、設問ではおそらく **Mr. White, Ms. Kay** と表現されることにも注意しよう。特にメール問題ではその認識に時間がかかってしまうことがある。

この設問は①で判断できる。

---

165 正解 **(A)** 難易度 ★★★

設問の訳
10月10日に何が起こると考えられますか？
(A) 製造が開始する。　　(B) 重要な会議が開かれる。　　(C) ガルシア氏が工場を訪れる。
(D) 新しいアイディアについて話し合う会議が開かれる。

テスト作成者／ネイティブ・スピーカーの視点
設問にある October 10 が必ず問題文に見つかるはずだ。②に「新しい製造ラインが10月10日の開始日までに準備できなくなる」とあり、(A) の Production will begin. が正解と判断できる。

---

166 正解 **(B)** 難易度 ★★★★

設問の訳
ホワイト氏はジョーンズ氏に何をお願いしていますか？
(A) 会議の場所を工場に変更する　　**(B) 彼の代わりに会議に出席する**　　(C) 彼の携帯に電話をかける　　(D) 会議用の資料を用意する

> テスト作成者／ネイティブ・スピーカーの視点

③でわかるが、その中にある in my place の意味がわからないと答えられないだろう。さらに正解の選択肢 (B) の represent にそれを結びつけなければならないという二重の仕掛けだ。テスト作成者は、このように受験者の英語の知識をあらゆる方向から試そうとして問題を作っている。なお、represent の派生形 representative は形容詞としては「代表する、代理の」の意味で、名詞としては「代理人」の意味で使われ、ともに TOEIC の必須語だ。ぜひ覚えておこう。

---

167 正解 **(C)** 難易度 ★★★

> 設問の訳

午前 11:56 にジョーンズ氏が話している「計画の要旨は知っている」は何を意味していますか？
(A) 彼女は計画の詳細をすべて知っている。　(B) 彼女は計画に関する書類をすべて持っている。　**(C) 彼女は計画の概略は知っている。**　(D) 彼女は計画についてあまり知らない。

> テスト作成者／ネイティブ・スピーカーの視点

これも新形式問題だ。11:56 A.M. のジョーンズ氏の発言④を確認すれば、「計画の要旨は知っているが、あなたに聞いておかなければならないことがいくつかある」とある。この後半部分は逆説の接続詞 but に導かれて「いくつか聞かなければならないことがある」と言っているのだから、前半は「聞かなくてもよいことがある」ということではないかと推測でき、(C) が正解と考えられるはずだ。しかし、gist の意味はしっかり覚えておこう。例：That's the gist of the story.（それが物語の要旨だ）

> 注

[パッセージ] □ make it　間に合う　□ deal with　処理する　□ critical situation　危機的状況　□ factory　工場　□ production　生産　□ approve　認める　□ right away　今すぐ　□ attend　出席する　□ in one's place　（人）の代わりに　□ come up　(問題・機会などが) 生じる、起こる　□ cell phone　携帯電話　□ put off　延期する　□ go over　調べる、検討する　□ cover　担当する、扱う　□ gist　要旨
[設問] □ prefer　むしろ…を好む　□ take care of　面倒をみる　□ serious　重大な　□ suggestion　提案　□ suppose　…ではないかと思う　□ hold　(会などを) 開く、催す　□ represent　…の代理になる　□ material　資料　□ document　書類　□ outline　概略

訳　問題 168-171 は次の調査の回答に関するものです。

Doug's Donuts & Pastries

①今回の顧客満足度調査にご協力いただき、ありがとうございました！　②記入し終えたアンケートはスタッフの 1 人に渡し、無料でドーナツもしくはペストリー 1 個がもらえるクーポンをお受け取りください。

氏名の記入は求めませんので（当社からの返答をご希望の場合を除きます。その場合は、氏名と連絡先をお書き添えください）、アンケートは無記名で結構です。

③1. ダグスにはどれくらいの頻度で行きますか？（チェックを入れてください）
□今回がはじめて　　　□月に1回
□月に2, 3回　　　✓④週に1回
□週に数回

2. ダグスはどこでお知りになりましたか？（丸で囲んでください）
□友人から　　　□ソーシャルメディアから　　　□インターネット検索から
✓その他（具体的に）：⑤近所を散歩している時に看板を見つけた

3. 当社の製品について1～5段階で評価をお願いいたします。5が「極めて満足している」、1が「まったく満足していない」です。

味　　1　2　3　4　⑤　　歯触り　　　　1　2　3　4　⑤
外見　1　2　③　4　5　　メニュー・種類　1　2　③　4　5

ほかのコメント：全体的に私は大変満足しています。⑥あなたのお店を見つけてからというもの、週に1回、時には数回利用しています。私の仕事場に近いので、とても便利なんです。⑦日によって味が違うこともありますが、⑧グレーズをかけたオールドファッション・ドーナツは死ぬほどおいしいです。さて、ここには数回以上来ていますが、そろそろペストリーの種類をもう少し増やしてもらえないかなと思い始めています。ただ単に、今まで食べてきたもの全部が気に入っているからです。ですが、⑨種類が少なくても抜群においしいものをつくるのに専念なさっているようですから、あまりにもたくさん店に出すのが大変でしたら、今のままでかまいません。

連絡先（任意）：
氏名：
性別：(女性)／男性
住所：
Eメールアドレス：

168　正解　(B)　難易度　★★★

設問の訳
ダグス・ドーナツ・アンド・ペストリーズが客にこのアンケートを渡しているのはなぜですか？
(A) 客にクーポンを渡すため　　(B) 常連客についてよく知るため　　(C) メニューを増やすべきか尋ねるため　　(D) 客の連絡先を集めるため

テスト作成者／ネイティブ・スピーカーの視点
こういったアンケート問題もよく出題される。①でわかるが、②は(A)を選ばせようとする引っかけなので注意しよう。

169　正解 (C)　難易度 ★★★★

設問の訳
調査回答者について真実と思われるのはどれですか？
(A) 毎日ドーナツを食べる。　(B) 健康的な食品を食べるほうを好む。　**(C) 上質で甘いものを食べることを好む。**　(D) ソーシャルメディアを使って新しいレストランの情報を探す。

テスト作成者／ネイティブ・スピーカーの視点
アンケートに答えたこの客（任意の contact information の female に丸が付いているので女性だ）はダグス・ドーナツ・アンド・ペストリーズの味（taste）について 5 の評価を付けていることに加えて、⑥でお店に「週に 1 回、時には数回」来ていることがわかるし、⑧で「グレーズをかけた（上質の）オールドファッション・ドーナツ」をとてもおいしいと言っていることから、(C) が正解と判断できる。

170　正解 (B)　難易度 ★★★★

設問の訳
回答者がダグスについて好ましくないと言っていることは何です？
(A) 場所が不便。　**(B) 商品の品質が一定していない。**　(C) 一部の商品が店頭に並べられていない。　(D) メニューに載っているものが多すぎる。

テスト作成者／ネイティブ・スピーカーの視点
意外にむずかしいかもしれない。まず、設問が What is the negative thing the customer says about Doug's? となっていて、「もっとも好ましくないと思っている」ことを聞いていることに注意しないといけない。⑦で「日によって味にばらつきがあることもある」と言っているが、これが (B) につながる。

171　正解 (C)　難易度 ★★★

設問の訳
回答者が書いていないことは、次のうちのどれですか？
(A) ダグスを週に 1 回、またはそれ以上利用している。　(B) 通りがかりに店を見つけた。　**(C) 店の近所に住んでいる。**　(D) ダグスが質に重点を置いているのをうれしく思っている。

テスト作成者／ネイティブ・スピーカーの視点
NOT 問題は新形式問題導入後も出題される。このタイプの問題は 4 つの選択肢すべてを吟味する必要があるので、時間がかかってしまう。選択肢 (A) の情報については、アンケート 1 で once a week と回答していることからわかる（③④）。(B) の情報は、アンケート 2 で How did you find out about Doug's? の質問に対して、I saw your sign while walking in the neighborhood と書いていることからわかる。(D) は⑤でわかる。

TEST **1** 解答・解説・訳　　　　　　TEST **2** 解答・解説・訳

注

[パッセージ] □ donut ドーナツ　□ pastry ペストリー　□ satisfaction survey 満足度調査　□ submit 提出する　□ complete 完成する　□ survey アンケート　□ require 要求する　□ reply 回答する　□ include 含める　□ anonymous 匿名の　□ social media ソーシャルメディア　□ rate 評価する　□ scale 段階　□ taste 味　□ texture 舌ざわり、歯ごたえ　□ appearance 外見　□ comment 意見　□ convenient 便利な　□ glazed グレーズをかけた、つやをつけた　□ to die for ほしくてたまらない　□ despite …にもかかわらず　□ so far 今までは　□ excellent 優れた　□ optional 任意の
[設問] □ regular customer 常連客　□ expand 広げる　□ quality （形容詞）上質の、（名詞）品質　□ inconsistent むらのある　□ presentation 提示　□ lack 不足　□ pass by 通り過ぎる　□ focus on 重点を置く

訳　問題 172-175 は次の記事に関するものです。

> ウェストランド共和国への渡航者は、観光客を狙った窃盗および詐欺の件数が増加している情勢を踏まえ、引き続き警戒するよう注意を喚起されている。①英国大使館はウェブサイトの広報上で、国民に対し軽度の詐欺に関して解説し、最近の政治的混乱により経済情勢が悪化している同地域への旅行を慎重に検討するよう勧告している。—[1]—
>
> ウェストランド共和国警察に届けられたすり発生件数は 2 年間で 150％上がり、詐欺に関する苦情件数は 200％以上増加している。詐欺の種類も増加している。—[2]—②犯罪グループは若い女性を雇い、困ったふりをさせて、1 人で旅をするのは不安だからと渡航者に一緒にタクシーに乗ってくれと頼ませる。③もちろんタクシーの運転手も犯罪グループの一員で、渡航者は場合によっては何時間も連れまわされたあげく、不運にも総額何百ドルになることもある請求書を渡される。このような被害にあった渡航者の 1 人であるグレッグ・スミスさんは次のように語った。「悪夢を見ているようだった。絶対に解放してくれないんじゃないかと思ったよ」—[3]—
>
> 渡航者はまたパスポートに注意して、目を離さないように勧められている。これらのきわめて重要な書類目当ての犯罪は増加する一方である。—[4]—④政治的過激派が盗難パスポートを使用して国外へ脱出するおそれがあるため、パスポートを盗まれた人は皆、ただちに盗難届を出すよう勧められている。

172　正解 (D)　難易度 ★★

設問の訳
英国大使館が出している勧告は、どういう内容ですか？
(A) 国民はいかなる状況でも決してウェストランドへ渡航してはならない。　(B) 国民はウェストランドを旅行する際、タクシーを使ってはならない。　(C) 国民はウェストランドを旅行する際、警察とトラブルを起こさないよう留意しなければならない。　**(D) 国民はウェストランド渡航に関して慎重でなければならない。**

テスト作成者／ネイティブ・スピーカーの視点
①の特に「同地域への旅行を慎重に検討するよう勧告」の部分でわかる。

223

173 正 解 (D)　難易度 ★★

設問の訳
記事の中で説明されている詐欺はどういうものですか？
(A) 若い女性が観光客の気をそらしているあいだにパスポートを盗む。　(B) タクシーの運転手が、ホテルや飛行場へ向かう観光客に不当な運賃を要求する。　(C) 子供たちを集めて、すりをさせる。　**(D) 観光客を偽のタクシーに誘い込み、数百ドルの運賃を請求する。**

テスト作成者／ネイティブ・スピーカーの視点
まず、設問の scam がわからないとむずかしいかもしれない。問題文に何度か出てくるので、なんとか意味を推測しよう。答えは②と③で判断できる。

---

174 正 解 (B)　難易度 ★★

設問の訳
パスポートの盗難をただちに届け出なければならないのはなぜですか？
(A) 警察が泥棒を捕まえられるように　　**(B) 政治的過激派にパスポートを使わせないために**
(C) パスポートを再発行できるように　　(D) 観光客が自国に帰れるように

テスト作成者／ネイティブ・スピーカーの視点
④の情報を判断すればわかる。

---

175 正 解 (C)　難易度 ★★

設問の訳
[1], [2], [3], [4] と記載された箇所のうち、次の文が入るのにもっともふさわしいのはどれですか？
「だが、これは氷山の一角にすぎない」
(A) [1]　　(B) [2]　　**(C) [3]**　　(D) [4]

テスト作成者／ネイティブ・スピーカーの視点
文脈から [3] 以外に考えられない。But he is only one of many. の he は③の部分の原文にある the unfortunate traveler のこと。

注
[パッセージ] □ republic 共和国　□ caution 忠告する、警告する　□ remain …のままでいる　□ vigilant 警戒する　□ in the face of …に直面して　□ increase 増える　□ theft 窃盗　□ scam 詐欺　□ target 標的にする　□ tourist 観光客　□ embassy 大使館　□ issue 公布する　□ citizen 国民　□ consideration 検討　□ region 地域　□ decline 衰退する　□ recent 最近の　□ political 政治的な　□ upheaval 動乱　□ incident 出来事　□ pickpocket すり　□ rise 増加する　□ complaint 苦情　□ regarding …に関して　□ criminal 犯罪の　□ organization 組織　□ recruit 募集する　□ beg 頼る　□ accompany 同行する　□ claim 主張する　□ unsafe 危険な　□ unfortunate 不運な　□ bill 請求書　□ nightmare 悪夢　□ keep an eye on… …から目を離さないでいる　□ passport パスポート　□ vital きわめて重大な、生命にかかわる　□ increasingly ますます　□ extreme 過激な　□ therefore したがって

TEST 1 解答・解説・訳   TEST 2 解答・解説・訳

□ immediately　ただちに
[設問]　□ distract　注意をそらす　　□ overcharge　不当な値段を要求する　　□ lure　誘う　　□ fake　偽
の　□ extremist　過激派　　□ reissue　再発行する　　□ one of many　多くの中の1例、氷山の一角

> **訳**　問題176-180は次の手紙とEメールに関するものです。

リチャード・フランクリン様
人事部
グローバルリーチ社
10月1日

フランクリン様

私の友人であり、御社の経理部で働いているジュリー・ブルームにあなたの連絡先を伺いました。①数カ月後に、私は現在住んでいる場所から、御社の本社があるミネソタへ引っ越し、その地域で仕事を探すことになります。

②現在の仕事では企業間セールスを5年経験しています。また、以前の仕事では企業対顧客セールスも3年経験しております。③本書状に同封いたしました直近の勤務評定からもおわかりいただけますように、いつも販売ノルマを上回っており、上司は私の仕事に大変満足してくれています。

これらのスキルを、御社の役に立てられる機会があれば幸甚です。④本書状に私の履歴書も同封いたしました。どうぞご覧いただきまして、私のためのポストがないかお知らせいただけますでしょうか。

敬具

アンジェラ・ディーン
angeladean@clearsky.com

宛先：アンジェラ・ディーン <angeladean@clearsky.com>
差出人：リチャード・フランクリン <RFranklin@globalreach.com>
日付：10月5日
件名：ご応募ありがとうございます。

ディーン様

10月1日付のお手紙への返事をお送りいたします。履歴書と信用証明書を拝見いたしました。確かに、すばらしい応募者でいらっしゃいます。当社の財産となられることでしょう。

当社では、店舗にて継続して働いていただける販売員を募集しています。そして、もし

225

よろしければ、現在の採用選考に入れてさしあげられます。現在のポストよりも下がってしまうことは承知しております。しかしながら、⑤もしこの仕事での業績がよければ、1年後には昇進できる十分なチャンスがあります。

数カ月のうちに、⑥企業間セールス部門のアシスタント・マネージャーのポストも空きます。⑦このポストでもあなたの面接をしたいのですが、この職務ではセールスの経験だけでなく、管理職の経験もある志望者が優先されることはご理解ください。
どのようになさりたいかお知らせください。

敬具

リチャード・フランクリン
人事部
グリーバルリーチ社

176　正解 (B)　難易度 ★★★

設問の訳
この手紙の目的は何ですか？
(A) 現在の仕事を辞めること
(B) 新たに住む町で仕事を得る機会があるか聞くこと
(C) 新聞の求人広告に応募すること
(D) 採用担当者からの求人に返事をすること

テスト作成者／ネイティブ・スピーカーの視点

ダブル・パッセージ問題はこう解け！

新形式問題が導入され、Part 7のダブル・パッセージ問題は2セット10問になった。いうまでもなく、ここでも時間管理をしっかりしなければならない。この**ダブル・パッセージ問題は1セット平均6分、合計12分で解くことを目標にしよう**。

ダブル・パッセージ問題は、5問のうち3問目くらいまでは2つのパッセージのどちらかを読めば判断できる問題であるが、残りは両方のパッセージをよく読まないと解けない問題であることが多い。後者の「両パラグラフ参照問題」はますます工夫が凝らされていて、これを解く時間がどうしてもかかってしまう。テスト作成者はもちろんそれを狙っているのであるが、問題の配点はどれも同じであるから、時間がかかりそうなものは飛ばしてしまうのも1つの手かもしれない。TOEICをはじめて受ける人や、600点くらいをめざす人は、各セット5問のうち4問正解できれば十分ではないだろうか？

ダブル・パッセージ問題もいろいろな解き方があり、何度か受験して自分にあった方法を見つけるのがいちばんいいが、はじめて受ける人、600点をめざす人には、ネイティブ・スピーカーとして、次の方法をアドバイスする。

- まずは3つ目の設問ぐらいにまで目を通し、2つのパッセージをただちに読み進める。
- 答えがわかったら、そのたびにすぐにマークする。
- 両方のパッセージを参照しなければならない設問は最後にまわす。
- 両パッセージに言及する設問を解くときは、必ず上下2つの文書を詳細に読まされることになるが、この際には時間をしっかり意識すること。
- 問題を解くという目的を常にしっかり持ち、ただ漫然と問題文を目で追うことは決してしてはならない。

TEST 1 解答・解説・訳

176 は上の手紙だけを見れば解ける問題で、①で判断できる。

---

177 正解 (D) 難易度 ★★

設問の訳
ディーン氏は現在どのような仕事をしていますか？
(A) 小売店の店員　　(B) 会社の会計係　　(C) 販売部長　　**(D) 企業間商取引販売員**

テスト作成者／ネイティブ・スピーカーの視点
この問題も上の手紙だけ読めばわかる。②で判断できる。business-to-business は正解 (D) にあるとおり、B2B と表記されることもある。

---

178 正解 (B) 難易度 ★★★

設問の訳
ディーン氏は手紙に何を同封しましたか？
(A) 推薦状　　**(B) 上司からの評価書**　　(C) 学校の成績証明書　　(D) 連絡先の電話番号

テスト作成者／ネイティブ・スピーカーの視点
この問題も上の手紙の③を見ればわかる。ただし、ディーン氏は④で履歴書も同封していることもわかるので、それが選択肢にないことを確認したうえで、(B) の An evaluation from her supervisor を選ぶ。このように、ダブル・パッセージの最初の2，3問は上のパッセージだけで解けてしまうことが多いので、落とさないようにしたい。

---

179 正解 (C) 難易度 ★★★

設問の訳
Eメールで最初に言及されている仕事で雇われた場合、ディーン氏はどうなりますか？
(A) 仕事がむずかしすぎるとわかる。　　(B) 現在の仕事よりも給料が多くなる。　　**(C) 早く昇進することができるかもしれない。**　　(D) よい仕事ぶりに対してボーナスが支払われる。

テスト作成者／ネイティブ・スピーカーの視点
下の Eメールの⑤でわかる。ダブル・パッセージ問題は量に圧倒されてしまうかもしれないが、各セットの前半にはそれほどむずかしい問題は出題されない。むしろシングル・パッセージ問題の 168-171 や 172-175 よりはやさしいように思える。

---

180 正解 (B) 難易度 ★★★★

設問の訳
なぜディーン氏はメールで2番目に言及されている仕事を得ることがむずかしいのでしょうか？
(A) そのポストでは役不足だから。　　**(B) 管理者としての経験がないから。**　　(C) 大学の学

位を持っていないから。　　　(D) 経理で働いたことがないから。

テスト作成者／ネイティブ・スピーカーの視点

下のEメールの⑥⑦でわかる。まず、⑥で2番目の仕事を、⑦でその仕事が「管理職の経験」も求めていることを確認した上で、上の手紙でディーン氏にその経験がないことを再確認して、(B) を選ぶ。テスト作成者は上の手紙に manager という語を出し、あたかもディーン氏が管理職の経験を有しているかのように思わせようとしているので、注意しないといけない。managerial も TOEIC 必須単語なので、覚えておこう。

注

[パッセージ上] □ headquarter 本部を置く　□ business-to-business 企業間の　□ performance review 勤務評定　□ regularly いつも　□ quota 割当て　□ grateful 感謝する　□ opportunity 機会　□ enclose 同封する　□ resume 履歴書　□ look over …に（ざっと）目を通す
[パッセージ下] □ credential 信用証明書　□ candidate 志願者　□ asset 財産　□ salespeople 販売員　□ ongoing 継続している　□ favor …のほうを好む　□ managerial 管理者［職］の
[設問] □ resign 辞職する　□ B2B 企業間の（BtoB とも表記する）　□ transcript （学校の）成績証明書　□ reference 問い合わせ　□ overqualified （仕事が必要とする以上に）学歴・経験がある　□ lack …が不足する　□ degree 学位

訳　問題 181-185 は次のEメールに関するものです。

宛先：フリーライフ・アパートメンツ
差出人：フランク・ミルズ
①日付：5月30日
件名：フェア・オークスのアパートメント

ご担当者様

②フェア・オークスの2寝室、バス付のアパートメントの広告をネットで拝見し、もっと知りたいと思いました。③私は既婚の社会人で、職場に近い家を探しており、そちらのアパートメントがぴったりではないかと思ったのです。

現在の賃貸契約が7月26日で終了するので、それまでに急いで新しいところを確保したいのです。

アパートメントがまだ空いているようでしたら、④キッチンのスペースとバルコニーについてもっと教えていただけますか。

また、⑤アパートメントの写真がありましたら、見せていただけますでしょうか。⑥さらに、今週中に実際にアパートメントを拝見できますと幸いです。

よろしくお願いいたします。

敬具
フランク・ミルズ

TEST **1** 解答・解説・訳　　　　TEST **2** 解答・解説・訳

宛先：フランク・ミルズ <Mills1017@edge.net>
差出人：JBowman@freelifeapartments.biz.
⑦日付：6月1日
件名：Re：フェア・オークスのアパートメント

フランク様

⑧日曜日にはメールをいただき、ありがとうございます。はい、フェア・オークスのアパートメントはまだ空いておりますし、できるだけ早く入居していただける方を募集中です。

⑨アパートメントの写真を何枚か添付いたしますので、内装と外装、バルコニーをご覧ください。⑩キッチンはとても大きく、3口のガスレンジがあり、食器棚もたくさんあって、皿や鍋釜を収納できます。⑪フルサイズの冷蔵庫がすでに設置されておりますが、まだ2年しか使われていません。広告に記載のとおり、家賃は月1800ドルです。

まだご興味がおありでしたら、喜んでアパートメントへ直接ご案内いたします。⑫7月中に引っ越していただくためには、今月末までに契約にサインしていただく必要がございます。⑬そのため、今週の木曜日か金曜日にアパートメントをご確認いただけますと幸いです。

敬具
ジム・ボウマン
顧客窓口
フリーライフ・アパートメンツ

181　正解 **(D)**　難易度 ★★

設問の訳
ミルズ氏はどのようなアパートメントを望んでいますか？
(A) スペースの多い豪華なアパートメント　　(B) 子育てに適したアパートメント　　(C) ペットを飼える手頃な値段のアパートメント　　**(D) 職場の近くの2人用のアパートメント**

テスト作成者／ネイティブ・スピーカーの視点
上のミルズ氏のEメールの②と③から判断する。ミルズ氏は②で「2寝室でバス付のアパートメント」に興味があり、③で「仕事をしていて、妻がいて、職場に近い家を探している」と言っている。

182　正解 **(C)**　難易度 ★★★

設問の訳
ミルズ氏はどのような情報を求めていますか？
(A) アパートメントを借りる料金　　(B) アパートメントの室数　　**(C) アパートメントの写真**
(D) アパートメントの収納スペースの数

229

テスト作成者／ネイティブ・スピーカーの視点

上のミルズ氏の E メールの⑤でわかる。

183　正解 (B)　難易度 ★★

設問の訳
ミルズ氏はいつアパートメントに引っ越すことができますか？
(A) 前の居住者が出ていったあと　　(B) 契約にサインしたあと　　(C) リフォームが終わったあと　　(D) 建物が建ったあと

テスト作成者／ネイティブ・スピーカーの視点
下のフリーライフ・アパートメンツのボウマン氏の返信メールにある⑫の情報でわかる。

184　正解 (B)　難易度 ★★★

設問の訳
次のうち、アパートメントにあるのはどれですか？
(A) 庭　　(B) キッチンの収納スペース　　(C) 暖房装置　　(D) 海の眺め

テスト作成者／ネイティブ・スピーカーの視点
ミルズ氏が上の問い合わせ E メールの④で「キッチンのスペースについて教えてほしい」と言っているので、おそらくキッチンはあると思うが、それ以外は下のボウマン氏のメールで確認しなければならない。⑨⑩⑪でアパートメントにあるものがわかる。そして⑩でキッチンに食器棚がついていることが確認できる。

185　正解 (B)　難易度 ★★★

設問の訳
ボウマン氏はいつミルズ氏をアパートメントに案内しますか？
(A) 5月下旬　　(B) 6月上旬　　(C) 7月上旬　　(D) 7月下旬

テスト作成者／ネイティブ・スピーカーの視点
この問題を解くのは、おそらく下のボウマン氏の E メールを読み終えた時だろう。⑬で「今週の木曜日か金曜日にアパートメントをご確認いただきたい」とボウマン氏はミルズ氏に告げている。そして上のミルズ氏の E メールを見ると、⑥で「今週中にアパートメントを拝見したい」と書いている。よって、ボウマン氏がミルズ氏をアパートメントに案内するのは、「今週の木曜日か金曜日」ということになる。しかし、選択肢は曜日を尋ねていないので、大体の日付を割り出さないといけない。メール問題では、送信日や時間を確認しなければならないことがある。上のミルズ氏の E メールは①で 5 月 30 日に、下のボウマン氏の E メールは⑦で 6 月 1 日に送信されていることがわかるが、どちらにも曜日の記述はない。しかし、⑧を見逃してはいけない。これで、ボウマン氏はミルズ氏から日曜日にメールをもらっていたことがわかる。ここから、5 月 30 日が日曜日で、6 月 1 日は火曜日、そして⑬にある「今週の木曜日か金曜日」はそれぞ

れ6月3日、4日になる。よって、ボウマン氏がミルズ氏をアパートメントに案内するのは「6月上旬」だ。なお、⑫の情報に惑わされてはいけない。この今月末というのは、ボウマン氏が6月1日にメールを書いている時点でのことなので、5月末ではなく、6月末だ。

注

[パッセージ上] □ professional （知的）職業人　□ secure 確保する　□ available 利用できる
□ appreciate 感謝する　□ inspect 点検する　□ in person 自分で
[パッセージ下] □ fairly かなり　□ burner 火口　□ gas stove ガスレンジ　□ cupboard 食器棚
[設問] □ luxurious 豪華な　□ affordable 値段が手頃な　□ previous 前の　□ tenant 居住者
□ renovation 修復

訳 問題186-190は次の案内、申込フォーム、Eメールに関するものです。

コテージズ・フォー・ユー

イギリスの田舎で素敵な夏を過ごしましょう！

当社の古風な趣のあるコテージは、サマセット州南部の小川や小さな田舎道に囲まれており、田舎風の夏休みと近代的な設備との見事な調和をお楽しみいただけます。パッケージには、以下のものが含まれます。

- 豪華な家具とモダンな設備のワン・ベッドルームのコテージ
- ①プレミアム朝食サービス（伝統的な英国式朝食をご体験ください！）
- リーズ・ゴルフ・コースを無料でご利用いただけます。車で5分の距離です。
- ②ボトルワイン（赤または白）1本無料プレゼント

コテージはイースターから9月末までご利用いただけます。週ごとの料金は400ポンドからです。③確実にご利用いただけるよう、ご予約は電話（103）4422-7191またはオンライン www.cottagesforyou.co.uk でお早めにどうぞ。

予約フォーム

チェックイン：2016年5月3日　時間：午後3時
チェックアウト：2016年5月24日（④チェックアウト時間は午前11時です。レイトチェックアウトのご要望は、コメント欄をご利用ください。⑤1時間ごとに追加料金が加算されます。）
無料ワインのご希望をチェックしてください。
□ 赤（グッドマンズ・プレミアム・メルロー）
□ 白（グリーンウッド・ソーヴィニョン・ブラン）

コメントや特別なご要望をご記入ください。

こんにちは。

こちらのコテージをインターネット検索で見つけましたが、とてもすばらしいですね。妻と私は5月に3週間滞在したいと思っていますが、いくつか要望があります。

第1に、⑥私の妻は病気で歩行がむずかしい状態です。⑦通常は杖を使って歩きますが、調子の悪い日は車椅子を使わなくてはいけません。⑧彼女が過ごしやすいよう、丘のいちばん下にあるコテージを希望いたします。

第2に、妻の病気のため、朝は準備をするのに時間がかかることがあります。そのため、1時間遅れの午後12時にチェックアウトしたいと思っています。追加料金についてお知らせいただけますか。

最後に、滞在中も仕事のメールに返事をしなくてはいけないので、コテージでWi-Fiが使えるか教えていただけますでしょうか。

敬具
ドナルド・グレイ

宛先：ドナルド・グレイ <Mary&Donald@papersky.net>
差出人：アンジェラ・ブルックス <angela_b@cottagesforyou.co.uk>
日付：4月3日
件名：予約番号605

グレイ様

ご予約誠にありがとうございます。5月にお越しいただくのを心待ちにしております。どのコテージにも無料でお使いいただける高速無線インターネットが設置されています。

⑨奥さまのご事情をお察しし、7番のコテージをご予約いたしました。⑩コテージにつづく道が平坦で、入り口にスロープがあります。⑪また、このコテージには車いすをご利用の方にもお使いいただける大きなバスルームがございます。

通常、レイトチェックアウトには1時間10ポンドの料金がかかりますが、お客さまの場合は追加料金を免除させていただくことにいたしました。朝は、十分にお時間をお取りください。

繰り返しになりますが、5月にお会いできるのを楽しみにしております。

敬具

アンジェラ・ブルックス
angela_b@cottagesforyou.co.uk

186 正解 (D) 難易度 ★★★

設問の訳
グレイ氏は主に何について心配していますか？
(A) 妻の病気が悪くて5月に旅行ができないかもしれないこと。　(B) 仕事の重要なメールを見逃すこと。　(C) コテージが小さすぎるかもしれないこと。　(D) 妻は丘を歩いて上れないこと。

テスト作成者／ネイティブ・スピーカーの視点

トリプル・パッセージ問題はこう解け！

新形式問題のトリプル・パッセージ問題だ。受験者は疲れがピークに達した頃、このトリプル・パッセージ問題3セット15問を解かなければならない。時間配分としては、1セット平均6分、合計20分で解きたいというか、そうしないと「塗り絵」(時間が足りなくなり、解けなかった問題についてはマークシートを何も考えずに塗りつぶすこと) をすることになってしまう。

ただ、実際にTOEICテストを受けてみて思ったが、トリプル・パッセージ問題はダブル・パッセージ問題とはやっぱり違う。ダブル・パッセージ問題であれば、「5問のうち3問目くらいまでは2つパッセージのどちらかを読めばわかる問題で、残りの問題は両方のパッセージを読まないと解けない」といった特徴が一応あるが、トリプル・パッセージ問題にはこうした傾向がはっきりしていないように思う。そして最初の設問は最初のパラグラフから、次の設問は2番目のパラグラフから…というようにパラグラフの流れに沿って設問が出てくるということもない。

まさにこの186の設問がそうだ。これは2番目のパッセージ、すなわちドナルド・グレイ氏の予約フォームの中の⑥⑦⑧の情報から判断できる。

---

187 正解 (B) 難易度 ★★

設問の訳
次のうち、通常は追加料金が発生するのはどれですか？
(A) 伝統的な英国式朝食　**(B) 午前11時以降のチェックアウト**　(C) 部屋にある白のボトルワイン　(D) ゴルフコースの利用

テスト作成者／ネイティブ・スピーカーの視点

これも2番目のパッセージであるドナルド・グレイ氏の予約フォームの冒頭にある④⑤から判断できる。186の設問を解く上で必要な情報よりも先に出てきている。

---

188 正解 (C) 難易度 ★★★

設問の訳
7番コテージのよい点は何ですか？
(A) 丘の頂上からの眺めがよい。　(B) ほかのコテージよりも速いインターネットがある。　**(C) 身体障害者に最適である。**　(D) 豪華なバスルームが付いている。

> テスト作成者／ネイティブ・スピーカーの視点

186の問題が解けたのであれば、⑥⑦⑧でグレイ氏の妻は歩行が困難で、時に車椅子（wheelchair）を使わなければならないという情報を見ているはずだ。なので、この問題を解くにあたって、キーワードの Cottage No. 7 をサーチすれば、3番目のパッセージであるコテージズ・フォー・ユーのアンジェラ・ブルックス氏の返信メールにある⑨⑩⑪で判断できる。

---

189 正解 (B) 難易度 ★★★★

設問の訳

Eメールの第3パラグラフ2行目の "waive" にもっとも意味の近い語は
(A) 認める　**(B) 取り下げる**　(C) 許可する　(D) 遅らせる

> テスト作成者／ネイティブ・スピーカーの視点

waive も TOEIC 必須語だ。「（権利・主張などを）放棄する、撤回する」「（要求を）差し控える、（規則などを）適用するのを控える」という意味で使われる。選択肢の中では drop が近い。受身の形でも用いられる。例：This fee will be waived for a regular patron like you.（お客さまのような常連の方は無料になります）

---

190 正解 (A) 難易度 ★★★★

設問の訳

コテージズ・フォー・ユーについて正しいことは何ですか？
(A) 宿泊客はコテージをオンラインで予約できる。　(B) 夕食は予約料金に含まれている。
(C) 宿泊客は無料のボトルワインを選ぶことができない。　(D) どのコテージも障害者が利用できる。

> テスト作成者／ネイティブ・スピーカーの視点

最初の案内文の①を見れば、答えは出せる。そしてそれだけでマークするのが理想だ。NOT 問題と違って、「…について正しいことは何か」を問う問題は、正しい情報を1つ見つけたら、それとあう選択肢をただちにマークすればよい。ちなみに①から宿泊客に無料でサービスされるのは夕食ではなくて朝食であることがわかるので、(B) は不正解。②から白か赤かワインを選べることがわかるので、(C) も不正解。すでに188の設問で確認したように障害者が利用できるのは7番コテージだけだから、(D) は不適切。

注

［パッセージ上］□ countryside　田舎、田園地帯　□ quaint　古風で趣のある　□ nestle　（家などが）奥まった所にある　□ brook　小川　□ county　州　□ getaway　休暇　□ convenience　便利な設備　□ furnishing　家具　□ appliance　設備　□ complimentary　無料の
［パッセージ中］□ charge　請求する　□ merlot　メルロー（ワインの種類）　□ sauvignon blanc　ソーヴィニョン・ブラン（ワインの種類）　□ cane　杖　□ wheelchair　車椅子　□ therefore　それゆえに
［パッセージ下］□ circumstance　事情　□ ramp　スロープ　□ suitable　（…に）適当な　□ waive　放棄する、撤回する
［設問］□ incur　招く、こうむる　□ disability　身体障害　□ drop　（要求など）を取り下げる

訳 問題 191-195 は次の記事と E メールに関するものです。

グリーン・カラー・インダストリー・ニュース・マガジン

自然エネルギーの会社が提携を検討
マーサ・シュネル
日付：7 月 13 日

①ソーラーハウスとビジネス・ライティング・ソリューションの主要なメーカーの 1 つであるソラレックスは、フランスのパリに拠点を置くパワーネクスト社と 2 社間の提携を始めるため交渉中であると発表した。アリゾナ州フェニックスに本社のあるソラレックスは、当社記者に対し、②同社はバッテリーメーカーとの密接な連携により、製品の効率性を高めたいと考えており、パワーネクストとの提携はこの考えを実現するために有望であると話した。
③ソラレックスの社長であるグレッグ・ファーブは、より多くのグリーンカラーの雇用の創出を促すために、代替エネルギー分野において新たな技術的進歩を遂げる必要があると強調した。また、パワーネクストとの提携が、業界の「革新を進め、製造コストを下げ、新たな成長に拍車をかける」ことを期待していると述べた。さらに、もし合意に至れば、ソラレックスはフランスに新たにオフィスを設置して事業を拡大する可能性があることを強調した。ファーブ氏は、今後の提携に関係なく、ますます高まる世界中の顧客のエネルギー需要に対応するためにも、拡大することが重要だと話した。

宛先：マーサ・シュネル <martha_s@greencollar.co.uk>
差出人：グレッグ・ファーブ <G_Farbe@solarex.com>
日付：7 月 14 日
件名：訂正のお願い

シュネル様

先週はインタビューをしていただきありがとうございました。7 月 2 日号のグリーン・カラー・インダストリー・ニュースにおいて、ソラレックスを取り上げていただいたことに感謝申し上げます。しかし、④いくつか誤りがありましたので、訂正させていただきたいと思います。まず、⑤いま当社が提携について交渉中であるパワーネクスト社の所在地は、フランスのボルドーであり、パリではありません。
⑥さらに重要なことは、当社ではヨーロッパにオフィスを置くことで利益がもたらされると考えているためにパリで顧客窓口と販売センターを開設する予定で、それは今後ヨーロッパの会社と提携する可能性があるか否かに関係ありません。当社の戦略については、どんな混乱も避けたいのです。

⑦御社の雑誌の次号に訂正を掲載していただけますと幸いです。ソラレックスについて何かご質問がおありでしたら、以下の私の電話番号へ直接ご連絡ください。

敬具
グレッグ・ファーブ、社長

ソラレックス
219-777-1323

宛先：グレッグ・ファーブ <G_Farbe@solarex.com>
差出人：ダニエル・ルイス、編集者 <D-Lewis@greencollar.com>
Cc：マーサ・シュネル <martha_s@greencollar.co.uk>
日付：7月15日
件名：RE：訂正のお願い

ファーブ様

グリーン・カラー・インダストリー・ニュース編集長のダニエル・ルイスです。
マーサにメールを転送してもらいました。記事についてのご意見、どうもありがとうございました。

所在地につきましては、⑧パワーネクストに直接連絡を取ったところ、実際の本社はボルドーにあり、パリのオフィスは支店だとのことでした。

私どもの記事の間違い、特に新しいオフィスに関しての誤りについて心よりお詫び申し上げます。⑨9月上旬に発行される次号の表紙裏に訂正を掲載します。ご意見、どうもありがとうございました。

191 正解 (B) 難易度 ★★

設問の訳
ソラレックスとパワーネクスト社は何をする予定ですか？
(A) 合併する予定である。　　(B) 共同で仕事をする予定である。　　(C) 市場シェアを競い合う予定である。　　(D) 共同プロジェクトを中止する予定である。

テスト作成者／ネイティブ・スピーカーの視点
最初のパッセージ、すなわちニュース記事の①でわかる。

192 正解 (C) 難易度 ★★★

設問の訳
記事によると、ソラレックスは何が必要だと考えていますか？
(A) 地熱発電に投資すること　　(B) 太陽光製品を安くすること　　(C) 環境に優しい技術を進化させ、この産業での雇用を増やすこと　　(D) 会社を海外に移すこと

テスト作成者／ネイティブ・スピーカーの視点
同じく最初のニュース記事の③でわかる。

TEST 1 解答・解説・訳

193　正解 (A)　難易度 ★★★

設問の訳
ソラレックスが必ず行なうと計画していることは何ですか？
(A) パリに新しい販売センターをオープンさせること　　(B) 太陽光産業で働く人をもっと雇うこと　　(C) バッテリーと太陽光照明の製造を始めること　　(D) より多くのヨーロッパの会社と組むこと

テスト作成者／ネイティブ・スピーカーの視点
ニュース記事の②でそのことが触れられているが、具体的なことは何も書かれていない。したがって、2つ目か3つ目のパッセージであるEメールから解答の情報を探し出す必要がある。2つ目のパッセージ、すなわちグレッグ・ファーブ社長がマーサ・シュネル氏に宛てたEメールの⑥にその情報がある。そして regardless of possible future partnerships with companies in Europe の部分が、設問の no matter what にあたると判断できる。

194　正解 (C)　難易度 ★★★★

設問の訳
パワーネクストについて誤っているものはどれですか？
(A) ソラレックスと契約を交わした。　　(B) 少なくとも2つの町にオフィスを構えている。
(C) 本社はパリにある。　　(D) ルイス氏に情報を提供した。

テスト作成者／ネイティブ・スピーカーの視点
NOT 問題。正しくないものを選べと言っているので、注意しよう。(A) は①や②から正しいとわかる。(B) は⑤と⑧で正しいとわかる。(D) も⑧でわかる。この⑧に、ルイス氏はパワーネクストに確認したところ、「実際の本社はボルドーにあり、パリのオフィスは支店である」と言われたとあるので、(C) は正しくなく、これが正解。①の「フランスのパリに拠点を置くパワーネクスト社がある」というのが引っかかりになっている。

195　正解 (B)　難易度 ★★★★

設問の訳
9月に何があるでしょうか？
(A) ソラレックスについての記事が新たに掲載される。　　(B) 訂正記事が雑誌に掲載される。
(C) ソラレックスの新しいオフィスがフランスにオープンする。　　(D) パワーネクストがソラレックスと合併する。

テスト作成者／ネイティブ・スピーカーの視点
2つ目のパッセージであるEメールの④と⑦で、差出人のグレッグ・ファーブ社長が記事の訂正を求めていることがわかる。そして3つ目のパッセージであるダニエル・ルイス氏のEメールの⑨に「9月上旬に発行される次号に訂正を掲載する」とあるから、(B) が正解。

237

注

[パッセージ上]
- foremost 主要な
- manufacturer 製造業者、メーカー
- correspondent 記者
- promising 将来有望な
- emphasize 強調する
- alternative energy 代替エネルギー
- sector 分野
- fuel 促進する
- green collar グリーンカラーの、環境・自然保護関連の活動にかかわる
- drive 推し進める
- operation 事業

[パッセージ中]
- coverage 報道
- issue 発行物、…号
- inaccuracy 間違い
- Bordeaux ボルドー
- benefit 利益を得る
- confusion 混乱

[パッセージ下]
- feedback 反応

[設問]
- merge 合併する
- compete 競争する
- collaborative 共同の
- geothermal 地熱の
- partner (人と) 組む
- publish 発行する、掲載する
- periodical 定期刊行物、雑誌

訳 問題 196-200 は次のプレスリリース、スケジュール、一連のメール通信に関するものです。

シャンハイ・グランド・ロイヤリティ

中国、上海（10月27日）——高級ホテルチェーンのロイヤリティが、中国で初めてとなる支店の開業について今日発表しました。シャンハイ・グランド・ロイヤリティは、この地域での同チェーンの旗艦ホテルとなり、これまでに開発業者が建設した中でもっとも大きなホテルです。①ホテルは上海浦東空港に近く、企業の重役たちをひきつけ、5つ星レストランと豪華な中国様式の建築は、豪華な雰囲気を求める旅行者にきっと喜ばれることでしょう。最上階のグランド・ペントハウスからは街の景色を360度眺めることができ、著名人もCEOも等しく魅了するでしょう。

同チェーンの創業者のロバート・グエンは、次のように語っています。「私たちが成し遂げられたことをとても誇りに思います。②ここまでやってくることができたのも、サービスについて妥協しなかったからであり、今後も当ホテルのドアを通るすべてのお客さまに格別の体験をご提供いたします。11月5日のオープニング・ナイト・ガラで当ホテルの最初のお客さまに直接お会いできるのを楽しみにしています。きっとすばらしい夜になりますよ。」

オープニング・ナイトは招待客のみで、③地元の伝統舞踊グループ、シェンによるパフォーマンスと花火とレーザーライト・ショーが行なわれます。ホテルは、11月6日からウェブサイトで予約を受け付けます。

スケジュール

午後5:00：オープニング・セレモニー、ロバート・グエンCEOからのスピーチとテープカットのセレモニー
④午後6:00：ウェスト・コートヤードにて伝統舞踊のパフォーマンス
午後7:00：宴会場Aにて北京ダックとロブスターをメインにしたディナー
⑤午後7:30：スカイ・レストラン・バー開店、来客1人につきカクテル1杯無料
午後9:00：花火とレーザーライト・ショー
午前1:00：スカイ・レストラン・バー閉店

メイフア・リー　　　　　　　　　　　　　　　　　　　　　　[10月31日午前10:11]
⑥ダンスグループ、シェンのマネージャー、メイフア・リーです。⑦いただいたウェスト・コートヤードの地図を見ていて、この周りには、舞台に必要なスピーカーや照明を動かすのに十分な電源がないのではないかと思いました。こちらで必要なものについては、出演契約をご覧ください。

デヴィッド・ロング　　　　　　　　　　　　　　　　　　　　[10月31日午前10:15]
こんにちは、メイフア。シャンハイ・グランド・ロイヤリティ支配人のデヴィッドです。⑧ガラのために、コートヤードには予備の発電機を設置するよう手配しました。契約を読み、技術的な要件については承知しておりますので、どうぞご安心ください。

メイフア・リー　　　　　　　　　　　　　　　　　　　　　　[10月31日午前10:18]
ありがとう、デヴィッド。⑨11月4日にホテルに伺い、舞台が正しくセットされているか確認するので、その時に発電機を確認してもいいですか？

196　正解 (A)　難易度 ★★

設問の訳
ホテルのどのようなところが企業の重役をひきつけるでしょうか？
(A) 上海浦東空港に近いこと　(B) 5つ星のレストラン　(C) ホテルからの360度の街の眺望　(D) 建物の美しい建築

テスト作成者／ネイティブ・スピーカーの視点
最初のパッセージであるプレスリリースの①でわかる。

197　正解 (B)　難易度 ★★★★

設問の訳
プレスリリースの第1パラグラフ12行目の"opulent"にもっとも意味の近い語は
(A) 伝統的な　**(B) 装飾的な**　(C) 簡素な　(D) 最新式の

テスト作成者／ネイティブ・スピーカーの視点
トリプル・パッセージ問題にも語彙問題が出るので注意しよう。opulentは「豪奢な、華やかな、豊かな」という意味だが、この単語を知っている受験者はおそらくそれほど多くないと思われる。文脈から判断してほしい。its five star restaurants and opulent Chinese-influenced architecture are sure to impress travelers looking for a taste of luxuryとあるので、ポジティブな意味であることは間違いない。to impress travelers looking for a taste of luxury（豪華な雰囲気を求める旅行者を喜ばせる）から判断すれば大体の意味はわかるだろうが、選択肢がむずかしい単語なので一筋縄ではいかない。fancyにはいろんな意味があるが、ここでは「装飾的な」の意味で使われている。

198 　正解 (A)　　難易度 ★★

設問の訳
グエン氏はホテルの成功を何によるものだと言っていますか？
(A) 常にすばらしいサービスを提供すること　　(B) ホテルを空港の近くに建てること
(C) 地元の市場や文化に順応すること　　(D) ホテルに有名人や CEO が泊まること

テスト作成者／ネイティブ・スピーカーの視点
最初のパッセージであるプレスリリースの②でわかる。

199 　正解 (B)　　難易度 ★★★

設問の訳
ガラの招待客は何時からアルコールを買えますか？
(A) 午後 5 時　　**(B) 午後 7 時 30 分**　　(C) 午後 9 時　　(D) 午前 1 時

テスト作成者／ネイティブ・スピーカーの視点
2 つ目のパッセージであるスケジュールの⑤でわかる。午後 7 時 30 分からスカイ・レストラン・バーが開くとあるので、その時間からお酒が飲める［買える］と判断すればよい。「お酒を買う」と日本語で言うと「酒屋で買って（家で）飲む」ことを連想する人もいるかもしれないが、buy を使って、Can I buy you a drink?（一杯おごろうか？）などと表現できる。

200 　正解 (C)　　難易度 ★★★

設問の訳
シェンについて述べられていることは何ですか？
(A) モダンなダンススタイルと伝統的なダンススタイルを融合している。　　(B) 凝った衣装を着て踊る。　　**(C) ショーにはたくさんの電力が必要である。**　　(D) 以前のショーで問題があった。

テスト作成者／ネイティブ・スピーカーの視点
トリプル・パッセージならでは問題だ。もちろん、パッセージを 3 つとも読めていれば簡単な問題であるが、リーディングの最後の問題となると、そんな時間はなく、パッセージを読まずに設問だけ見て答えようとする人もいるだろう。それも仕方ない。となると、この設問に出てくる Shen が何のことかわからないので、これが何かまず理解しなければならない。いちばん上のプレスリリースの③に、彼らは地元の伝統舞踊グループで、11 月 5 日のオープニング・ナイト・ガラでパフォーマンスすると書かれている。次のスケジュールの④に、午後 6 時に彼らのパフォーマンスがあることが記されている。最後のメイフア・リー氏とデヴィッド・ロング氏のメール通信（チャット会話）を見ると、⑥でリー氏がこの舞踏グループのマネージャーであることがわかり、⑦でリー氏はパフォーマンスに必要な電力が足りないと言っている。それに対して⑧でシャンハイ・グランド・ロイヤリティ支配人であるロング氏がこれに対応すると述べている。さらに⑨でリー氏はセレモニーの前日の 4 日に発電機を確認しにいくと述べている。しかし、これをすべて読み取れなくても、おそらく⑦だけで答えられるだろう。

注

[パッセージ上] □ flagship 旗艦　□ yet 今までのところ　□ developer 宅地開発業者　□ Pudong 浦東　□ opulent 豪華な　□ architecture 建築　□ celebrity 有名人　□ alike 等しく　□ refusal 拒絶　□ compromise 妥協　□ exceptional 格別の　□ personally 自ら、直接　□ gala 特別の催し、ガラ　□ invitation 招待　□ feature (…を) 呼び物とする
[パッセージ下] □ troupe 一座　□ outlet コンセント　□ vicinity 付近　□ refer 参照する　□ generator 発電機　□ rest assured 安心している
[設問] □ proximity 近接　□ fancy 装飾的な　□ streamlined 最新式の　□ credit ~ to ... （よい結果などを）…のためだとする　□ outstanding 傑出した　□ adapt 順応する　□ elaborate 手の込んだ

TOEIC TEST 2　正解一覧

問題番号	正解	問題番号	正解	問題番号	正解	問題番号	正解
1	C	51	D	101	C	151	D
2	D	52	B	102	C	152	B
3	C	53	C	103	C	153	C
4	B	54	A	104	B	154	D
5	C	55	B	105	C	155	C
6	A	56	D	106	B	156	A
7	C	57	C	107	B	157	B
8	B	58	D	108	A	158	C
9	B	59	C	109	C	159	B
10	B	60	A	110	C	160	D
11	C	61	D	111	C	161	D
12	C	62	B	112	C	162	B
13	B	63	B	113	A	163	D
14	B	64	C	114	A	164	D
15	A	65	A	115	B	165	B
16	B	66	A	116	C	166	B
17	C	67	C	117	B	167	B
18	A	68	D	118	C	168	A
19	A	69	B	119	B	169	D
20	B	70	D	120	A	170	B
21	B	71	C	121	D	171	A
22	C	72	A	122	A	172	B
23	B	73	B	123	D	173	B
24	A	74	B	124	B	174	B
25	A	75	C	125	B	175	B
26	C	76	C	126	C	176	D
27	B	77	A	127	B	177	B
28	C	78	C	128	B	178	B
29	B	79	C	129	B	179	B
30	A	80	A	130	D	180	A
31	A	81	C	131	D	181	C
32	A	82	C	132	C	182	A
33	C	83	B	133	A	183	B
34	D	84	C	134	B	184	B
35	B	85	D	135	C	185	B
36	A	86	C	136	A	186	B
37	C	87	B	137	B	187	D
38	B	88	D	138	D	188	D
39	A	89	A	139	B	189	C
40	D	90	B	140	A	190	B
41	B	91	D	141	B	191	D
42	C	92	C	142	D	192	B
43	D	93	A	143	C	193	D
44	B	94	B	144	D	194	B
45	B	95	D	145	C	195	B
46	D	96	B	146	A	196	B
47	A	97	C	147	C	197	C
48	B	98	C	148	D	198	D
49	D	99	B	149	A	199	A
50	C	100	A	150	D	200	C

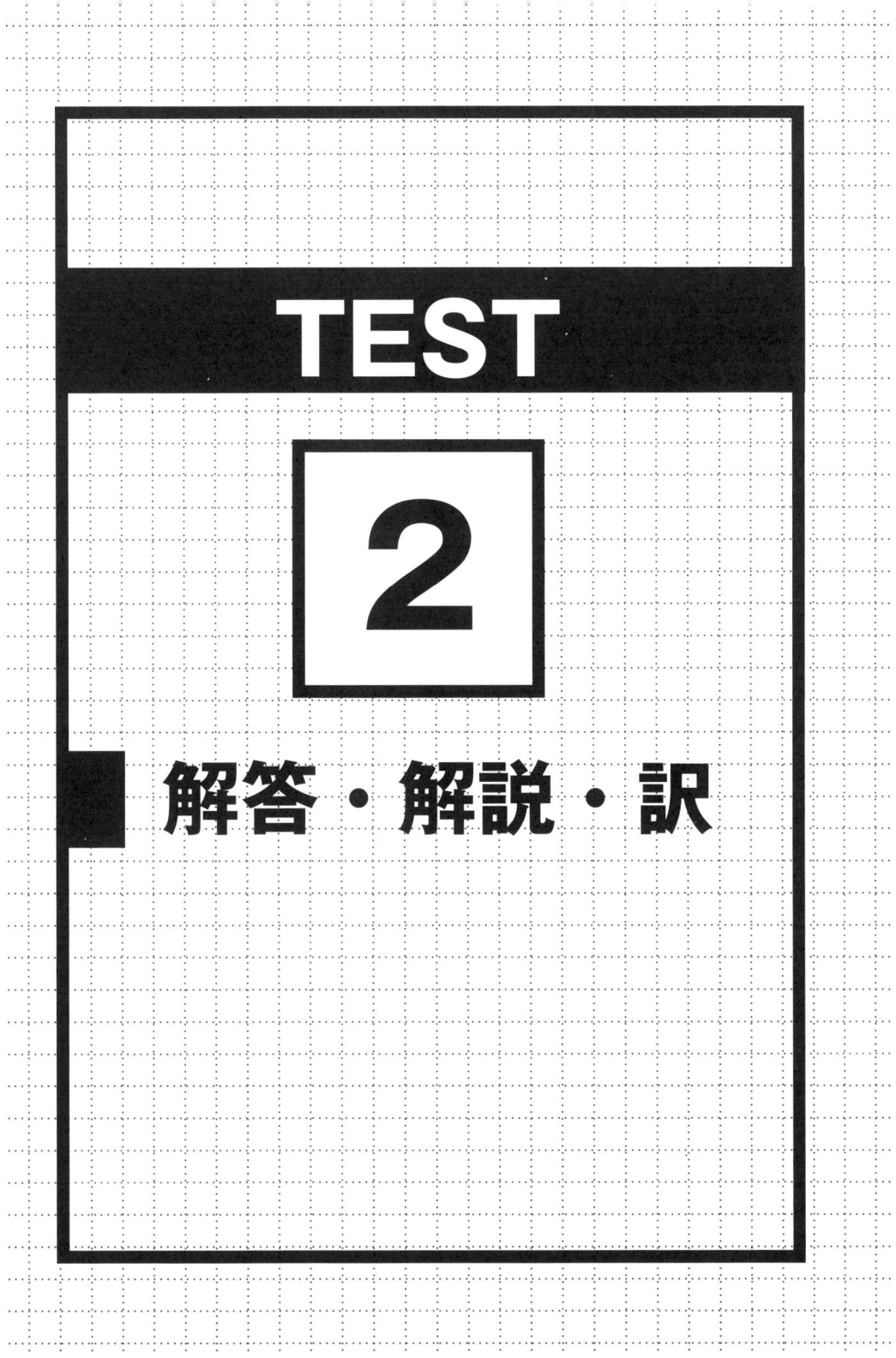

TEST 2

解答・解説・訳

PART 1

1 正解 **(C)** 難易度 ★★ DOWNLOAD TEST 2 REVIEW ▶ 001

British male

(A) The man is crossing his arms.
(B) The man is taking off his coat.
(C) The man is holding the door open.
(D) The man is closing the gate.

(A) 男は腕を組んでいる。
(B) 男はコートを脱いでいる。
(C) 男はドアを開けておさえている。
(D) 男は門を閉めている。

注　□ take off （衣類・靴などを）脱ぐ　□ hold （ある位置・状態に）…を保つ

テスト作成者／ネイティブ・スピーカーの視点

(C) の hold は「…を（ある状態・位置に）保っておく」という意味。この文は「（ある人のために）ドアを（手で押さえて）開けておく」ということだ。(A) は arms ではなく legs ならば正解になるので注意しよう。

---

2 正解 **(D)** 難易度 ★★★ DOWNLOAD TEST 2 REVIEW ▶ 002

American female

(A) They're watching the television monitor.
(B) They're taking their suitcases off the belt.
(C) They're carrying their backpacks.
(D) They're waiting for their bags to arrive.

(A) 彼らはテレビのモニターを見ている。
(B) 彼らはスーツケースをベルトからおろしている
(C) 彼らはバックパックを運んでいる。
(D) 彼らはバッグが来るのを待っている。

テスト作成者／ネイティブ・スピーカーの視点

これもその動作が行なわれているかどうかを問う問題だが、意外にむずかしい。バックパックを背負っている人物は 1 人なので (C) は正しくない。ところで、空港の手荷物受取所は baggage claim という。claim は「（権利・所有権の）主張」という意味があり、baggage claim は「預けた荷物を自分のものだとして受け取るところ」だ。この表現はよく TOEIC に出てくる。

TEST 2 解答・解説・訳

3 正解 (C) 難易度 ★★★
DOWNLOAD TEST 2 REVIEW ▶ 003

American male

(A) A customer is trying on a coat.
(B) A coat is being buttoned up.
(C) A coat is hanging on display.
(D) Tags are being attached to a coat.

(A) 客がコートを試着している。
(B) コートのボタンがかけられているところだ。
(C) コートがディスプレイにかかっている。
(D) タグがコートに付けられているところだ。

注　□ button up …のボタンをかける　□ hang かかる、ぶらさがる　□ on display 陳列されて

テスト作成者／ネイティブ・スピーカーの視点

(A) は customer が写っていないから外せる。(B) は「今ボタンがかけられている」、(D) は「今タグが付けられている」という言い方なのでどちらも正しくない。正解は (C) だ。この状況は A coat is being displayed. という言い方でも示すことができる。be being displayed（展示されている）は Part 1 によく出てくる表現なので、覚えておこう。

---

4 正解 (B) 難易度 ★★
DOWNLOAD TEST 2 REVIEW ▶ 004

British female

(A) Everyone is taking notes.
(B) They're participating in a meeting.
(C) They're being served bottled water.
(D) Everyone is typing on a computer.

(A) 誰もがノートを取っている。
(B) 彼らは会議に参加している。
(C) 彼らにボトル詰めの水が出されている。
(D) 誰もがコンピュータでタイプをしている。

注　□ bottled water ボトル詰めの水

テスト作成者／ネイティブ・スピーカーの視点

すべて現在形進行形の表現で、その動作が確認できるのは (B) だけだ。

5. 正解 (C) 難易度 ★★ DOWNLOAD TEST 2 REVIEW ▶ 005

British male

(A) He's ascending the stairs.
(B) He's zipping up his jacket.
(C) He's keeping a hand on the railing.
(D) He's got one hand in his pocket.

(A) 彼は階段をのぼっている。
(B) 彼はジャケットのジッパーを締めている。
(C) 彼は手すりに手を置いている。
(D) 彼は片手をポケットに入れている。

注 □ ascend …を登る、上がる　□ zip up …のジッパー［ファスナー］を締める　□ railing 手すり、レール

テスト作成者／ネイティブ・スピーカーの視点
これも動作を確認する問題。写真の中にいくつか動作が確認できるが、(C) 以外は正しくない。

---

6. 正解 (A) 難易度 ★★ DOWNLOAD TEST 2 REVIEW ▶ 006

American male

(A) The men are posing for a photo.
(B) The men are ordering their dinner.
(C) The men are arranging their tableware.
(D) The men are waiting on tables.

(A) 男たちは写真のためにポーズを取っている。
(B) 男たちはディナーを注文している。
(C) 男たちは食器類を整えている。
(D) 男たちは給仕している。

注 □ tableware 食器類　□ wait on … …の給仕をする

テスト作成者／ネイティブ・スピーカーの視点
これも動作を確認する問題。(A) 以外は正しくない。

PART 2

7 正解 (C) 難易度 ★★ DOWNLOAD TEST 2 REVIEW ▶ 007

American male / British female

Where did you say you left your briefcase?
(A) Yes, I saw it last week.
(B) No, mine is much smaller.
(C) Probably in the conference room.

どこにブリーフケースを忘れたとおっしゃいましたか？
(A) はい、先週見ました。　　(B) いいえ、私のはもっとずっと小さいです。　　**(C)** たぶん会議室です。

注　□ conference room　会議室

テスト作成者／ネイティブ・スピーカーの視点

質問の答えになっているのは (C) のみ。

8 正解 (B) 難易度 ★★★ DOWNLOAD TEST 2 REVIEW ▶ 008

British male / American female

Are we running out of paper?
(A) It's a nice park.
(B) Mike has already reordered some.
(C) She runs a mid-sized company.

紙がなくなりそうですか？
(A) すてきな公園です。　　**(B)** マイクがすでに追加注文しました。　　(C) 彼女は中規模の会社を経営しています。

注　□ run out of ...　…を使い果たす　□ reorder　…を追加注文する　□ mid-sized　中規模の
□ run　…を経営する

テスト作成者／ネイティブ・スピーカーの視点

質問に対して yes / no で答えるのではないかと予想しがちだが、正解の (B) はそうではなく「すでに注文した」となっている。新形式の TOEIC の Part 2 ではこうした返答の仕方が以前に比べて増えている。質問に running があり、同じ動詞 runs が出てくる (C) は正解でない可能性が高いと判断できる。

247

9 正解 (B) 難易度 ★★★　DOWNLOAD TEST 2 REVIEW ▶ 009

American female / American male

Do you mind if I sit here?
(A) No, take as much as you like.
(B) No, please go ahead.
(C) I'm feeling a lot better.

ここに座ってもよろしいですか？
(A) ええ、好きなだけ取ってください。　(B) ええ、どうぞ。　(C) だいぶ気分がよくなってきました。

注　□ Do you mind if ...? …してもいいですか？　□ go ahead （相手を促して）どうぞ
□ feel better 気分がよくなる

テスト作成者／ネイティブ・スピーカーの視点

Do you mind if ...? と聞かれているので、許可するのであれば no と答えるが、(A) は質問の答えにならない。

---

10 正解 (B) 難易度 ★★★★★　DOWNLOAD TEST 2 REVIEW ▶ 010

British female / American male

Whose computer did you use?
(A) Tim is using it now.
(B) Andy let me use his.
(C) I forgot my password.

誰のコンピュータを使ったのですか？
(A) ティムが今使っています。　(B) アンディが自分のを使わせてくれました。
(C) パスワードを忘れました。

テスト作成者／ネイティブ・スピーカーの視点

よく聞いていないとむずかしい問題。現在進行形の (A) は過去形の質問文と時制が一致せず不正解。(B) は質問文と同じ動詞 use が使われているが、これ以外に正解は考えられない。

---

11 正解 (C) 難易度 ★★★★　DOWNLOAD TEST 2 REVIEW 011

American male / British female

How were you able to finish the article so fast?
(A) I jog every morning.

(B) He booked an early morning flight.
(C) I worked overtime last night.

どうやったらそんなに速く原稿を書き終えられたのですか？
(A) 毎朝ジョギングしています。　　(B) 彼は早朝のフライトを予約しました。　　**(C) 昨夜は残業しました。**

注　□ article　原稿　□ jog　ジョギングする　□ book　（部屋、席など）を予約する　□ work overtime　残業する

テスト作成者／ネイティブ・スピーカーの視点

これもなかなかむずかしい問題だが、(A)(B) は質問の文意とあわず、消去法で対処できるだろう。

12　正解 (C)　難易度 ★★★　DOWNLOAD TEST 2 REVIEW ▶ 012

American male / British male

Lisa is the one I spoke to this morning.
(A) How much do you need?
(B) Why don't you talk to her?
(C) Did she give you any information?

今朝私が話しかけたのはリサです。
(A) いくら必要ですか？　　(B) 彼女に話しかけたらどうですか？　　**(C) 彼女は何か情報をくれましたか？**

テスト作成者／ネイティブ・スピーカーの視点

時制の一致を考えれば、過去形で答えている (C) 以外に正解はない。

13　正解 (B)　難易度 ★★★★　DOWNLOAD TEST 2 REVIEW ▶ 013

British female / British male

We haven't covered the sales figures yet, have we?
(A) Yes, but take them off so we can see it better.
(B) Yes, but there have been some updates.
(C) No, but they're losing some weight.

売上高についてはまだ扱っていませんでしたね？
(A) いいえ（扱っています）、でももっとよく見えるようにそれを取ってください。　　**(B) いいえ（扱っています）、でもこれまでいくつか更新がされています。**　　(C) はい（扱っていません）、でも彼らの体重は減ってきています。

注　□ cover　（問題など）を扱う　□ sales figures　売上高　□ take off　…を取り除く、はずす

249

□ update　更新、最新情報　　□ lose weight　体重が減る、やせる

> **テスト作成者／ネイティブ・スピーカーの視点**

質問は付加疑問文だ。文末が下降調のイントネーションとなっているので、よりわかりにくくなっている。付加疑問文は肯定／否定の形にかかわらず、売上高についてまだ扱っていないのであれば no と、扱っていれば yes と答える。ただ、but 以下がしっかり聞き取れれば、(B) が正解だと容易に判断できる。

14　正解 (B)　難易度 ★★　DOWNLOAD TEST 2 REVIEW ▶ 014

(American female / British male)

Which form did you use?
(A) I didn't like the color.
(B) I'm pretty sure it was a green one.
(C) I used this pen.

どの用紙を使いましたか？
(A) その色は好きではありませんでした。　　**(B)** 緑色のものに間違いないと思います。
(C) このペンを使いました。

> **注**　□ form　（書き込み）用紙　　□ I'm pretty sure ...　…にまず間違いないと思う　　□ one　（既出の可算名詞の反復を避けて）（その）1つ

> **テスト作成者／ネイティブ・スピーカーの視点**

状況から (B) 以外に正解はない。質問にある use が使われている (C) は正解でない可能性が高いと判断できる。

15　正解 (A)　難易度 ★★★　DOWNLOAD TEST 2 REVIEW ▶ 015

(British female / American male)

By when do you think you can send me the data?
(A) This Friday at the latest.
(B) Last Saturday.
(C) We're closed on Sundays.

そのデータをいつまでに送っていただけますか？
(A) 遅くとも今週の金曜日。　　(B) 先週の土曜日。　　(C) 日曜日は休みです。

> **注**　□ by when　いつまでに　　□ at the latest　遅くとも　　□ closed　休業した、閉店した

> **テスト作成者／ネイティブ・スピーカーの視点**

「そのデータを（これから先）いつまでに送ってもらえるか」と聞いているので、(B) は不正解。

TEST 2 解答・解説・訳

16 正解 (B) 難易度 ★★　DOWNLOAD TEST 2 REVIEW ▶ 016

British male / American female

Why didn't Nadia attend the press briefing?
(A) She did everything before going home.
(B) She got stuck in traffic.
(C) For news reporters.

ナディアはなぜ記者会見に出席しなかったのですか？
(A) 彼女は家に帰る前に全部やりました。　**(B) 交通渋滞に巻き込まれたのです。**　(C) 報道記者のためです。

注　□ attend …に出席する　□ press briefing 記者会見　□ get stuck in traffic 交通渋滞に巻き込まれる、交通渋滞で足止めされる

テスト作成者／ネイティブ・スピーカーの視点

文意から (B) 以外に正解は考えられない。(C) は質問文の the press briefing から連想させる巧妙な引っかけ。

---

17 正解 (C) 難易度 ★★★　DOWNLOAD TEST 2 REVIEW ▶ 017

American female / American male

What are the results of the study we did last year?
(A) Many people were able to participate.
(B) The students studied really hard.
(C) We decided to cancel the project.

昨年行なった研究の結果はいかがですか？
(A) 多くの人が参加できました。　(B) 生徒たちはとても熱心に勉強しました。　**(C) プロジェクトを中止することにしました。**

注　□ cancel …を中止する、取り消す

テスト作成者／ネイティブ・スピーカーの視点

(A) は引っかけ。文意から (C) が適切。

---

18 正解 (A) 難易度 ★★　DOWNLOAD TEST 2 REVIEW ▶ 018

American male / American female

You're not done with the report yet, are you?
(A) I just need to add some numbers.
(B) I liked yours better.

251

(C) I found it in my car.

レポートはまだ終わっていませんよね？
(A) あとはいくつか数字を足すだけです。　　(B) あなたのもののほうが気に入りました。
(C) 自分の車の中で見つけました。

> テスト作成者／ネイティブ・スピーカーの視点

状況から (A) が正解。質問は付加疑問文で、文末のイントネーションは下がっている。付加疑問の部分のイントネーションを上げれば普通の疑問文と同じ意味になり、下げれば念を押したり相手の同意を求めたりする気持ちが強くなる。

19　正解 (A)　難易度 ★★★★　DOWNLOAD TEST 2 REVIEW ▶ 019

British female / American male

Should we talk now or after lunch?
(A) The earlier the better.
(B) I have some sandwiches.
(C) It's going to cost a lot.

今話しましょうか、それとも昼食後にしましょうか？
(A) 早ければ早いほどいいです。　　(B) サンドイッチを持っています。　　(C) かなり費用がかかるでしょう。

> テスト作成者／ネイティブ・スピーカーの視点

質問文はイギリス発音で文末のイントネーションが下がっており、一瞬疑問文でないように聞こえるかもしれない。(A) が答えとして自然。Part 2 は簡単な問題がつづいたあと、突然こうした難易度の高い問題が出てくるので気を抜いてはならない。

20　正解 (B)　難易度 ★★★★　DOWNLOAD TEST 2 REVIEW ▶ 020

American female / American male

Isn't the copy machine fixed yet?
(A) We have to send it by Thursday.
(B) I guess not.
(C) Yes, it's broken.

コピー機はまだ直っていないのですか？
(A) 木曜日までに送らなければなりません。　　**(B)** そう思います（直っていないと思います）。
(C) いいえ、故障しています。

> 注　□ fix　…を直す、修理する

(B) の I guess not. の言い方を知らないと一瞬迷ってしまうかもしれない。これは I guess it isn't fixed yet. ということだ。

---

21 正解 (B) 難易度 ★★★　DOWNLOAD TEST 2 REVIEW ▶ 021

British female / British male

You shouldn't give out your personal contact information.
(A) He's in the Personnel Department.
(B) I know, I should have been more careful.
(C) No, I don't have your phone number.

個人的な連絡先を公表すべきではありません。
(A) 彼は人事部にいます。　**(B) そうですね、もっと気をつけるべきでした。**　(C) いいえ、あなたの電話番号は知りません。

注　□ give out …を公表する　□ personal 個人的な　□ contact information 連絡先　□ personnel department 人事部　□ I know そうですね

テスト作成者／ネイティブ・スピーカーの視点

(A) は質問文の personal によく似た発音の personnel があるので、正解でない可能性が高いと判断できる。「人事部」は personnel department のほか、human resources (HR) もよく使われる。

---

22 正解 (C) 難易度 ★★★★　DOWNLOAD TEST 2 REVIEW ▶ 022

British male / American female

What's our main task this morning?
(A) Come to our factory by at least 11:00 A.M.
(B) You have to deal with it carefully.
(C) We'll unpack these containers.

今朝の主な仕事は何ですか？
(A) 少なくとも午前 11 時には工場に来てください。　(B) それは注意して扱わなければなりません。　**(C) このコンテナの荷解きです。**

注　□ task 仕事、作業課題　□ factory 工場　□ deal with … …を扱う、処理する　□ unpack …の荷を解く、…から中身を取り出す　□ container コンテナ、容器

テスト作成者／ネイティブ・スピーカーの視点

油断していると間違えてしまうかもしれない。まず、(A) は質問文の this morning と関連する 11:00 A.M. があるので注意しなければならない。(B) は同じく our main task（われわれの主

な仕事）と聞いたので、そこに deal with it carefully（それを注意深く処理する）を無意識につなぎ合わせてしまうかもしれない。

23　正解 **(B)**　難易度 ★★★　DOWNLOAD TEST 2 REVIEW ▶ 023

> British female / American male

Have you checked your e-mail?
(A) Yes, I'll do it tomorrow.
(B) No, I haven't had time to.
(C) I wrote all of them in English.

もうEメールはチェックしましたか？
(A) はい、明日します。　　**(B) いいえ、時間がありませんでした。**　　(C) 全部英語で書きました。

> テスト作成者／ネイティブ・スピーカーの視点

現在完了形の疑問文にもかかわらず、未来形の (A) の返答を選んでしまう日本人英語学習者は多いようだ。またこの疑問文はイギリス人が読んでいて文末が下降調になっていて、一瞬疑問文と判断できないかもしれない。それもこの問題をむずかしくしている一因だ。本番の TOEIC でもこうしたイギリス英語の特徴が示されることがあるので、注意しなければならない。

24　正解 **(A)**　難易度 ★★　DOWNLOAD TEST 2 REVIEW ▶ 024

> American female / British male

Sam will be about 10 minutes late, he said.
(A) Okay, I'll let Nancy know.
(B) He wasn't here last time.
(C) It's too early in the morning.

サムは10分ほど遅れると言っていました。
(A) わかりました、私がナンシーに知らせましょう。　　(B) 前回ここに彼はいませんでした。
(C) それでは朝早すぎます。

> テスト作成者／ネイティブ・スピーカーの視点

時制を考えれば、(A) 以外に考えられない。(C) には質問文の 10 minutes late に関連するような too early in the morning があり、混乱してしまう人もいるかもしれない。

25 正解 (A) 難易度 ★★★ DOWNLOAD TEST 2 REVIEW ▶ 025

American male / British female

Could you make some copies of this survey form?
(A) How many do you need?
(B) When can I see you?
(C) Who do you want me to ask?

この調査用紙のコピーを取っていただけますか？
(A) 何部必要ですか？　　(B) いつお目にかかれますか？　　(C) 誰に尋ねましょうか？

注　□ make copies of ...　…のコピーを取る　□ survey form　調査用紙

テスト作成者／ネイティブ・スピーカーの視点

質問文が Could you ...?（…していただけませんか？）の形なので、yes / no で答える言い方になると予測しがちだが、正解の (A) はその裏をかくような表現となっている。

---

26 正解 (C) 難易度 ★★★★ DOWNLOAD TEST 2 REVIEW ▶ 026

American male / British female

Let's wait until we have more information.
(A) All right, I'll fix it right away.
(B) Sure, I'll do it in the morning.
(C) That's probably the best strategy.

もっと情報が得られるまで待ちましょう。
(A) わかりました、すぐに直します。　　(B) 承知しました、朝やります。　　**(C) たぶんそれが最善の策ですね。**

注　□ fix　…を直す　□ strategy　戦略、方策

テスト作成者／ネイティブ・スピーカーの視点

文意をしっかり取らないとむずかしいかもしれない。Part 2 の後半にはこうしたよく考えた上で判断しなければならない問題が集中するので、最後まで集中力を維持しよう。

---

27 正解 (B) 難易度 ★★ DOWNLOAD TEST 2 REVIEW ▶ 027

American female / American male

You can't leave work until 6:00, right?
(A) It's 6:00 in the morning.
(B) I think I can leave at 5:30 today.
(C) It's been seven hours now.

6時までは退社できないんですよね？
(A) 朝6時です。　　(B) 今日は5時半に出られると思います。　　(C) もう7時間になります。

注　□ leave work　退社する

テスト作成者／ネイティブ・スピーカーの視点

質問文にある leave が出てくるが、(B) 以外正解は考えられない。

28　正解 (C)　難易度 ★★★★　DOWNLOAD　TEST 2　REVIEW ▶ 028

British female / British male

Is our attorney coming on the 20th or the 21st?
(A) It's on the 20th floor.
(B) She's one of our clients.
(C) We need to check with her.

弁護士が来るのは20日ですか、それとも21日ですか？
(A) 20階です。　　(B) 彼女は私たちの依頼人の1人です。　　**(C) 彼女に聞いてみる必要があります。**

注　□ attorney　弁護士、代理人　　□ client　依頼人、クライアント　　□ check with ...　（確認のために）…に尋ねる、問い合わせる

テスト作成者／ネイティブ・スピーカーの視点

質問の内容から「20日［21日］に来る」といった返答ではないかと思いがちだが、(C) のような言い方が正解になることもよくある。新形式テストではこうした問題の出題率が高い。

29　正解 (B)　難易度 ★★　DOWNLOAD　TEST 2　REVIEW ▶ 029

American female / British male

I don't think Richard will like this presentation.
(A) When do you need it?
(B) What makes you think so?
(C) Who would you like to talk to?

リチャードはこのプレゼンテーションを気に入らないと思います。
(A) いつ必要ですか？　　**(B) どうしてそう思うのですか？**　　(C) 誰と話をしたいですか？

注　□ presentation　プレゼンテーション、発表

テスト作成者／ネイティブ・スピーカーの視点

文意から (B) 以外考えられない。

TEST 2 解答・解説・訳

30 正解 **(A)**　難易度 ★★★　DOWNLOAD TEST 2　REVIEW ▶ 030

British female / American male

Haven't you heard that Fred is leaving the company?
(A) No, who said that?
(B) I saw him in the meeting room.
(C) I haven't decided yet.

フレッドが退職すると聞いていませんか？
(A) いいえ、誰がそんなことを言ったのですか？　　(B) 会議室で彼を見かけました。　　(C) 私はまだ決めていません。

注　□ leave the company　退職する

テスト作成者／ネイティブ・スピーカーの視点

質問は否定疑問文で、さらに文末が下降調のイントネーションになっているのでわかりにくいかもしれない。しかし、文の内容から（A）が正解だと判断できるだろう。

---

31 正解 **(A)**　難易度 ★★★　DOWNLOAD TEST 2　REVIEW ▶ 031

American female / British male

All the meeting rooms are reserved.
(A) Maybe we can use the lunch room.
(B) Have you booked a room yet?
(C) We need five more people.

会議室はすべて予約済みです。
(A) もしかしたら食堂が使えるかもしれません。　　(B) もう部屋の予約はしましたか？
(C) あと5人必要です。

注　□ reserved　予約済みの、貸し切りの

テスト作成者／ネイティブ・スピーカーの視点

(B) は質問文にある reserved と同じ意味の booked が使われていて、巧妙な引っかけとなっている。

PART 3

DOWNLOAD TEST 2 REVIEW ▶ 032-034　　British male / American female

Questions 32 through 34 refer to the following conversation.
M: Hello, ①I'm calling to place an order for a pair of sunglasses I saw in your catalog: The Fire Brim Shades.
W: All right, thank you very much. We have a few different models, ②so could you give me the specific catalog number? It should be written below the picture.
M: Let me get the catalog and I will check it and see. Okay, the number is EB-301.
W: Thank you. ③I see, those are the ones with the blue flame pattern, is that right? ④Unfortunately, they're out of stock, but we have the same design in red.
M: Hm, I don't like those ones so much. I'll call back next week.

訳
問題 32-34 は次の会話に関するものです。
男性： こんにちは、①サングラスを注文したくて電話しました。そちらのカタログ『ザ・ファイアー・ブリム・シェイズ』で見たのですが。
女性： 承知しました、どうもありがとうございます。いくつか違うモデルがあるので、②具体的にカタログナンバーを教えていただけますか？ 写真の下に書いてあるはずです。
男性： カタログを取ってきて確認しますね。ありました、ナンバーは EB-301 です。
女性： ありがとうございます。③ああ、青色の炎の模様のものですね？　④申しわけございませんが、こちらは品切れ中でして、同じデザインの赤色のものならございます。
男性： うーん、こっちはあまり好きじゃありません。また来週かけ直します。

32　正解 (A)　難易度 ★★

設問の訳
男性はなぜ電話をしているのですか？
(A) サングラスを買うため。　(B) カタログについて質問するため。　(C) 違うサングラスが届いたと苦情を言うため。　(D) サングラスを修理してもらうため。

テスト作成者／ネイティブ・スピーカーの視点
「森問題」。①でわかる。to place an order for a pair of sunglasses が、選択肢 (A) では to buy a pair of sunglasses と言い換えられている。

33 正解 (C) 難易度 ★★

設問の訳
女性はどのような情報を求めていますか？
(A) デザインの名前　　(B) サングラスの色　　**(C) 商品番号**　　(D) 男性の住所

テスト作成者／ネイティブ・スピーカーの視点
②でわかる。the specific catalog number に相当するのは選択肢 (C) の the product number だけだ。

---

34 正解 (D) 難易度 ★★

設問の訳
女性は男性に何をするように勧めていますか？
(A) 1週間待つ　　(B) ほかの店をあたってみる　　(C) ウェブサイトから注文する　　**(D) 別の色を注文する**

テスト作成者／ネイティブ・スピーカーの視点
③④から女性は「青色のフレームのものはないが、赤色のものはあるので、こちらはいかがでしょうか？」と暗に勧めていることがわかる。最後の男性の発言はなくてもいい情報だ。Part 3、Part 4 にはこうした問題を解くには必要のない情報が最後に含まれることもよくあるので、それを律儀に聞く必要はない。ただちに次の問題の先読みを進めよう。

注
[パッセージ] □ place an order 注文する　　□ specific 明確な　　□ flame 炎　　□ out of stock 品切れで

DOWNLOAD　TEST 2　REVIEW ▶ 035-037　　American male / British female

Questions 35 through 37 refer to the following conversation.

M: Excuse me, ① I'm having a problem with my smartphone. I just purchased it here last week, and ② this volume button keeps sticking.
W: May I see it? Ah, I think I see the problem. ③ It seems too much pressure was put on the lower button, so it has become jammed. ④ Did you drop your phone recently?
M: ⑤ Unfortunately, I dropped it on the sidewalk yesterday. Do you have time to help me fix it?
W: Well, ⑥ your phone is still under warranty. ⑦ We can send it in to get the button replaced if you'd like, but it may take about two weeks.

訳　問題 35-37 は次の会話に関するものです。
男性： すみません、①スマートフォンの調子が悪いんです。先週こちらで買ったばかりですが、②このボリュームボタンが動きません。

女性：	見せていただけますか？　ああ、わかりました。③下のボタンにかなりの圧力がかかったみたいで、それで引っかかっているんです。④最近、スマートフォンを落としましたか？
男性：	⑤運の悪いことに、昨日、歩道に落としてしまいました。直すのを手伝っていただくお時間はありますか？
女性：	⑥お客さまのスマートフォンはまだ保証期間中です。⑦よろしければボタンを交換に出すこともできますが、その場合には2週間くらいかかるかもしれません。

35　正解 (B)　難易度 ★★★

設問の訳
男性はどのような問題について話していますか？
(A) 新しいスマートフォンを買わなくてはならない。　**(B) スマートフォンのボリュームボタンが引っかかる。**　(C) スマートフォンの画面にひびが入っている。　(D) スマートフォンの音が小さい。

テスト作成者／ネイティブ・スピーカーの視点
全体の状況を尋ねる「森問題」。①と②からわかる。ただし、②にある keeps sticking と選択肢 (B) の keeps getting jammed を結びつけるのはむずかしいかもしれない。動詞 jam は「詰め込む、押し込む」のほか、「(機械などを) 動かなくする」の意味でも使われる。

36　正解 (A)　難易度 ★★

設問の訳
女性は何が問題の原因だと考えていますか？
(A) スマートフォンを落としてしまったこと。　(B) スマートフォンの保証期間が過ぎていること。　(C) スマートフォンは出来上がった時から壊れていたこと。　(D) 男性がスマートフォンの使い方を知らないこと。

テスト作成者／ネイティブ・スピーカーの視点
③と④でわかるし、⑤で確認が取れる。疑問文 What does the woman think is the cause of the problem? にご注目いただきたい。これは What (does the woman think) is the cause of the problem? という構造だが、先読みの際にすぐに理解できない人もいるかもしれない。Part 3, Part 4 ではこの形の質問文がよく出題されるので注意しよう。

37　正解 (C)　難易度 ★★★

設問の訳
この問題について何をすることができますか？
(A) 男性は別のスマートフォンを買わなくてはならない。　(B) 女性はすぐにボタンを直すことができる。　**(C) スマートフォンを修理に出すことができる。**　(D) 男性は保証延長サービスを購入できる。

TEST 1 解答・解説・訳　　　　TEST 2 解答・解説・訳

テスト作成者／ネイティブ・スピーカーの視点

⑥と⑦からわかる。

注

[パッセージ] □ stick　はまり込んで動かない　□ jammed　（機械などが）動かない　□ recently　最近
□ sidewalk　歩道　□ under warranty　保証期間中で　□ send in　…を送る
[設問] □ cracked　ひびが入った

DOWNLOAD　TEST 2　REVIEW ▶ 038-040　　American female / American male / American male

Questions 38 through 40 refer to the following conversation with **three speakers**.

W:　①We'll be visiting the medical conference next month, and we'd like to reserve hotel rooms. ②It's a good opportunity to see our future job partners in the pharmaceutical field.

M1:　We went to Paris for the annual conference three years ago, and we stayed at the Queen's Hotel. If it's still there, we'd like to stay again.

M2:　Unfortunately, it seems they're no longer in business. ③That area is mainly a housing district, so there won't be any hotels close to the venue.

W:　Oh, that's too bad. ④It was a really comfortable hotel for the price range. ⑤I guess we'll have to find a substitute.

M1:　⑥Maybe there's a well-priced place close to the downtown area.

M2:　In that case, there will be quite a few hotels to choose from. If you'd like, I can give you information on some now.

訳　問題38-40は3人の話し手による次の会話に関するものです。

女性：①私たち、来月の医学会議に参加する予定だから、ホテルを予約しましょう。②製薬分野での未来の事業パートナーに会ういい機会ね。

男性1：3年前に年次大会でパリに行った時はクイーンズ・ホテルに泊まったね。まだあるなら、またあそこにしようよ。

男性2：残念ながら、もう営業していないみたいだ。③あの地域は基本的に住宅街だから、会場の近くにホテルはないと思う。

女性：それは残念ね。④価格帯のわりにとても快適だったのに。⑤ほかの場所を探さないといけないわね。

男性1：⑥街の中心部の近くにちょうどいい価格のところがあるかもしれないよ。

男性2：そういうことなら、近くにずいぶんたくさんホテルがあるよ。よかったら、情報を渡せるけど。

38　　正解 **(B)**　　難易度 ★★★

設問の訳

会話をしている人たちは何の業界で働いていると考えられますか？
(A) 製造　**(B) 製薬**　(C) 旅行　(D) イベント企画

261

テスト作成者/ネイティブ・スピーカーの視点

新形式の「3人の話し手による会話を聞いて答える問題」。この設問は①②でわかる。medical（医療の），pharmaceutical（製薬の），pharmacy（薬屋，薬局，薬術）は TOEIC によく出てくるので、まとめて覚えておこう。

---

39 正解 (A) 難易度 ★★★

設問の訳
女性はクイーンズ・ホテルの何を気に入ったのですか？
(A) 値段のわりに良かったこと。　(B) サービスがすばらしかったこと。　(C) 街の中心に近かったこと。　(D) 特別割引のパッケージがあったこと。

テスト作成者/ネイティブ・スピーカーの視点

④から判断できる。price range（価格幅）という言い方はあまりなじみがないかもしれないが、状況から It was a good value for money. と言い換えていると見当がつくだろう。

---

40 正解 (D) 難易度 ★★★

設問の訳
会話をしている人たちは何の問題について話していますか？
(A) 会議に参加するのはむずかしい。　(B) この地域のホテルはこの時期混んでいる。(C) パリに着く安い便がない。　**(D)** 会場の近くにはホテルがないかもしれない。

テスト作成者/ネイティブ・スピーカーの視点

39 の解答の手がかりである④の前の③でほぼ判断できる。ただ、⑤と⑥もよく聞き取って、確証を得ることが大切だ。「…の近くに」は前置詞 near のほか、close to ...（…の近くに[そばに]），あるいは in the vicinity of ...（…の付近に）といった言い方がある。

注

[パッセージ] □ medical 医療の　□ pharmaceutical 《形容詞》製薬の、《名詞》薬、医薬　□ unfortunately 不運にも、あいにく　□ in business 営業中で　□ venue 会場　□ price range 価格幅　□ substitute 代用品　□ downtown 町の中心部の、繁華街の　□ quite a few かなり多くの　[設問] □ industry 産業　□ manufacturing 製造（工業）　□ tourism 旅行業　□ busy 混んだ　□ vicinity 付近

DOWNLOAD　TEST 2　REVIEW ▶ 041-043　　British female / American male / American male

Questions 41 through 43 refer to the following conversation with **three speakers**.

W:　　Oh no, we have a big problem. ①All of the brochures in the shipment are missing the last pages, pages 37-38.
M1:　　What? But I double-checked the proofs before I sent them out. Page 37 has

	the big graph on it, right? I spent a long time adjusting that, so I know it's in there.
W:	Well, you can look yourself if you want. All of the brochures end with page 36.
M2:	We've had problems with this printing company before. Send them a complaint.
W:	Okay, I can see their e-mail address on the website. ② I'll contact them right away.
M1:	③ You'd better call them. They take ages to reply to e-mail.
M2:	Right. We need the brochures reprinted by next week.

訳 問題 41-43 は次の 3 人の話し手による次の会話に関するものです。

女性： あらあら、たいへんなことが起きたわ。①荷物の中のどのパンフレットにも最後のページがないわ、37 ～ 38 ページよ。
男性 1：えっ？ だけど、発送する前にゲラをダブルチェックしたよ。37 ページって、大きなグラフが載っているページでしょう？ 時間をかけて調整したから知ってるんだ。
女性： まあ、自分で見てみたらいいわ。どのパンフレットも 36 ページで終わっているのよ。
男性 2：この印刷会社とは前にも問題があったよね。苦情を送りなよ。
女性： うん、ウェブサイトにメールアドレスが載っているわ。②すぐに連絡しよう。
男性 1：③電話したほうがいいよ、メールの返信はものすごく遅いんだ。
男性 2：そうだよ。来週までにパンフレットを印刷しなおしてもらわなくちゃ。

41　正解 (B)　難易度 ★★★

設問の訳
会話をしている人たちは何の問題について話していますか？
(A) パンフレットが何冊かなくなっている。　　(B) どのパンフレットもページが欠けている。
(C) 37 ページのグラフが変形している。　　(D) 配達が 1 週間遅れている。

テスト作成者／ネイティブ・スピーカーの視点
これも新形式問題の「3 人の話し手による会話を聞いて答える問題」だ。Part 3 には 2 セット、それも続けて出てくることがあるので注意しよう。Questions 41 through 43 refer to the following conversation with three speakers. というように、with three speakers が聞こえたら、3 人の会話だ。これは①からわかる。brochure（パンフレット、小冊子）が選択肢 (B) で pamphlet と言い換えられている。TOEIC にはどちらもよく出てくるし、この言い換えが出題されることもある。

42　正解 (C)　難易度 ★★★★

設問の訳
会話をしている人たちは印刷会社について何をほのめかしていますか？
(A) 信頼できて反応が早い。　　(B) 間違いについて謝罪し、修正する。　　(C) メールの返信が遅い。　　(D) 絶対に間違いを犯さない。

> テスト作成者/ネイティブ・スピーカーの視点

③からわかるが、they take ages to reply to e-mail. という言い方はあまりなじみがないかもしれない。age は「長い間」という意味でも使われ、It's (been) ages since we last met. (久しぶりだね) という言い方もよくする。

---

43 正解 **(D)**　難易度 ★★★★

> 設問の訳

女性は次に何をしますか？
(A) 印刷会社に苦情のEメールを送る　(B) ほかの印刷会社を探してパンフレットを印刷しなおす　(C) パンフレットの原稿が正しいか確認する　(D) 印刷会社に電話をして問題を報告する

> テスト作成者/ネイティブ・スピーカーの視点

②と③の情報をあわせて考えないと正解が出せない。②とその直前の文から女性はメールで印刷会社に電話しようとしているが、③でEメールの返信が遅いので電話したほうがいいとアドバイスされていることから、(A) ではなく、(D) が正解となる。「3人の話し手による会話を聞いて答える問題」では、こうした「合わせ技」が求められるので要注意だ。

> 注

[パッセージ] □ brochure　パンフレット　□ proof　校正刷り、ゲラ　□ send out　…を発送する　□ age　長い間
[設問] □ lack　…を欠く　□ distort　…をゆがめる　□ reliable　信頼できる　□ responsive　(すぐに)反応する　□ draft　原稿

DOWNLOAD TEST 2 REVIEW ▶ 044-046　　American female / American male

Questions 44 through 46 refer to the following conversation.
W: Marcel, ①we're going to have to cancel the meeting on Friday. I just have too many things to do.
M: But we only have four days before the seminar.
W: Let's just have a breakfast meeting. We should be able to cover everything.
M: Actually, ②I have some items I want to add to the agenda, so a breakfast meeting will be too short. ③Let me e-mail Linda about delegating some of your work. The new assistant has just finished training, so ④she should be able to take over some of your regular tasks.
W: Oh, that will help a lot. Thank you!

訳　問題44-46は次の会話に関するものです。
女性：　マーセル、①金曜日の会議はキャンセルしないといけないわ。私、やらなくちゃいけないことが多すぎるの。
男性：　だけどセミナーまであと4日しかないよ。

女性： 朝食会をすることにしましょう。それですべてカバーできるはずよ。
男性： ところが、②議題に加えたいことがいくつかあるんだよ。だから朝食会では短すぎるんだ。③リンダにメールして、きみの仕事を任せられないか聞いてみるよ。新しいアシスタントが研修を終えたばかりだから、④きみの通常業務をいくつか引き継げるはずだよ。
女性： ああ、とっても助かるわ、ありがとう！

44 正解 (B) 難易度 ★

設問の訳
女性はなぜ会議をキャンセルしたいのですか？
(A) 新しいアシスタントを教育しなくてはならないから。　(B) 忙しすぎて会議に出席できないから。　(C) セミナーの準備はもうできていると考えているから。　(D) クライアントに会わなくてはならないから。

テスト作成者／ネイティブ・スピーカーの視点
①から判断できる。I just have too many things to do. が She is too busy to attend. と言い換えられていると容易にわかるだろう。

---

45 正解 (B) 難易度 ★★★

設問の訳
どうして男性は朝食会では時間が十分でないと考えていますか？
(A) 出席者たちはとてもいそがしい。　(B) 彼はさらに話し合うべきことを提案したい。
(C) 彼は午後早くに別の予定が入っている。　(D) その仕事はほかの人に任せられない。

テスト作成者／ネイティブ・スピーカーの視点
②でわかる。I have some items I want to add to the agenda. が He wants to suggest additional matters to discuss. と言い換えられている。

---

46 正解 (D) 難易度 ★★★★

設問の訳
男性は何をすると申し出ていますか？
(A) 女性の仕事を一部引き継ぐ　(B) 会議の予定を変更する　(C) セミナーをキャンセルする　(D) 彼女が誰かに手伝ってもらえるようにする

テスト作成者／ネイティブ・スピーカーの視点
③と④から判断できるが、①と③のあいだに②などの情報があるので、混乱してしまうかもしれない。初級者は③に出てくる動詞 delegate を知らないかもしれないが、TOEIC では必須語で、「(権限など) を委託する、委任する」という意味で使われる（例：The manager delegated the decision to his subordinates. [部長は決断を部下の手に委ねた]）。また名詞として「(会議などに出席する) 代表、代議員、使節」の意味で使われ、ときどき出題される。

注
[パッセージ] □ delegate （職権・職務）をゆだねる　□ take over …を引き継ぐ　□ task 仕事
[設問] □ reschedule …の予定を変更する

DOWNLOAD　TEST 2　REVIEW ▶ 047-049　　American female / British male

> Questions 47 through 49 refer to the following conversation.
> W: George, ①I have some good news—the shipping company delivering the new medical equipment we need for the laboratory said it could get it to us earlier than expected, on Wednesday next week.
> M: Excellent! That's nearly a whole week early. And that means we won't have to postpone the staff training after all. I was going to send out an e-mail about that this afternoon.
> W: Yes, that is a relief. ②If we had to postpone the training, it would have run into the holiday season, and I'm sure the participation rate would be suffered. Oh, that reminds me, could you send out a reminder about the staff holiday party?

訳
問題47-49は次の会話に関するものです。
女性： ジョージ、①よい知らせがあるわ。研究室に必要な新しい医療機器を配送してくれる輸送会社が、予定よりも早く届けてくれるって言ってきたよ、来週の水曜日に届けられるって。
男性： すばらしい！ ほとんど丸1週間早いじゃないか。つまり、スタッフのトレーニングを延期しなくてすむってことだね。実は今日の午後、そのことについてメールを送ろうと思ってたところだよ。
女性： ああ、安心したわ。②トレーニングを延期することになったら、休暇時期にぶつかってしまうし、そうすると参加状況が芳しくなくなっていたはずよ。ああ、それで思い出した、スタッフの休日パーティについての確認メールを送ってもらえるかしら？

47　正解 **(A)**　難易度 ★★

設問の訳
会話をしている人たちは何について話していますか？
(A) 機器の配達　　(B) 出張　　(C) 新しいスタッフの雇用　　(D) 休暇期間の予定

テスト作成者／ネイティブ・スピーカーの視点
①の情報から判断できる。

48　正解 **(B)**　難易度 ★★

設問の訳
女性が「ええ、安心したわ」と言う際、何を意図していますか？

266

(A) 荷物が早く到着してわくわくしている。　(B) トレーニングを予定どおり開始できることを喜んでいる。　(C) もうすぐ休暇なので嬉しい。　(D) トレーニングに参加しなくてはいけないのでがっかりしている。

テスト作成者／ネイティブ・スピーカーの視点

that is a relief! は、「ああ、それはほっとした」「ああ、それはありがたい」。会話文のこうした口語表現には注意しないといけないが、ほとんどは前後関係から判断できるはずだ。先読みで「この表現が放送される」とまず確認し、それが出てくるあたり（先読みをしていれば、この表現が出て来ることがわかるはずだ）を特に注意して聞き取ることが大切だ。

49　正解 (D)　難易度 ★★★

設問の訳

女性は、トレーニングが休暇中にあると、何が予想されると言っていますか？
(A) スタッフから苦情があること　(B) スケジュールの調整がむずかしいこと　(C) 機器が足りないこと　(D) ほとんど参加者がいないこと

テスト作成者／ネイティブ・スピーカーの視点

②で判断できるが、participation would have suffered という言い方は初級者にはむずかしいかもしれない。この If we had to postpone the training, it would have run into the holiday season, and I'm sure the participation rate would have suffered. は、If we had to postpone the training, it would have run into the holiday season, and I'm sure the number of participants would have declined. ということ。suffer はこの場合は自動詞で「損害をこうむる、傷がつく」「（健康、成績などが）悪くなる」といった意味で使われている（例：Your grades will suffer if you keep playing games so much.［ゲームばかりやっていると成績が下がるよ]）。よって、ここでは「参加状況が悪くなる」と言っているのであり、few participants（ほとんど参加者がいない）が正解。

注

[パッセージ] □ equipment　装置　□ laboratory　研究室　□ postpone　…を延期する　□ relief　安心　□ run into　…にぶつかる　□ participation　参加　□ rate　率、割合　□ remind　…に思い出させる　□ reminder　（思い出させるための）注意、催促状
[設問] □ proceed　（ものごとが）進行する、進む　□ participant　参加者

DOWNLOAD　TEST 2　REVIEW ▶ 050-052　　American male / British female

Questions 50 through 52 refer to the following conversation.

M:　Jennifer, I need some advice. ① I need to hold interviews to fill a secretary position and several other positions. Since I'm new here, I was wondering where you've posted job listings in the past.

W:　Well, ② we always post job offers on the company's website. The site gets visited by job seekers a lot at this time of year.

267

M:	That will help, ③but we need to fill more than one position. I think we should post the information on more websites to attract enough candidates.
W:	④There are other websites where you can post job information. ⑤I'll send them to you in an e-mail.

訳 問題 50-52 は次の会話に関するものです。

男性： ジェニファー、アドバイスをいただけませんか？ ①秘書ほかいくつかのポストに人を補充するために面接をしなくちゃならないんです。僕はここに来たばかりなので、いつもどこに求人票を載せていたか知りたいんです。

女性： そうね、②求人はいつも会社のウェブサイトに掲載するの。毎年この時期には、たくさんの求職者がサイトを訪れるわ。

男性： それは助かるんですが、③複数のポストに人を補充しなくてはならないんです。もっといろいろなウェブサイトに情報を載せたほうが、十分な数の志望者が集まると思うんですが。

女性： ④求人情報を載せられるほかのウェブサイトがあるわ。⑤メールで送ってあげるわね。

50　正解 **(C)**　難易度 ★★★

設問の訳
会社は通常、どこに求人情報を載せていますか？
(A) 新聞　(B) ソーシャルネットワーキングサービス　**(C) 会社のウェブサイト**　(D) 求人サイト

テスト作成者/ネイティブ・スピーカーの視点
②からわかる。「会話文の情報の順序どおりに問題が出題される」という Part 3, 4 の基本からはずれるが、そういうこともときどきある。ここでは受験者を惑わすくらみがあることが次の問題でわかる。

51　正解 **(D)**　難易度 ★★★

設問の訳
男性は誰を雇いたいのですか？
(A) 会計士　(B) 秘書　(C) デザイナー　**(D) 秘書その他**

テスト作成者/ネイティブ・スピーカーの視点
50 と順番が逆になるが、①でわかる。

52　正解 **(B)**　難易度 ★★

設問の訳
女性は何をするでしょうか？
(A) 会社のウェブサイトに求人広告を載せる　**(B) 男性に求人サイトのリストを E メールで送**

る　(C) 秘書のポストへの志望者を面接する　(D) 志望者の履歴書を見る

テスト作成者／ネイティブ・スピーカーの視点

④と⑤でわかる。

注

[パッセージ] □ post　…を掲示する、掲載する　□ job seeker　求職者　□ attract　…を引きつける
□ candidate　志願者
[設問] □ hire　…を雇用する　□ accountant　会計係、会計士　□ resume　履歴書

DOWNLOAD　TEST 2　REVIEW ▶ 053-055　　British male / American female

Questions 53 through 55 refer to the following conversation.

M: Hello, this is Tim from ABC Breakfast Radio. ① This morning we'll be interviewing Fiona Sharp, the brilliant young pianist who will be performing right here in Townsville before setting off on a national tour. How are you feeling, Fiona?

W: Well, I'm a little nervous, but it's really an honor to be performing alongside the Northern Symphony Orchestra. They're a group of musicians who are really serious about their craft, and their passion is infectious. Tonight's performance will be our first show together, but we've really meshed in rehearsals, so it should be a good one.

M: I'm sure it will be. ② I hear there are still a handful of tickets available, so if any of our listeners would like to attend, you should call the box office right away.

訳
問題 53-55 は次の会話に関するものです。
男性: こんにちは、①こちらは ABC ブレックファースト・ラジオのティムです。今朝はフィオナ・シャープさんにお話をうかがいます。すばらしい若手ピアニストであり、全国ツアーに出発する前に、ここタウンズヴィルで演奏なさります。気分はいかがですか、フィオナさん？
女性: そうですね、少し緊張していますが、ノーザン・シンフォニー・オーケストラと一緒に演奏できるのは本当に光栄です。彼らは本当に自分たちの芸に真剣な音楽家集団で、その情熱はこちらにも伝わってくるんです。今夜の演奏は一緒に行なう初めてのショーになりますが、リハーサルではとてもよく合っていましたから、よい演奏会になるはずです。
男性: きっとそうなるでしょうね。②まだ少しならチケットがあると聞きました。③行ってみたいというリスナーの方は、いますぐチケット売り場にお電話ください。

---

53 正解 **(C)**　難易度 ★★★

設問の訳

インタビューされているのは誰ですか？
(A) ラジオの司会者　(B) オーケストラの指揮者　(C) ピアノ奏者　(D) 音楽評論家

269

テスト作成者／ネイティブ・スピーカーの視点

①から判断できる。(A)を選んでしまう人がいるかもしれないが、質問文は受動態の進行形だ。「誰がインタビューされているか？」と尋ねているので注意しよう。

---

54 正解 (A)　難易度 ★★★★

設問の訳

女性が "They're a group of musicians who are really serious about their craft, and their passion is infectious" と言う際、何を意図していますか？
(A) 彼女を音楽に熱中させる。　(B) 長いあいだ、一緒にツアーをしている。　(C) 当初、リハーサルはむずかしかった。　(D) 彼らは荒々しく、独創的な演奏家である。

テスト作成者／ネイティブ・スピーカーの視点

新形式の「話し手の意図を問う設問」。be serious about one's crafts（芸に真剣である）, infectious（移りやすい）といったむずかしい表現があるが、the Northern Symphony Orchestra に対して好意的であることはわかるだろう。infectious の意味がわからなくても passion（情熱）という語を手がかりに、消去法で(A)を選択できるはずだ。

---

55 正解 (B)　難易度 ★★

設問の訳

男性はショーのチケットについて何と言っていますか？
(A) チケットは入り口で販売される。　**(B) すぐに手に入れるべきだ。**　(C) ショーは完売した。　(D) チケットはまだたくさん残っている。

テスト作成者／ネイティブ・スピーカーの視点

②で判断できる。前半部分で a handful of tickets available と言っているので、(D) は不正解。

注

[パッセージ] □ brilliant すばらしい　□ set off 出発する　□ alongside …と一緒に　□ craft 技能、わざ　□ passion 情熱　□ infectious うつりやすい、伝わりやすい　□ mesh 調和する　□ a handful of ... 少数［量］の…　□ available 入手できる　□ box office チケット売り場
[設問] □ conductor 指揮者　□ critic 評論家　□ enthusiastic 熱心な　□ remain 残る

DOWNLOAD　TEST 2　REVIEW ▶ 056-058　　American male / British female

Questions 56 through 58 refer to the following conversation.

M:　Excuse me. ①I see a piece of furniture in the display that I'd be interested in purchasing. ②How can I find out what the price is?
W:　③I can look that up for you right now. Which piece is it?
M:　It's the brown sofa with red cushions. ④I'd really like to put it in my office

> because it would go well with my desk.
> W: Actually, ⑤that piece will need to remain in the display until next week. I'd be happy to sell it to you then, but ⑥I'm afraid I can't at this time.

訳 問題56-58は次の会話に関するものです。
男性： すみません。①ディスプレーに置いてある家具を見て、買いたいと思ったんですけど。②どうすれば値段がわかりますか？
女性： ③すぐにお調べいたします。どちらの商品ですか？
男性： 赤いクッションが載っている茶色のソファです。④オフィスに置きたいんです、デスクによく合いそうなので。
女性： あいにく、⑤あちらの商品は来週まで展示しておかなくてはならないのです。そのあとでしたら喜んでお売りいたしますが、⑥今はお売りできません。

56 正解 (D) 難易度 ★★★

設問の訳
女性は何をすると提案していますか？
(A) 男性がソファを選ぶのを手伝う　　(B) 男性にカタログを渡す　　(C) 男性にソファの座り心地を確かめさせる　　**(D) 男性のために値段を調べる**

テスト作成者／ネイティブ・スピーカーの視点
「森問題」と「木問題」をあわせたような設問。①②③から判断できる。offer の解説については、TEST 1 の 34 番の解説で触れた。

57 正解 (C) 難易度 ★★

設問の訳
男性はなぜ家具が気に入ったのですか？
(A) 安くて掃除がしやすいから。　　(B) リビングに合いそうだから。　　**(C) オフィスの机に合うから。**　　(D) デザインが変わっているから。

テスト作成者／ネイティブ・スピーカーの視点
④でわかる。go well with が match と言い換えられている。go (well) with …は「…と調和する」の意味。例：This scarf goes well with your shirt. （このスカーフはあなたのシャツによく似合う）

58 正解 (D) 難易度 ★★

設問の訳
なぜ男性は今日、商品を買えないのですか？
(A) 他の客に売られてしまったから。　　(B) 配達に 1 週間かかるから。　　(C) 値段が予想していたよりも高いから。　　**(D) 展示しておかなくてはいけないから。**

テスト作成者／ネイティブ・スピーカーの視点

⑤で判断できる。that piece will need to remain in the display が、It must be kept on display. と言い換えられている。なお、⑥は I'm afraid we need to keep it until then. と言い換えることができる。

注

[パッセージ] □piece 1つ　□furniture 家具　□cushion クッション　□go (well) with ... …と(よく)調和する　□actually 実は、あいにく

DOWNLOAD TEST 2 REVIEW ▶ 059-061　　British male / British female

Questions 59 through 61 refer to the following conversation.
M:　Excuse me, I'm looking at your website right now and I notice that it says international shipping to Spain is 55 Euros. I just ordered a shipment last month that only cost 45 Euros, and ①I'm wondering what the reason for the discrepancy is. ②Is 55 Euros to Spain correct?
W:　Yes, that number is correct. ③I'm afraid that rising oil prices have forced us to raise our rates to several countries, including Spain. The increase was implemented at the beginning of this month.
M:　④Well, I really wish I had known about that sooner. ⑤I would have planned ahead and sent this next shipment before your rates went up. ⑥Why didn't you tell me about this? ⑦Don't you keep your customers informed?
W:　I'm sorry if it came as a surprise to you, but as per company policy we reserve the right to make changes to our pricing and services at any time without prior notice.

訳

問題 59-61 は次の会話に関するものです。
男性：すみません、今そちらのウェブサイトを見ているんですが、スペインへの国際輸送料が 55 ユーロになっているのに気づいたんです。先月、発送を注文した時は 45 ユーロだったのに、①どうして値段が違うんですか。②スペインまで 55 ユーロで合っていますか？
女性：はい、その数字で合っています。③石油価格の高騰で、スペインを含むいくつかの国への料金を引き上げざるをえなかったようです。値上げは今月の初めに実施されました。
男性：④うーん、早めに知らせてもらいたかったんですけどね。⑤前もって計画して、そちらの料金が上がる前に次の荷物を送れたのに。⑥どうして教えてくれなかったんですか？⑦顧客に随時知らせないんですか？
女性：お客さまには突然のことで申しわけございませんが、当社の方針により、事前通知なしで、いつでも価格とサービスを変更することができるのです。

59　正解 (C)　難易度 ★★★★★

設問の訳

男性はなぜ電話をしたのですか？

(A) 発送を注文するため　　　(B) 会社の方針について聞くため　　　**(C) 料金を確認するため**
(D) 料金の変更に苦情を言うため

> テスト作成者／ネイティブ・スピーカーの視点

全体の状況を問う「森問題」。男性の最初の発言、特に①と②から判断がつくと思う。(D) は巧妙なひっかけだ。男性の④～⑦の発言で確かに苦情は言っているが、それは料金の変更に対してではなく、「料金が上がる前に知らせてくれなかった」ことに対してである。よって、正解は (C) になる。

60　正解 (A)　難易度 ★★

> 設問の訳

輸送料の値上げの原因は何ですか？
(A) 石油が高くなったから。　　　(B) スペインの労働者がストライキ中だから。　　　(C) 料金は毎月変わるから。　　　(D) 輸出税が上がったから。

> テスト作成者／ネイティブ・スピーカーの視点

②でわかる。rising oil prices が選択肢 (A) では Oil has become more expensive. と言い換えられている。

61　正解 (D)　難易度 ★★★★

> 設問の訳

男性は何を気にしていますか？
(A) 配送料を支払う余裕がないこと。　　　(B) 発送が遅れていること。　　　(C) 荷物がスペインで行方不明になってしまったこと。　　　**(D) 変更について知らされなかったこと。**

> テスト作成者／ネイティブ・スピーカーの視点

59 とセットのような問題で、これも④～⑦でわかる。59 は 61 を解いてから答えるほうが楽だろう。Part 3, 4 には「森問題」が出題されることが多いが、状況によっては順番どおりに解く必要はなく、2 番目と 3 番目の問題を処理してから答えてもよい。

> 注

[パッセージ] □ shipping　輸送　　□ shipment　発送　　□ discrepancy　不一致　　□ rate　料金
□ implement　…を実行する、実施する　　□ as per　…により　　□ reserve　（権利など）を保有する
□ prior　事前の

DOWNLOAD TEST 2 REVIEW ▶ 062-064　　American male / American female

Questions 62 through 64 refer to the following conversation **and list**.

M:　Hi, Yumiko. ①What's your plan for the marketing conference today?
W:　Well, ②I want to hear the speech about networking first. I don't sell to businesses, so I guess I'll stay for the online marketing lecture too.
M:　Sounds good. ③I'm going to listen to the sales talk in Room B, then I'll get some snacks from the other room.
W:　I have a problem. ④I want to hear both speeches on advertising, but I need to eat too. ⑤I don't know what to do.
M:　Well, ⑥I saw Amy's speech before, and I think she's an amazing presenter. ⑦You can't miss her. ⑧When Keita finishes his speech, he'll join the dinner party, so you can talk to him then.
W:　Okay, I guess I'll do that.

訳　問題 62-64 は次の会話とリストに関するものです。
男性：　やあ、ユミコ。①今日のマーケティング会議の予定は？
女性：　そうね、②最初にネットワーキングに関するスピーチを聞きたいわ。私は企業への売り込みをしないから、続けてオンライン・マーケティングのレクチャーにもいると思う。
男性：　いいね。③僕はルーム B で販売についての講演を聞く予定で、それからもう1つの部屋で軽食をもらおうと思ってるんだ。
女性：　困ったことがあるの。④私、広告についてのスピーチを両方とも聞きたいんだけど、ご飯も食べなくちゃならないの。⑤どうしたらいいのかしら。
男性：　そうだね、⑥以前エイミーのスピーチを聞いたんだけど、彼女はすばらしいプレゼンターだよ。⑦見逃せないよ。⑧ケイタはスピーチが終わったらディナーパーティーに参加する予定だから、その時に話せるよ。
女性：　わかった、そうするわ。

62　　正解 **(B)**　　難易度 ★★

設問の訳
この会話はどこで行なわれていると考えられますか？
(A) CEO との会合　　**(B) 会議**　　(C) 職場のパーティ　　(D) オフィス

テスト作成者／ネイティブ・スピーカーの視点
新形式の「図表を見て答える設問を含む問題」。この設問は①および②あたりでわかる。なお、②のあとに、I don't sell to businesses と言っているが、これは「企業に売り込まない」ということ。business は「会社、企業」という意味があり、ここでは「会議に集まった企業関係者に企画や商品を売り込むことをしない」と言っている。

274

63 正解 (B) 難易度 ★★★

設問の訳
図を見てください。男性は最初に誰のセッションを訪れるつもりですか？
(A) テッド・ブラウン (B) ジェーン・チェン (C) ハリー・マック (D) エイミー・メイ

ルームA	ルームB
テッド・ブラウン：「ベーシック・ネットワーキング・スキルズ」	ジェーン・チェン：「初心者のための販売」
ジェシカ・グリーン：「オンライン・マーケティング」	ハリー・マック：「職場における効果的コミュニケーション・スキル」
軽食と飲み物	エイミー・メイ：広告のトレンド」
ケイタ・モリ：「テレビでの宣伝方法」	ディナーパーティー（9時まで）

テスト作成者／ネイティブ・スピーカーの視点
新形式問題の「図表を見て答える設問」だ。③で Room B で sales talk を最初に聞くと言っているので、表を見れば Jane Chen の "Sales for Beginners" のことだとわかる。

---

64 正解 (C) 難易度 ★★★★

設問の訳
男性は女性に何をするようにアドバイスしていますか？
(A) イベントが終わってから食事をする (B) ルームAに行って軽食をもらう (C) パーティーでスピーチを終えたプレゼンターに会う (D) エイミーの講演はパスする

テスト作成者／ネイティブ・スピーカーの視点
④と⑤の女性の発言に対して男性が答えている⑥〜⑧をしっかり聞き取り、その内容をよく考えて解答しなければならない。

注
[パッセージ] □ conference 会議　□ business 会社、企業　□ talk 講演
[図] □ refreshment 《複数形で》軽い飲食物

DOWNLOAD TEST 2 REVIEW ▶ 065-067　　British male / American male

Questions 65 through 67 refer to the following conversation **and map**.
W:　Hello, this is Lisa Green. I have an interview with your company at 3:00 P.M., but ① unfortunately I think I took a wrong turn. ② Can you help me out?
M:　That's no problem. Where are you now?
W:　③ I left the North Exit of the train station and turned left, then I walked about three blocks. ④ I'm on the opposite side of the road to the department store now. It has a big blue sign.
M:　Ah, I see. You're actually very close. You need to go around the department store, so walk back towards the train station one block. Then you should see a little alleyway beside the department store. Go through there, and turn left when you hit the main road. ⑤ Once you walk about 200 meters, you'll be able to see a green building. ⑥ We're on the second floor, next to the accountant's.

訳　問題 65-67 は次の会話と地図に関するものです。
女性：こんにちは、リサ・グリーンです。御社と午後 3 時に面接の予定なのですが、①あいにく曲がるところを間違えてしまったみたいなんです。②助けていただけませんか？
男性：もちろんですよ。いまどちらですか？
女性：③鉄道の駅の北口を出て左に曲がって、3 ブロックぐらい歩いてきました。④道路を挟んでデパートの向かい側にいます。大きな青い看板があります。
男性：ああ、わかりました。実はすぐ近くまでいらしてますよ。デパートを回ってこないといけないので、駅のほうに向かって 1 ブロック戻ってください。そうしたら、デパートの横に狭い路地があります。そこに入って、本道に出たら左に曲がってください。⑤200 メートルくらい歩いたら、緑色のビルが見えます。⑥そのビルの 2 階で、隣は会計事務所です。

65　正解 (A)　難易度 ★★★

設問の訳
なぜ女性は電話をしていますか？
(A) 道を尋ねるため　(B) 打ち合わせの時間を確認するため　(C) 打ち合わせをキャンセルするため　(D) 自分は遅れると伝えため

テスト作成者／ネイティブ・スピーカーの視点
新形式の「図表を見て答える設問を含む問題」。この設問は「森問題」であり、①②あたりからわかる。

66　正解 (A)　難易度 ★★★

設問の訳
図を見てください。女性は今どこにいますか？

(A) 1　(B) 2　(C) 3　(D) 4

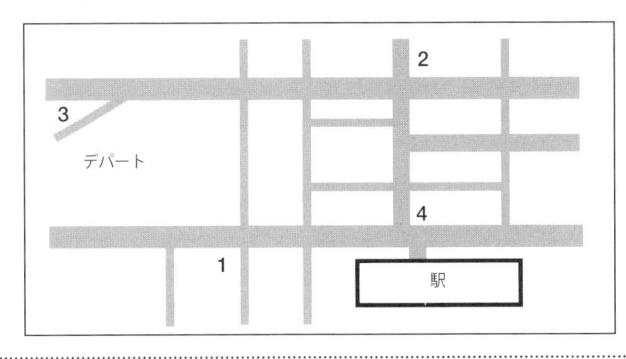

テスト作成者／ネイティブ・スピーカーの視点

新形式問題の「図表を見て答える設問」だ。③と④の情報を地図で確認すれば、(A) が正解であるとわかる。

| 67 | 正解 **(C)** | 難易度 ★★★ |

設問の訳

男性の会社はどこにありますか？
(A) デパートの上の階　　(B) 駅の隣のビルの2階　　**(C) 会計事務所の近くのビルの2階**
(D) デパートの相向かい

テスト作成者／ネイティブ・スピーカーの視点

⑤と⑥でわかるが、⑥だけでも答えられる。accounting にあわせて accountant（会計士、会計係）も覚えておこう。

注

[パッセージ] □ turn　曲がり角　　□ opposite　向こう側の　　□ go around ...　…を回る　　□ alleyway　路地　　□ accountant　会計士、会計係
[設問] □ accounting　会計

DOWNLOAD　TEST 2　REVIEW ▶ 068-070　　(British male / American female)

Questions 68 through 70 refer to the following conversation **and sign**.
M:　①We'll be renting a car for the drive to the head office.
W:　Okay, it looks like there are a lot of options. How long do we need it for?
M:　Well, it's an hour and a half each way, and ②the meeting is scheduled to run for two and a half hours. ③I guess six hours should be enough.
W:　④Isn't that cutting it close? ⑤The CEO is going to give a speech first, and he always runs over time. I think we should get the eight hour package.

277

M:	Actually, now that I think about it, I need to make a long drive to visit a client tomorrow too. ⑥ It might be cheaper to rent the car for two days.
W:	Okay, but make sure you return it on time!

訳 問題 68-70 は次の会話と掲示に関するものです。

男性： ①本社まで車を借りていこうよ。
女性： わかったわ、いろいろなオプションがあるみたいね。何時間くらい必要なの？
男性： ええと、片道 1 時間半で、②会議は 2 時間半の予定だよね。③ 6 時間で十分だと思うよ。
女性： ④それじゃぎりぎりなんじゃない？ ⑤まず CEO がスピーチするけど、いつも時間をオーバーするでしょ。8 時間のパッケージにしたほうがいいと思うわ。
男性： そうだね、考えてみれば、僕は明日もクライアントのところまで長距離運転しないといけないんだった。⑥ 2 日間車を借りたほうがお得かもしれないな。
女性： いいわ、だけど遅れずに返してね！

68　正解 **(D)**　難易度 ★★★★

設問の訳
会話をしている人たちは、主に何について話していますか？
(A) 休暇の計画　(B) CEO のスピーチ　(C) プロジェクトの締切り　**(D) レンタカーを借りて会社の会議に向かう**

テスト作成者／ネイティブ・スピーカーの視点
新形式の「図表を見て答える設問を含む問題」。この設問は①と②でわかる。

69　正解 **(B)**　難易度 ★★★★

設問の訳
女性は何を心配していますか？
(A) 男性が車をとばしすぎること。　**(B) 6 時間以内に戻れないかもしれないこと。**
(C) レンタカーが高すぎること。　(D) 会議に遅れてしまうこと。

テスト作成者／ネイティブ・スピーカーの視点
③の男性の発言と女性の④⑤の発言をよく聞いて判断しないといけないので、むずかしいかもしれない。女性の④の発言に注意。図表がある問題でなければ、表現の意図を問う問題として出題されるかもしれない。

70　正解 **(D)**　難易度 ★★★★

設問の訳
図を見てください。男性は車を借りるのにいくら支払わなければならないと考えられますか？
(A) 80 ドル　(B) 90 ドル　(C) 110 ドル　**(D) 165 ドル**

レンタカー	料金
3時間	65ドル
6時間	80ドル
8時間	90ドル
24時間	110ドル
1日追加	55ドル

テスト作成者／ネイティブ・スピーカーの視点

⑥で2日間借りると言っているので、表の「24時間」の110ドルと「1日追加」の55ドルを足した165ドルが正解。⑤のあとのI think we should get the eight hour package. に惑わされないようにしよう。英語では目的に応じた料金の言い方があり、TOEICでもときどき問われるので、以下にまとめておく。覚えておこう。

charge	サービスや労働などに対する料金
fare	乗り物などの料金
fee	料金、入場料、手数料、会費、入会金
price	品物の値段
rate	一定の単位当たりの規準によって決められた料金（駐車料金や保険料など）

注

［パッセージ］ □ **cut it close** （特に時間的に）ぎりぎりでやる　□ **run over ...** （制限・予算など）を超える

PART 4

DOWNLOAD TEST 2 REVIEW ▶ 071-073   (American female)

Questions 71 through 73 refer to the following recorded message.
① Hello, you've reached the Photo Album Academy. ② Here at Photo Album, we give young cameramen and women the training they need to develop their skills and start building a career in photography. ③ We are now offering special scholarships to students who live in the state of Texas, where Photo Album has called home for 20 years. If you are an aspiring photographer interested in enrolling in our school, or for more information about our campus and available courses, please visit our website photoalbumacademy.com. We also offer two day courses for current professionals — learn how to get the shots that will blow your clients away. We'd also like to encourage you to come to our open-school day next week, Saturday the 22nd to speak with our teachers.

訳 問題 71-73 は次の録音メッセージに関するものです。
① こんにちは、こちらはフォト・アルバム・アカデミーです。② ここフォト・アルバムでは、若いカメラマンのみなさんに、スキルを伸ばし、写真家としてのキャリアを築くために必要な教育を行なっています。当校では現在、フォト・アルバムが 20 年間拠点にしてきた場所である ③ テキサス州在住の学生に特別奨学金を提供しています。野心のある写真家であり、当校への入学に興味のある方、または当校のキャンパスや受講可能なコースなどの情報については、当校のウェブサイト photoalbumacademy.com をご覧ください。また現在プロである方向けに 2 日間のコースも設けております。お客さまをあっと驚かせるような写真の撮り方が学べます。来週 22 日の土曜日のオープンスクールデーにも、ぜひお越しいただき、講師の先生方と話してみてください。

71 正解 (C)   難易度 ★★★

設問の訳
聞き手が電話をしているのはどのような施設ですか？
(A) 高校   (B) テキサス州庁舎   (C) 写真学校   (D) ウェブデザイン会社

テスト作成者／ネイティブ・スピーカーの視点
①②でわかるが、問題文の institute に引っかかってしまう人もいるかもしれない。これは「学会、協会、研究所」あるいは「(理工学系の) 大学、専門学校」の意味で使われる。

72 正解 (A) 難易度 ★★

設問の訳
地元の学生に何が提供されていますか？
(A) 授業料の援助　　(B) 新しい写真のクラス　　(C) 賞を得るチャンス　　(D) 無料授業への招待

テスト作成者／ネイティブ・スピーカーの視点
③でわかる。fee は「料金」のこと。目的に応じた「料金」の言い方は、Part 3 の解説××にまとめた。

---

73 正解 (B) 難易度 ★★★

設問の訳
話し手は "learn how to get the shots that will blow your clients away" と言った際、何をほのめかしていますか？
(A) 学生は顧客の対応を学ぶ。　　**(B) 学生は印象的な写真の撮り方が学べる。**　　(C) 学生はむずかしい状況での写真の撮り方を学ぶ。　　(D) 学生は写真の仕事を見つける方法を学ぶ。

テスト作成者／ネイティブ・スピーカーの視点
新形式の「話し手の意図を問う設問」。そしてこれは状況的に (B) であると判断できる。blow away のような句動詞表現が問われることも多いので、対応できるようにしておこう。

注
□ aspiring　野心のある　　□ enroll　入学する　　□ shot　撮影、写真　　□ blow away　…を驚嘆させる、感動させる

DOWNLOAD　TEST 2　REVIEW ▶ 074-076　　American female

Questions 74 through 76 refer to the following excerpt from a meeting.
Let's talk about next year. Sunrise Publishing and Town Digest Magazine are still our biggest clients. That's obviously great, but ① I'd like for us to expand our Internet presence. I want us to be recognized as being able to provide a wider variety of services online than we are currently. ② This is where I will need everyone's help. ③ I'd like your team to write a report that shows how much was paid for advertising, along with how much profit came in from the small project we did with ABC Online. ④ I'll send out an e-mail with an example so you can see exactly what information to include in your report.

訳　問題 74-76 は次の会議からの引用に関するものです。
来年の話をしましょう。サンライズ・パブリッシングとタウン・ダイジェスト・マガジンは、これからも当社の最大のクライアントです。もちろんそれはすばらしいことですが、①インター

> ネットでの存在感も大きくしたいと考えています。オンラインで、現在よりも幅広い種類のサービスを提供できる会社であると知ってもらいたいのです。②そこで、みなさんの助けが必要です。③みなさんのチームには、広告にいくら支払われたか、そしてABCオンラインと一緒にやった小さなプロジェクトでどのくらいの利益があったのか、レポートを作成してください。④メールに例を添付して送りますので、レポートにどのような情報を入れればいいのか見ていただければと思います。

74　正解 (B)　難易度 ★★★

設問の訳
話し手は何を向上させたいのですか？
(A) 会社のサービスの評価　　**(B) 会社のオンラインビジネス**　　(C) 広告戦略　　(D) ABCオンラインとのプロジェクト

テスト作成者/ネイティブ・スピーカーの視点
①でわかる。この前の情報に惑わされないようにしよう。

75　正解 (C)　難易度 ★★★

設問の訳
話し手は何を手伝うよう求めていますか？
(A) クライアントに会うこと　　(B) 新しい従業員を雇うこと　　**(C) データを集めること**
(D) インターネットのスピードを上げること

テスト作成者/ネイティブ・スピーカーの視点
②と③の内容をしっかり聞き取って判断しなければならない。選択肢 (C) では③の内容をまとめて collecting data と言っている。

76　正解 (C)　難易度 ★★

設問の訳
聞き手はEメールで何を受け取りますか？
(A) パスワード　　(B) プロジェクトの提案　　**(C) レポートのサンプル**　　(D) クライアントの一覧表

テスト作成者/ネイティブ・スピーカーの視点
④でわかる。an example を選択肢 (C) では a sample report と言い換えている。

注
[パッセージ] □ obviously　明らかに　　□ presence　存在感　　□ recognize　…を認識する　　□ along with ...　…に加えて　　□ come in　収入として入る
[設問] □ rating　ランク付け、評価

TEST 2 解答・解説・訳

DOWNLOAD TEST 2 REVIEW ▶ 077-079 （British male）

Questions 77 through 79 refer to the following excerpt from a meeting.
① Good afternoon, everyone. ② Welcome to the IT conference at the East Star Inn. This hotel was built last year and ③ installed with the latest energy-efficient communications, Internet and customer service technology. In addition, ④ the layout offers easy access to the surrounding parks and trails that the island is famous for. We're very happy to present to all of you today. I'm sure you'll have many questions about the efficiency and cost of the technology we've implemented.

訳 問題 77-79 は次の会議の一部に関するものです。

①みなさん、こんにちは。②イースト・スター・インでの IT 会議にようこそおいでくださいました。このホテルは昨年建てられましたが、③最新の省エネ通信システム、インターネット、そして顧客サービス技術を備えております。また、④この島の名所である、付近の公園やハイキングコースへも簡単に行くことができます。本日、みなさんにご紹介できることをたいへん嬉しく思います。私たちが導入した技術の効率や費用について、たくさんご質問がおありだと思います。

77　正解 (A)　難易度 ★★

設問の訳
聞き手は誰だと考えられますか？
(A) IT 専門家　　(B) 環境保護論者　　(C) ホテルのオーナー　　(D) イベント企画者

テスト作成者／ネイティブ・スピーカーの視点
①②で IT 会議に出席する人たちに呼び掛けているので、「IT 専門家」が対象と考えるのが妥当。

78　正解 (C)　難易度 ★★★

設問の訳
ホテルに導入されている技術について何と言われていますか？
(A) 高価でない。　　(B) 海外のものである。　　**(C) 環境に優しい。**　　(D) 古いが信頼できる技術である。

テスト作成者／ネイティブ・スピーカーの視点
③でわかる。environmentally は副詞で、形容詞 friendly を修飾している。environmentally friendly はよく TOEIC にも出てくるので覚えておこう。

79　正解 (C)　難易度 ★★

設問の訳
ホテルについて、何と言われていますか？

(A) 美術館がある。　　(B) とても古い。　　**(C)** 近くに公園や遊歩道がある。　　(D) 発電所の近くにある。

テスト作成者／ネイティブ・スピーカーの視点
④から判断できる。

注
[パッセージ] □ energy-efficient　エネルギー効率のよい、省エネの　　□ communication　通信システム　□ layout　配置、設計図　　□ surrounding　付近の　　□ trail　（ハイキングなどの）コース　　□ present　発表する、示す　　□ implement　実行する
[設問] □ environmentalist　環境保護論者　　□ power plant　発電所

DOWNLOAD TEST 2 REVIEW ▶ 080-082　　American male

Questions 80 through 82 refer to the following radio broadcast.
① And now for this evening's sports news. It has been recently announced that ② championship-winning team, The Twisters, is up for sale. There is also a possibility that the team will move to a different city, ③ depending on who the new owner will be. ④ The present owner, Barry Swanson, is currently accepting offers from potential buyers. ⑤ Now, if it were another team, you might not be as enthusiastic about the possibility of having The Twisters move to your town — if you don't already have a hockey team, that is. But this is The Twisters we're talking about. For more information on this, check the team's website.

訳　問題80-82は次のラジオ放送に関するものです。
①それでは、今夜のスポーツニュースです。②優勝チームのザ・ツイスターズが売りに出されたことが、最近発表されました。③誰が新しいオーナーになるかによって、チームがほかの町へ移る可能性もあるということです。④現オーナーのバリー・スワンソンは現在、われこそはオーナーになりたいという人たちからのオファーを受け付けています。⑤さて、もしこれがザ・ツイスターズでなく、ほかのチームがこの町にやってくる可能性であれば、たとえまだ町にホッケー・チームがないとしても、それほど熱狂的にはならないかもしれません。でも、これはザ・ツイスターズの話です。このことについての詳細は、チームのウェブサイトをご覧ください。

80　正解 **(A)**　難易度 ★★

設問の訳
話し手は誰だと考えられますか？
(A) ニュースのレポーター　　(B) 映画俳優　　(C) スポーツ選手　　(D) チームのオーナー

テスト作成者／ネイティブ・スピーカーの視点
①でわかる。ラジオ放送の問題は新形式問題導入後のPart 4にもよく出題される。

284

81 正解 (C) 難易度 ★★★

設問の訳
ザ・ツイスターズは何を募集していますか？
(A) チームの名前の案 (B) 新しい選手 **(C) 新しいオーナー** (D) 新しいコーチ

テスト作成者／ネイティブ・スピーカーの視点
③と④の情報を (C) は簡潔に言い換えている。消去法でも判断できる。What are The Twisters looking for? と動詞が are であることに注意。How are the Giants doing?（ジャイアンツはどう？）というように、チーム名も s が付いている場合は複数形を受ける動詞を使う。

---

82 正解 (C) 難易度 ★★★

設問の訳
話し手は "But this is The Twisters we're talking about" と言った際、何をほのめかしていますか？
(A) ザ・ツイスターズのことは聞いたことがない。 (B) チームの名前を忘れてしまった。
(C) ザ・ツイスターズは有名なチームである。 (D) ザ・ツイスターズは彼にインタビューされている。

テスト作成者／ネイティブ・スピーカーの視点
新形式の「話し手の意図を問う設問」。②で強いチームであるとわかるし、直前の⑤で言っていることを考えれば、(C) が正解と判断できる。⑤は直訳すれば「さて、もしこれがほかのチームの話であれば、ザ・ツイスターズがあなたの町にやってくるかもしれないということに、それほど熱狂的にはならないかもしれません。つまり、まだ町にホッケー・チームがないのなら、ということです」ということであるが、要するに試訳のような意味になると思う。

注
[パッセージ] □ potential （人・ものが…になる）見込みのある □ enthusiastic 熱烈な

DOWNLOAD TEST 2 REVIEW ▶ 083-085 (British male)

Questions 83 through 85 refer to the following announcement.
① <u>Hello everyone and welcome to Beachside Zoo.</u> ② <u>My name is David and I'll be your tour leader this morning.</u> Today I'll be guiding you through our tropical rainforest zone where you can meet our tigers, Asian elephants and orangutans as well as experience our walk-through butterfly house. From there we will progress to the African savannah area where you'll arrive just in time to see our lions getting their morning snacks. ③ <u>Usually you would also be able to hand-feed vegetables to our giraffes, but unfortunately today the feeding platform is closed for maintenance.</u> We'll break for lunch at the pavilion between the savannah and farm zones, where ④ <u>you can choose from our two delicious cafes or of course eat your own food.</u> Let's get going!

訳 問題83-85は次のお知らせに関するものです。

①みなさん、こんにちは。ビーチサイド・ズーへ、ようこそ。②僕はデヴィッド、今朝のみなさんのツアー・リーダーです。今日は、熱帯雨林ゾーンをご案内します。ここではトラ、アジアゾウ、そしてオランウータンに会うことができ、バタフライハウスの通り抜けも体験していただきます。そこからアフリカン・サバンナのエリアに進みますが、そこに着くのはちょうどライオンが朝のおやつをもらう頃です。③いつもだったらキリンに野菜をあげられるのですが、残念ながら今日は餌付け台がメンテナンスのため閉鎖中です。サバンナ・ゾーンとファーム・ゾーンのあいだの休憩所でお昼休みにします。④2つあるおいしいカフェから選んでいただけますが、もちろんご自分で持ってこられたものも食べられます。それでは出発します！

83 正解 (B) 難易度 ★★★★

設問の訳
聞き手は誰だと考えられますか？
(A) 動物園の保守担当者　　**(B) 動物園の客**　　(C) 動物園の飼育係　　(D) 動物園のツアー・ガイド

テスト作成者／ネイティブ・スピーカーの視点
ツアー・ガイドの案内問題も新形式問題導入後もよく出題される。この設問は①だけでも判断がつくが、②とあわせれば確実にわかる。

---

84 正解 (C) 難易度 ★★★

設問の訳
聞き手は、今日は何ができないのでしょうか？
(A) バタフライハウスの中を歩くこと　　(B) ライオンを見ること　　**(C) キリンに餌をやること**　　(D) 自分で持ってきたものを食べること

テスト作成者／ネイティブ・スピーカーの視点
③でわかるが、それより前の情報に惑わされないようにしなければならない。

---

85 正解 (D) 難易度 ★★★

設問の訳
話し手は昼食について何と言っていますか？
(A) 聞き手は動物園のカフェでしか食事ができない。　　(B) 聞き手はツアーの最中は食べられない。　　(C) 聞き手は野菜しか食べられない。　　**(D) 聞き手は自分の食料を持っていける。**

テスト作成者／ネイティブ・スピーカーの視点
④からわかるが、前半の「2つあるおいしいカフェから選べる」という情報を含む選択肢がないので、後半の情報を反映した(D)を選ぶしかない。

TEST 1 解答・解説・訳

注

[パッセージ] □ tropical rainforest 熱帯雨林　□ orangutan オランウータン　□ savannah サバンナ　□ hand-feed (動物・人) に手で飼料・食事を与える　□ giraffe キリン　□ platform 台　□ pavilion 休憩所
[設問] □ zookeeper 動物園の飼育係

DOWNLOAD　TEST 1　REVIEW ▶ 086-088　　(British female)

Questions 86 through 88 refer to the following talk.
Hello everyone and welcome to this year's Global Energy Summit. ①This year, our presenters will be focusing on the growth in green energy, and how to encourage further development in the industry. ② Our first speaker for the day will be Marcia Rimes, the head researcher from Sunfire Inc. She is recognized as one of the world's foremost experts on energy storage, and ③ last year she was awarded an honorary doctorate from the Eastern University of Technology for her contributions to the field. ④ Today she will speak about methods for storing solar energy.

訳　問題 86-88 は次の話に関するものです。
みなさん、こんにちは。今年度のグローバル・エナジー・サミットへ、ようこそ。①今年の講演者たちは、グリーンエネルギーの成長と、産業界でのさらなる発展をいかに促すかということに焦点を当てます。②今日最初の講演者は、サンファイア社の研究主任であるマーシャ・ライムスさんです。彼女は、エネルギーの貯蔵に関する世界で1番の専門家として知られ、③昨年、この分野への貢献により、イースタン・ユニバーシティ・オブ・テクノロジーから名誉博士号を授与されました。④今日は太陽エネルギーの貯蔵方法についてお話されます。

86　正解 **(C)**　難易度 ★★★

設問の訳
今年の会議のテーマは何ですか？
(A) 太陽エネルギー発電の発展　(B) エネルギー貯蔵の技術　**(C) グリーンエネルギー業界における進歩**　(D) この分野への女性の貢献

テスト作成者/ネイティブ・スピーカーの視点
この問題は①で判断がつく。環境にやさしい (environmentally friendly) 燃料に言及した問題が TOEIC には頻出する。

87　正解 **(B)**　難易度 ★★★

設問の訳
ライムスさんは最近、何をしましたか？
(A) 新しいエネルギー源を発見した　**(B) 名誉学位を受けた**　(C) 会社の CEO に昇進した
(D) 自分の研究で大躍進を遂げた

287

> **テスト作成者／ネイティブ・スピーカーの視点**

設問に人名がある場合、流される文の中で必ずその人物に関する言及があるので、その瞬間を待ち構えていることだ。そのあたりに解答の手がかりになる情報が間違いなくある。ここでは②で Marcia Rimes という名前を確認して、そのあとの③の情報をしっかり聞き取らなければならない。

---

88 正解 (D) 難易度 ★★

> **設問の訳**

ライムスさんは何について話しますか？
(A) グリーンエネルギー発電の発展について　(B) 大学でのグリーンエネルギーの研究について　(C) この産業におけるイノベーションの促進について　**(D) 余った太陽エネルギーのさまざまな貯蔵方法**

> **テスト作成者／ネイティブ・スピーカーの視点**

④からわかる。87 が正解できれば、これも容易に解けるはずだ。

> **注**

[パッセージ] □ encourage …を促進する　□ recognize …を認める　□ foremost 第1位の　□ storage 貯蔵　□ honorary 名誉上の　□ doctorate 博士号　□ contribution 貢献
[設問] □ generation 発生、発電　□ breakthrough 顕著な進歩

DOWNLOAD TEST 2 REVIEW ▶ 089-091 American female

Questions 89 through 91 refer to the following telephone message.
①Hello John, this is Suzanne Lee from General Manufacturing. ②Unfortunately due to a problem with the machinery at one of our factories, ③we won't be able to make the delivery date for the touchscreen devices you ordered. It seems your order was for 10,000 items, but ④it will take an extra two weeks to complete your order. If you would like, ⑤we can send 8,000 units by our original delivery date, and ship the remaining 2,000 later, or we can wait and send the entire shipment at once. I apologize sincerely for the delay. Please call back and let me know what you would like us to do.

> **訳**　問題 89-91 は次の電話メッセージに関するものです。
①ジョンさん、こんにちは。ジェネラル・マニュファクチュアリングのスザンヌ・リーです。②申しわけございませんが、当社工場の機械の不調により、③ご注文いただきましたタッチスクリーン機器の配達日に間に合わせることができません。お客さまには 1 万個ご注文いただいていたようですが、④ご注文のお届けにはもう 2 週間かかってしまいそうです。もしよろしければ、⑤商品のうち 8000 個を当初の配達日までにお送りし、残りの 2000 個をあとで発送するか、またはすべてを 1 度に送れるまで待つこともできます。遅くなりまして、まことに申しわけございません。どのようになさりたいか、折り返しお電話いただけますでしょうか。

89 正解 (A) 難易度 ★★★

設問の訳
話し手は何の会社から電話をかけていますか？
(A) 電子機器工場　　(B) 輸送会社　　(C) 金融機関　　(D) 電器店のチェーン

テスト作成者／ネイティブ・スピーカーの視点
①だけだと (D) を選んでしまうかもしれないので、②とあわせて判断する必要がある。

---

90 正解 (B) 難易度 ★★

設問の訳
話し手はなぜ電話しているのですか？
(A) 輸送料金の支払いを求めるため　　**(B) 発送が遅れることを知らせるため**　　(C) 注文された機器の数を確認するため　　(D) 機械の修理を依頼するため

テスト作成者／ネイティブ・スピーカーの視点
②③④がしっかり聞き取れれば、確実に正解できるはずだ。

---

91 正解 (D) 難易度 ★★

設問の訳
聞き手はどのような解決法を提案されていますか？
(A) 機器を安い料金で送る。　　(B) 機器を速達便で送る。　　(C) 需要に合わせるために工場を拡大する。　　**(D) 荷物を 2 回に分けて発送する。**

テスト作成者／ネイティブ・スピーカーの視点
⑤を言い換えていると判断すればいい。そのあとの or we can wait and send the entire shipment at once に相当する選択肢はなく、それを確認した上で (D) を選べばよい。

注
[パッセージ] □ make …に間に合う　□ apologize 謝る
[設問] □ confirm …を確かめる　□ demand 需要

DOWNLOAD TEST 2 REVIEW ▶ 092-094　　British male

Questions 92 through 94 refer to the following talk.
① I'd like to welcome our new staff to our head office and main recording location. ② Today we'll first be providing a presentation on our company and its history in the music industry, and then a tour of the building will begin at 1:00 P.M. After the general tour has concluded, there will be a special introduction to the recording studios for those of you who will be working in production at 2:30. You'll be able to get some hands on time with the software suite we use. ③ At 3:00 P.M., there will be a question and answer session with the team leaders of each section here in the auditorium. ④ It'll be a great chance to break the ice with your new bosses and coworkers.

訳　問題 92-94 は次の話に関するものです。
① 新しいスタッフを、本社とメインの録音場所に、喜んでお迎えいたします。② 今日は、最初に当社と音楽業界におけるその歴史についてのプレゼンテーションを行ない、午後 1 時から建物内を見てまわります。全体的な建物見学が終了したあと、制作で働く人たちを 2 時 30 分から録音スタジオに特別にご案内します。われわれが使っているソフトウェア一式を使ってみる時間があるでしょう。③ 午後 3 時には、各セクションのチームリーダーとの質疑応答会が、この講堂で行なわれます。④ 新しい上司や同僚たちと打ち解けるよい機会となるでしょう。

92　正解 (C)　難易度 ★★

設問の訳
聞き手は誰だと考えられますか？
(A) 将来の大学生　(B) ミュージシャンと演奏家　(C) レコード会社の新社員　(D) 音楽業界の重役

テスト作成者／ネイティブ・スピーカーの視点
全体の状況を尋ねる「森問題」。①と②でわかる。

93　正解 (A)　難易度 ★★★★

設問の訳
話し手は "You'll be able to get some hands on time with the software suite we use" と言う際、何を意図していますか？
(A) スタッフはコンピュータを使ってみることができる。　(B) スタッフは制作責任者と話すことができる。　(C) スタッフは新しいコンピュータ・ソフトを購入できる。　(D) スタッフは有名な歌手と直接会える。

テスト作成者／ネイティブ・スピーカーの視点
新形式の「話し手の意図を問う設問」。get[lay] ...'s hand on ... で、「…を見つける、手に入れる」。ここでは get some hands on time with the software suite「ソフトウェアを一式使っ

290

てみる時間がある」ということだ。

94　正解 (B)　難易度 ★★★

設問の訳
聞き手は午後3時に何ができますか？
(A) 会社についてのプレゼンテーションを見学する　　(B) 各部署のトップに会う　　(C) 調査に参加する　　(D) 会社のソフトウェアについて学ぶ

テスト作成者／ネイティブ・スピーカーの視点
③と④の情報をあわせて判断しなければならない。④にある break the ice は、「(パーティなどで) 話の口火を切る、座を打ち解けさせる」といった意味で使われる。

注
[パッセージ] □ head office 本社　□ production 制作　□ get ...'s hand on ... …を見つける、手に入れる　□ suite 一式　□ auditorium 講堂　□ break the ice 緊張をほぐす
[設問] □ prospective 予期された　□ executive 管理職、重役　□ in person 実物で

DOWNLOAD　TEST 2　REVIEW ▶ 095-097　　American female

Questions 95 through 97 refer to the following advertisement **and list**.
①At World Films Cinema, we believe that seeing a movie shouldn't break the bank. That's why we have weekly coupons.　② On Sundays, all you lovebirds out there can come and see our chosen romantic film for 20% off. ③ On Mondays, those of you who like to snack while you watch can get a large drink for free! Tuesday is our discount day, come in between nine and five and see a movie of your choice for 10% off. And finally, for those with kids, Friday is the day when each adult can bring one child under the age of ten for free!

訳　問題95-97は次の宣伝とリストに関するものです。
①ワールド・フィルムス・シネマでは、映画を見たら破産するなどということがあってはならないと信じています。だからこそ、ウィークリー・クーポンがあるのです。②日曜日には、カップルのみなさんは当社指定の恋愛映画をご覧いただくと、20%オフとなります。③月曜日は、映画を見ながら何か食べるのがお好きな方、Lサイズのドリンクが無料で手に入ります！　火曜日はディスカウント・デーです。9時から5時までにおいでのお客さまは、お好きな映画を10%オフでご覧いただけます。そして最後に、お子さま連れのお客さま、金曜日は大人1名につき10歳未満のお子さま1名が無料となります！

| 95 | 正解 **(D)** | 難易度 ★★ |

設問の訳
話し手はどんな会社で働いていると考えられますか？
(A) コンビニエンス・ストア　　(B) 電器店　　(C) テーマパーク　　**(D)** 映画館

テスト作成者／ネイティブ・スピーカーの視点
新形式の「図表を見て答える設問を含む問題」。この設問は①で判断できる。「映画」は日本でも「シネマ」というので、容易に対応できるだろう。

| 96 | 正解 **(B)** | 難易度 ★★ |

設問の訳
日曜日はどの種類の映画が安いですか？
(A) ホラー　　**(B)** ロマンス　　(C) ドラマ　　(D) 子供向け作品

テスト作成者／ネイティブ・スピーカーの視点
②から判断できる。lovebirds はなじみのない表現かもしれないが、romantic film が聞き取れれば、問題なく正答できるだろう。

| 97 | 正解 **(C)** | 難易度 ★★★ |

設問の訳
図を見てください。聞き手は今どの映画を見ると無料の飲み物をもらえますか？
(A) *The Greatest Love Ever Known*　　(B) *The Show Must Go On*　　**(C)** *Space Battles III*　　(D) *Zoo City*

テスト作成者／ネイティブ・スピーカーの視点
③で月曜日に映画を見ると L サイズのドリンク無料と言っているので、リストから Mega Mondays にある *Space Battles III* を選ぶ。

カップル・デー	*The Greatest Love Ever Known* の映画を見るとカップルは20％割引
メガ・マンデー	*Space Battles III* の大人券を買うと、L サイズのドリンク無料
ディスカウント・デー	営業時間中、全チケット10％オフ（*The Show Must Go On* は除く）
ファミリー・フライデー	*Zoo City* の大人券1枚で子供1人無料

注
[パッセージ] □ break the bank （人を）破産させる　　□ lovebirds 恋人同士、おしどり夫婦
[設問] □ complimentary 無料の　　□ beverage 飲み物

TEST 1 解答・解説・訳　　　TEST **2** 解答・解説・訳

DOWNLOAD　TEST 2　REVIEW ▶ 098-100　　(British female)

Questions 98 through 100 refer to the following instruction **and map**.
① Our office can be a little tricky to find for first-time visitors, so please follow these instructions carefully. ② First, turn left from Exit 1 from East Subway Station and walk two blocks. ③ From there, the road will fork into a main road and a narrower road. ④ You can take the main road, but it is less direct, so I don't recommend it. ⑤ Continue down the smaller road until you reach ABC Convenience Store. ⑥ It's on the right hand side, to the left of a bicycle parking area. ⑦ Between the convenience store and the parking area there is a small doorway where you will find an intercom labelled with our company name. ⑧ Please buzz the intercom and someone will unlock the door for you.

訳　問題 98-100 は次の説明と地図に関するものです。
①私どものオフィスは、初めていらっしゃるお客さまには少し見つけにくい場所にありますので、この説明をよく聞いて従ってください。②まず、イースト地下鉄駅の1番出口を左に曲がり、2ブロック歩きます。③そこから、道が2つに分かれます。本道と狭い道です。④本道を通っても来られますが、遠回りなので、お勧めしません。⑤狭いほうの道を、ABCコンビニエンス・ストアのところまで進みます。⑥向かって右手、自転車駐輪場の左側にあります。⑦コンビニエンス・ストアと駐輪場のあいだに小さな出入口があり、そこに当社の名前の入ったインターホンがあります。⑧インターホンを押していただければ、こちらでドアのカギを解除します。

98　正解 **(C)**　難易度 ★★

設問の訳
聞き手は誰だと考えられますか？
(A) コンビニエンス・ストアを探している人　(B) 自転車を駐輪したい人　**(C) 話し手の職場を訪れたい人**　(D) 普段、イースト地下鉄駅を使わない人

テスト作成者／ネイティブ・スピーカーの視点
新形式の「図表を見て答える設問を含む問題」。この設問は①でわかる。この会社に電話をかけて、道を尋ねようとしている人だと判断できる。

99　正解 **(B)**　難易度 ★★★★

設問の訳
図を見てください。話し手の説明によると、聞き手がそばを通ると考えられないものは何ですか？
(A) 本屋　**(B) 家電用品店**　(C) ガソリンスタンド　(D) 洋服屋

293

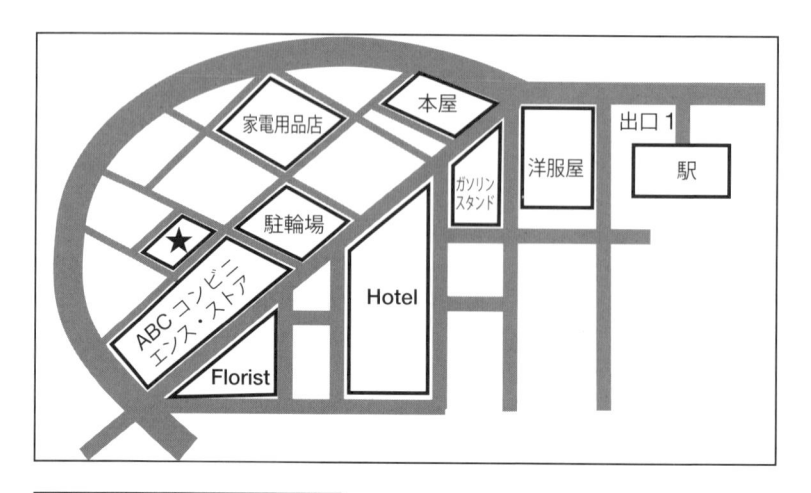

テスト作成者／ネイティブ・スピーカーの視点

地図を見て、②③④⑤の情報を確認すれば解ける。ただ、地図を見ながら音声を聞かないと判断するのがむずかしいので、先読みで必要な情報はインプットしておこう。

|100| 正解 **(A)**　難易度 ★★

設問の訳

聞き手はオフィスに入る前に何をするように指示されましたか？
(A) インターホンを押す　　(B) コンビニエンス・ストアを訪れる　　(C) 駅から電話する
(D) 地図でオフィスを探す

テスト作成者／ネイティブ・スピーカーの視点

⑦と⑧でわかる。日本では interphone という言い方もするが、英語では intercom が普通。

注

[パッセージ] □ tricky （役目・仕事などが）手際のいる、注意を要する　□ fork 分岐する　□ direct 直通の、最短の　□ doorway 戸口、出入口　□ intercom インターホン　□ buzz …のブザーを鳴らす
[設問] □ past …を通り過ぎて

PART 5

101 正解 (C) 難易度 ★★

訳 ドーソン氏は支店長として、販売不振の責任はすべて自分にあると感じた。

注 □ branch manager 支店長 □ responsibility 責任 □ poor 貧しい、劣る □ sales results 販売実績

テスト作成者／ネイティブ・スピーカーの視点

選択肢は人称変化。Ms. Dawson felt のあとが that 節で、そこでは the responsibility for the poor sales results が主語になっているので、空欄には補語になれる hers もしくは herself が入ると判断できるが、文意にあうのは hers だ。

---

102 正解 (C) 難易度 ★★

訳 来週の会議で、新工場の具体的な場所を決定することになっている。
(A) 特定する［動詞の原形］　　(B) 特定する［動詞の現在分詞］　　**(C) 特定の、具体的な［形容詞］**
(D) 特定、明細事項［名詞］

注 □ be to …することになっている、…する予定だ　□ decide on ... …を決定する　□ location 場所、立地　□ factory 工場

テスト作成者／ネイティブ・スピーカーの視点

a ------- location に注目すれば、空欄には形容詞もしくは形容詞の働きをする語が来ると判断でき、specifying と specific に絞られるが、文意から specific を選ぶ。

---

103 正解 (C) 難易度 ★★

訳 ABC カンパニーは、製品の欠陥を償うため、全額を返金すると発表した。
(A) 場所を空ける　　(B) 時間を繰り合わせる　　**(C) 埋め合わせる**　　(D) 確かめる

注 □ announce 発表する　□ make up for ... …を償う、…の埋め合わせをする　□ product defect 製造物の欠陥　□ give a refund 返金する、払い戻す

テスト作成者／ネイティブ・スピーカーの視点

it will ------- for the product defect に注目すれば、「(製品の欠陥を) 償う、埋め合わせる」(make up for) という意味になると考えられる。よって make up を選べばよい。

104 正解 (B) 難易度 ★

訳 その製品のローンチミーティングは、会議室Aまたは201号室で開かれる。
(A) および　**(B) または**　(C) …もまた　(D) …でない

注 □ launch 発進、開始　□ either A or B AかBのどちらか　□ conference room 会議室

テスト作成者／ネイティブ・スピーカーの視点

either Conference Room A ------- Room 201 に注目すれば、either A or B の or が空欄に入ると数秒で判断できるだろう。こういった問題は3秒から5秒ぐらいで解答し、ほかの問題に時間を充ててほしい。

---

105 正解 (C) 難易度 ★★★

訳 YHFエレクトロニクスは、同社のオンラインショップで発生した問題をできるだけタイミングよく解決するとウェブサイトで明言した。
(A) 時間どおりに　(B) 間に合って　**(C) 時宜にかなった**　(D) 時間

注 □ state 述べる、明言する　□ resolve a problem 問題を解決する　□ in a timely manner タイミングよく　□ as ... as possible できるだけ…

テスト作成者／ネイティブ・スピーカーの視点

as ... as possible とともに、... in a timely manner の表現が使われている。不定冠詞 a は、普通は a comprehensive dictionary（詳細な辞書）などのように〈a＋形容詞＋名詞〉の順に用いられるが、half a century（半年）や too long a time（長すぎる期間）など、言い方によって形容詞と順序が入れ替わることがある。as ... as の中でも a は形容詞のうしろに来ることがある。例：You have as good a voice as a pop singer.（あなたはポップ・シンガーと同じくらいよい声をしている）

---

106 正解 (B) 難易度 ★★

訳 美術館は昨日、貴重な油彩画を激しい入札合戦の末に獲得したと発表した。
(A) 引き渡した　**(B) 獲得した**　(C) 明らかにした　(D) 修復した

注 □ museum 博物館、美術館　□ oil painting 油絵　□ heavy 激しい　□ bidding 入札

テスト作成者／ネイティブ・スピーカーの視点

文意から適当な動詞を判断する問題。「貴重な油彩画を手に入れた［獲得した］」ということなので、acquired を選べばよい。

TEST 2 解答・解説・訳

107　正解 (B)　難易度 ★★★

訳　ジョンソン氏はその会社に 20 年以上も雇用されているのに、あまり昇進していない。
(A) …以来、…だから　**(B) …であるのに**　(C) もし…でなければ　(D) しかし

注　□ move up　昇進する、出世する　□ employ　雇用する

テスト作成者／ネイティブ・スピーカーの視点
選択肢はすべて接続詞。文意から「…にもかかわらず」といった意味の表現が来ると思われるので、even though を選ぶ。

108　正解 (A)　難易度 ★★★

訳　多くのオフィス用品会社が、値段が手頃なのと同じくらいおしゃれで丈夫な家具を専門に扱っている。
(A) 丈夫な　(B) 耐久性　(C) 持続、持続期間　(D) 耐久性があること

注　□ office supply　オフィス用品、事務用品　□ specialize in ...　…を専門にする　□ furniture　家具　□ affordable　値段が手頃な

テスト作成者／ネイティブ・スピーカーの視点
as stylish and ------- as it is affordable に注目すれば、as A as B の言い方であり、A は stylish と空欄に入るもう 1 語で形成されていると判断して、同じ形容詞の durable を選ぶ。duration, durability なども TOEIC によく出るので、覚えておこう。

109　正解 (C)　難易度 ★★★

訳　休暇を取るには、必ず 1 カ月前までに人事部の承認を得なければならない。
(A) 話す　(B) 残す　**(C) 得る**　(D) 取る

注　□ imperative　どうしても必要な、強制的な　□ approval　承認、賛同　□ HR　(human resources の略) 人事部　□ prior to ...　…より前に　□ personal time off　有給休暇

テスト作成者／ネイティブ・スピーカーの視点
「承認を得る」は、get approval あるいは、gain approval という言い方が普通だ。

110　正解 (C)　難易度 ★★★★

訳　その電子商取引企業は、顧客の反発と非難を受けたあと、新しい顧客返品条件を改訂する決定をした。
(A) 好み、選好　(B) 認識、認知　**(C) 批判、非難**　(D) 評価

注 □ e-commerce eコマース、電子商取引　□ revise 改訂する　□ returns policy リターンポリシー、返品条件　□ backlash 反発

テスト作成者／ネイティブ・スピーカーの視点

文意から backlash と同じようにネガティブな意味の語であると理解できれば、criticism が選べる。

111　正解 (C)　難易度 ★★

訳　シータ・エンジニアリングは、高品質の製品と優れた顧客サービスで知られている。

注　□ be known for ... …で有名である　□ high quality 高品質　□ excellent 優れた、すばらしい

テスト作成者／ネイティブ・スピーカーの視点

文意から Theta Engineering の所有格 its が入ると判断できる。

112　正解 (C)　難易度 ★★

訳　直属の上司から別の通知がない限り、従業員は全員金曜日のミーティングに出席することになっています。
(A) 出席［名詞］　　(B) 出席している　　**(C) 出席する［動詞の原形］**　　(D) 出席している［動詞の現在分詞］

注　□ expect 期待する　□ otherwise 別なふうに　□ notify 通知する　□ supervisor 監督者、上司

テスト作成者／ネイティブ・スピーカーの視点

All employees are expected to ------- the meeting に注目すれば、原形動詞の attend が入ると考えられる。be in attendance は文法的には正しいが、不自然。TEST 1 の 111 の問題も参照。

113　正解 (A)　難易度 ★★★

訳　文書の編集中に不一致に気づいた場合は、編集長に知らせるためにメモを取りましょう。
(A) 通知する、知らせる　　(B) 危急を知らせる、警戒させる、怖がらせる　　(C) 発表する、公表する　　(D) 話し合う、論じる

注　□ discrepancy 不一致、矛盾　□ make a note メモする　□ chief editor 編集長

テスト作成者／ネイティブ・スピーカーの視点

動詞の意味を考えて答える問題。文意から「編集長に伝える［知らせる］」という意味になると思われるが、この状況では inform と announce のどちらが適切だろうか？　announce は「(計

画・決定など）を（正式に）発表する、告知する」といった意味だ（例：He announced his daughter's engagement.［彼は娘の婚約を発表した］）。よって、inform が適当。

114　正解 (A)　難易度 ★★★

訳　提案された幹線道路の建設地をめぐって、市民の間に激しい対立があった。
(A) 激しい　　(B) 好ましい、容認できる　　(C) 非常に美しい、鋭い　　(D) 不明瞭な、曖昧な

注　□ disagreement 意見の相違、対立　□ citizen 市民　□ propose 提案する　□ highway 幹線道路

テスト作成者／ネイティブ・スピーカーの視点
選択肢はすべて形容詞であり、文意を考えて判断しなければならない。intense pain（強い痛み）のように、「強い、激しい」の意味で使われる intense を選ぶのがここでは適当。

115　正解 (B)　難易度 ★★★★

訳　現在の傾向は、インターネットショッピングのほうを好む顧客が増え、通信販売用カタログの利用者がこの数カ月間減ってきていることを示している。
(A) ［現在進行形］　　**(B) ［現在完了進行形］**　　(C) ［三人称単数現在形］　　(D) ［過去形］

注　□ trend 傾向　□ prefer …のほうを好む　□ shop online インターネット上で買い物をする　□ mail-order catalog 通信販売用カタログ

テスト作成者／ネイティブ・スピーカーの視点
選択肢はすべて動詞 decrease に関連した表現。文意から「減っている」という意味であり、進行形が使われるべきであると思われるが、now のような一時的な時間単位を示す語ではなく、in recent months と比較的長い時間を示す副詞表現が付いていることから、現在完了進行形 has been decreasing を使うのが適当と考える。

116　正解 (C)　難易度 ★★

訳　労働組合は、定期的に選挙を行なって、会社の新しい代表者を選出している。
(A) 期間、時期［名詞、単数形］　　(B) 期間、時期［名詞、複数形］　　**(C) 定期的に［副詞］**
(D) 定期的な、周期的な［形容詞］

注　□ labor union 労働組合　□ hold an election 選挙を行なう　□ representative 代表者

テスト作成者／ネイティブ・スピーカーの視点
空欄には副詞が入ると容易に判断できる。正解は periodically.

117 正解 (B)　難易度 ★★★

訳　会社の方針に違反した従業員は懲戒処分を受け、違反行為を繰り返した場合は解雇されることがある。
(A) [動詞の原形]　**(B) …を受けさせられる**　(C) [過去形]／[過去分詞]　(D) [現在分詞]

注　□ in violation of　…に違反して　□ company policy　会社の方針　□ subject　(人にいやなことを) 受けさせる　□ disciplinary action　懲戒処分　□ result　…の結果になる　□ dismissal　解雇

テスト作成者／ネイティブ・スピーカーの視点
選択肢はすべて subject に関連した表現。disciplinary action の意味がわからないとむずかしいかもしれないが、be subjected to ...（[いやな目に] 遭う、[拷問・批判などを] 受ける）を知っていれば解ける。

---

118 正解 (C)　難易度 ★★★★

訳　ウェアハウス・ホールディングスは、お客さまに 100％満足していただけるように、自信を持ってすべての製品を無条件の保証付きで提供いたします。
(A) 誤っていない　(B) 豊富な　**(C) 無条件の、無制限の**　(D) 余分の、臨時の

注　□ proudly　自信を持って　□ offer　提供する　□ guarantee　保証　□ ensure　…を確実にする　□ satisfaction　満足

テスト作成者／ネイティブ・スピーカーの視点
文意から適当なものを選ぶ問題。選択肢はすべて形容詞。正解は unconditional love（無条件の愛）など、「無条件の」の意味で使われる unconditional。

---

119 正解 (B)　難易度 ★★★

訳　今年労働法が改正されて以来、雇用が大幅に増加している。
(A) …の　**(B) …の、…における**　(C) …による　(D) …で

注　□ increase　増加　□ employment　雇用　□ labor law　労働法　□ earlier this year　今年これまでに

テスト作成者／ネイティブ・スピーカーの視点
前置詞の用法を問う問題。a law on equal opportunity in employment（雇用均等法）などの言い方からわかるように、in と employment は相性がよい。

---

120 正解 (A)　難易度 ★★★★★

訳　その会社は徹底的なリスク分析を行なったあと、自社の利益を守るための絶対確実なコンティンジェンシープランを策定した。

(A) 不測事態　　(B) 用心深い、慎重な　　(C) 危機の、重大な　　(D) 決定的な、最終的な

注　□ conduct　行なう、実施する　　□ thorough　徹底的な　　□ risk analysis　リスク分析、危険分析　　□ foolproof　絶対確実な　　□ contingency plan　コンティンジェンシープラン、不測事態対応計画

テスト作成者／ネイティブ・スピーカーの視点
難易度の高い問題。contingency（不測の事態、出来事）という名詞、もしくは contingency plan という複合名詞の言い方を知らないと答えられないかもしれない。foolproof もあわせて覚えておこう。

121　正解 (D)　難易度 ★★

訳　国際線の乗客は、搭乗手続きをしてセキュリティチェックを受けるために少なくとも2時間は見ておくべきだ。
(A) 彼自身　　(B) それ自身　　(C) 私たち自身　　**(D) 彼ら自身、それら自身**

注　□ passenger　乗客　　□ board　乗り込む　　□ international flight　国際線　　□ give　（時間など）の余裕を与える　　□ check in　搭乗手続きをする

テスト作成者／ネイティブ・スピーカーの視点
選択肢はすべて再帰代名詞。give A for B で「B と引き換えに A を渡す」といった意味になる（例：I gave him my watch for his camera.［カメラをもらう代わりに彼に腕時計を譲った］）。主語は passengers なので、themselves が正解。

122　正解 (A)　難易度 ★★★

訳　多くのパソコン会社が、グラフィックス・チップセットの製造業者としてビド・ソリューションズのほうを好んでいる。
(A) …のほうを好む［動詞の原形］　　(B) …のほうを好む［三人称単数現在形］　　(C) 好み、選好［名詞］　　(D) …のほうを好む［現在分詞］

注　□ graphics chipset　グラフィックス・チップセット、ビデオ・チップセット　　□ manufacturer　製造業者、メーカー

テスト作成者／ネイティブ・スピーカーの視点
構文から空欄には動詞が来ると考えられるので、主語 Many personal computer companies に一致する prefer を選ぶ。

123　正解 (D)　難易度 ★★★

訳　理想を言えば、展示会の会場は 1000 人まで収容できて駐車場もあるとよい。
(A) 理想［名詞］／理想的な［形容詞］　　(B) 理想主義者［名詞］　　(C) 理想化する［動詞］
(D) 理想的に、理想を言えば［副詞］

注 □ exhibition 展示会、博覧会　□ hold 収容する　□ up to …まで　□ parking area 駐車場

テスト作成者/ネイティブ・スピーカーの視点

選択肢の中でこの位置に置けるのは副詞 Ideally しかない。例：Ideally, I'd like to live in an English speaking country to improve my language skills.（理想を言えば、語学力向上のために英語圏の国に住みたい）

124　正解 (B)　難易度 ★★

訳　その2社が最終合意に達するまで、交渉に数週間かかった。
(A) 合意する［動詞］　**(B) 合意、契約書［名詞、単数形］**　(C) 合意、契約書［名詞、複数形］
(D) 合意する［動詞の現在分詞または動名詞］

注 □ reach an agreement 合意に達する　□ negotiation 交渉

テスト作成者/ネイティブ・スピーカーの視点

reached a final ------- と a があることから、空欄には単数名詞が入る。正解は agreement だ。

125　正解 (B)　難易度 ★★★

訳　今日のエコ志向の世界では、会社は環境にやさしい製品やサービスを求める顧客の需要に適応しなければならない。
(A) …への、…する　**(B) …に対する**　(C) …とともに　(D) …についての

注 □ eco-friendly 環境にやさしい　□ business 会社　□ adapt to ... …に適応する
□ environmentally friendly 環境にやさしい

テスト作成者/ネイティブ・スピーカーの視点

a demand for higher pay（給料引き上げの要求）というように demand は for と相性がいい。ほかに例を挙げる。Due to the development of new material that are light and inexpensive, the demand for aluminum has been decreasing steadily.

126　正解 (C)　難易度 ★★★

訳　ソーラー・ソフトウェアは財政上の問題に常に悩まされてきたが、破産に追い込まれるかライバル企業に買収されるかは時間がたってみなければわからない。
(A) …へ　(B) もし…ならば、…かどうか　**(C) または**　(D) …によって、…までに

注 □ time will tell 時間がたてばわかる　□ plague 絶えず悩ます　□ force 強いる、余儀なくさせる　□ bankruptcy 破産、倒産　□ competitor 競争相手

テスト作成者／ネイティブ・スピーカーの視点

...will be forced into bankruptcy ------- be bought by a competitorの部分に注目すれば、be forced into bankruptcy と be bought by a competitor が並列であることがわかる。この2つを並列でつなぐのは or しかない。

127　正解 (B)　難易度 ★★★★

訳　その会社は、8週間の有給休暇や総合健康保険を含む魅力的な給与体系を提供している。
(A) 年金制度　**(B) 給与体系**　(C) 解雇手当　(D) 支払条件

注　□ attractive 魅力的な　□ paid leave 有給休暇　□ comprehensive 包括的な、総合的な　□ health insurance 健康保険

テスト作成者／ネイティブ・スピーカーの視点

compensation package という表現を知らないとむずかしいかもしれない。TOEICにはこうした複合名詞の知識を問われる問題が頻出する。注に示した表現も TOEIC によく出るので、まとめて覚えておこう。なお、(D) の payment conditon（支払条件）は payment terms（複数形になるので注意）と言うこともある。

128　正解 (B)　難易度 ★★

訳　今夜市議会が開かれ、新法が地元企業に及ぼす影響について討議される。
(A) 対策、措置　**(B) 影響**　(C) 妥協　(D) 提案

注　□ city council 市議会　□ discuss 話し合う、論議する　□ business 会社

テスト作成者／ネイティブ・スピーカーの視点

「新法が地元企業に及ぼす -------」という意味から、impact を選ぶ。しかし、この語を知らないと正答するのはむずかしいかもしれない。ほかの選択肢の単語とともに覚えておこう。

129　正解 (B)　難易度 ★★★

訳　この職への志願者は、抜きんでたコンピュータ操作能力があり、IT のアプリケーションに関する高度な知識を有していなければならない。
(A) 重要な　**(B) 並外れた、抜群の**　(C) 興味をそそる　(D) 等しい、同等の

注　□ candidate 候補者、志願者　□ position 職　□ computer skill コンピュータ操作能力

テスト作成者／ネイティブ・スピーカーの視点

exceptional も TOEIC の頻出語だ。ほかの選択肢の significant や intriguing とともに覚えよう。

130　正解 (D)　難易度 ★★★

訳　健康に関する専門家のほとんどは、バランスのとれた適度な食事が活力と注意力を高めるということで意見が一致している。
(A) 動揺、興奮　　(B) 辛辣さ　　(C) 驚き　　**(D) 注意力**

注　□ well-balanced　バランスのとれた　　□ diet　食物　　□ in moderation　適度に　　□ energy　元気、活力

テスト作成者／ネイティブ・スピーカーの視点

語彙問題なので、正解の alertness をはじめ、ほかの選択肢の単語も知らないと答えられないかもしれない。TOEIC の問題をなるべくたくさん解いて、1 つひとつ覚えるようにしよう。

PART 6

訳 問題131-134は次の記事に関するものです。

> 8月15日
> 海外駐在社員各位
>
> みなさま海外赴任先でご活躍のことと存じます。海外勤務では、業務上でも金銭面でも時に大変な思いをされることでしょう。ここでちょっと嬉しいお知らせがあります！当社ではこのたび、海外駐在員のご子息に対する教育手当を増額することにしました。これまでは、ご子息の学費の75%を会社が負担してきました。この方針が間もなく変わります。9月1日以降、学費は全額、会社負担となります。

131 正解 (D) 難易度 ★★★★

選択肢の訳 (A) 高価な　(B) 外側の　(C) 屋外の　**(D) 海外の**

テスト作成者／ネイティブ・スピーカーの視点

選択肢はすべて形容詞。この状況における posting（転任、配属）の意味がわかれば、次の文の Working in a foreign country から、「海外」を意味する overseas を選べる。この We hope your overseas posting is going well. は「みなさんの海外赴任がうまくいっていることを祈っております」という意味であるが、ネイティブは感覚的に訳文に示したような意味でとらえる。

132 正解 (C) 難易度 ★★★★

選択肢の訳 (A) …で　(B) …までには　**(C) …までは**　(D) …から

テスト作成者／ネイティブ・スピーカーの視点

空欄以下が now, the company has covered 75 percent of your child's tuition となっていて、現在完了形が使われていることから、「学費の75%を会社が負担」することが過去のある時点から今に至るまでつづいていると思われる。このニュアンスを表現できるのは until now だ。

133 正解 (A) 難易度 ★★★

選択肢の訳

(A) この方針が間もなく変わります。　(B) 海外勤務は刺激的です。　(C) このニュースは

発表済みです。　　　(D) 子供たちは地元の学校に通うべきです。

> **テスト作成者／ネイティブ・スピーカーの視点**

Part 6 の新形式問題の「文書中に入る適切な 1 文を選択する設問」だ。これは 132 と 134 を解いたあとで答えるのがいいかもしれない。132 を含む文で「学費の 75%を会社が負担してきた」と現在完了形で言っていて、134 を含む文で「学費は全額、会社負担となる」と未来形で言っているのだから、「変化が起こる」と告げる (A) を選ぶのが適当。

134　正解 (B)　難易度 ★★★

選択肢の訳　(A) 費用のかかる［形容詞］　　(B) 費用［名詞、複数形］　　(C) 多額の費用をかけて［副詞］　　(D) 費やす［動詞］

> **テスト作成者／ネイティブ・スピーカーの視点**

うしろの will be taken care of by the company に注目すれば、all tuition ------- はその主語に当たる部分であると考えられる。「授業料」は tuition fee, もしくは tuition expense だ。この場合は all が前にあるので複数形の tuition expenses にする。Beginning September 1 の表現については TEST 1 の 142 の解説を参照。

> **注**

［パッセージ］□ expatriate　国外在住者　　□ posting　転任、配属　　□ challenging　能力（努力）を必要とするような、むずかしい、挑戦的な　　□ allowance　手当（金）、一定の割当量　　□ tuition　学費、授業料　［設問］□ policy　方針、政策　　□ announce　発表する、告知する

訳　問題 135-138 は次の E メールに関するものです。

> 宛先：jcox@kkg.net
> 差出人：makino@worldrealtors.com
> 日付：12 月 11 日
> 件名：ご希望に近い物件
>
> コックス様
>
> ご興味をお持ちになるのでは、と思われるお部屋の出物がありました。お客さまのご希望としましては、立地は主要駅のそば。加えて、床面積 100㎡以上。この物件は、なんとそれ以上の広さがあります。歩いていける距離にスーパーもほしいとのことでしたね。
>
> 前の入居者は昨日退去したばかりです。通常ですと、きちんと清掃が終わるまで内覧のご案内はいたしかねます。ですが、こちらの物件の大家さまには個人的に親しくお付き合いいただいており、清掃前のお部屋をコックス様にご覧いただくことについて了承してくださいました。明日ではいかがでしょうか？
>
> マキノ

135　正解 (C)　難易度 ★★

選択肢の訳 (A) …にもかかわらず　(B) …するあいだ　**(C)** …によれば　(D) なぜなら

テスト作成者／ネイティブ・スピーカーの視点

適当な接続詞あるいは前置詞を選ぶ問題。空欄のうしろに名詞句が来ていて、文脈から「…によれば」を意味する表現が入ると思われるので、According to を選ぶ。

136　正解 (A)　難易度 ★★★★

選択肢の訳
(A) この物件は、なんとそれ以上の広さがあります。　(B) 自転車でほんの5分です。
(C) 4路線が近くを通っています。　(D) お部屋は10階です。

テスト作成者／ネイティブ・スピーカーの視点

新形式の「文書中に入る適切な1文を選択する設問」だ。この前の文では、メール受信者の希望の1つに触れている。選択肢を見ると、唯一 (A) がそれ（物件の広さ）に関する内容なので、これが正解。

137　正解 (B)　難易度 ★★

選択肢の訳 (A) その結果として　**(B)** しかし　(C) なお　(D) それから

テスト作成者／ネイティブ・スピーカーの視点

文脈から逆説の接続詞が来ると思われるので、However を選ぶ。

138　正解 (D)　難易度 ★★★

選択肢の訳 (A) …を除いて　(B) …のあとに　(C) …の範囲内で　**(D)** …の前に

テスト作成者／ネイティブ・スピーカーの視点

文脈から、空欄とそのあとの that の組み合わせで「時期」を示すと思われる。that は it has been properly cleaned だと思われるので、before を選べば「清掃前」となり、時期を示す表現になる。

注

[パッセージ] □ apartment　高級アパート、マンション　□ previous　先の、以前の　□ tenant　賃貸人、居住者　□ landlord　家主、大家
[設問] □ train line　（鉄道の）路線

訳 問題 139-142 は次の通知に関するものです。

> みなさんご存知のように、わが社では、インターネットで当社のサービスを初めて知ったという見込客から多くの新規取引が生まれています。ところが、わが社のウェブサイトに掲載されている情報の大半は、2年前とまるで代わり映えしません。社長命令により、このたび私がウェブサイト更新プロジェクトチームの編成を任されました。チームへの参加を希望する方は、メリッサ・キムまでメールで melissa@jaysolutions.com 宛てに連絡してください。彼女がこのプロジェクトの統括者になります。メールのコピーを私にも送っておいてください。
>
> このプロジェクトが、さらに多くの新規顧客の獲得につながることを確信しています。
>
> ジル・チャン
> 最高情報責任者
> jill@jaysolutions.com

139 正解 (B) 難易度 ★★★

選択肢の訳 (A) [未来形] **(B)** [現在完了] (C) [現在形] (D) [現在完了・-ing 形]

テスト作成者／ネイティブ・スピーカーの視点

空欄がある文は、as を挟んで「現在」（前半）と「これまで」（後半）のウェブサイトの情報を比較していると思われる。現在完了 has been を選べば、後半部の「これまで」の状況が表現できる。

---

140 正解 (A) 難易度 ★★★

選択肢の訳 **(A)** 最新のものにする (B) 紹介する (C) 開設する (D) 提案する

テスト作成者／ネイティブ・スピーカーの視点

選択肢はすべて動詞の -ing 形であることから、work on ...ing（…に取り組む）という形になる。updating を選べば、「ウェブサイトの更新に取り組む」となり、文脈に合う。

---

141 正解 (B) 難易度 ★★★★

選択肢の訳 (A) 全員 **(B)** 誰でも (C) あらゆる (D) ほとんど

テスト作成者／ネイティブ・スピーカーの視点

うしろに関係代名詞 who があることから、空欄には先行詞になれる代名詞が来るはずであり、選択肢の中では Anyone しかない。anyone who の言い方はよく使われるので、覚えておこう（例：Anyone who has a question, feel free to ask me.［質問がある方は、どうかお尋ねください］）。All は all those who are の形であれば文法的に可能。例：All those who were

308

there were impressed.（そこにいた人はみんな感心した）

142　正解 (D)　難易度 ★★★

選択肢の訳
(A) インターネットは貴重な情報源です。　(B) チームワークはわが社の中心的価値観の1つです。　(C) メリッサは韓国で教育を受けました。　**(D) 彼女がこのプロジェクトの統括者になります。**

テスト作成者／ネイティブ・スピーカーの視点
新形式の「文書中に入る適切な1文を選択する設問」だ。選択肢を見れば、前の文で触れた Melissa Kim に関する情報を補足するのが適当と思える。(C) と (D) がそれに当たるが、文意から考えて (D) が正解。

注
[パッセージ] □ potential　可能性のある、潜在的な　□ contact　連絡する　□ copy　（手紙・メールの）コピーを送る　□ attract　引き寄せる、誘致する
[設問] □ valuable　価値のある　□ resource　供給源、資源　□ core　中心的な、核を成す　□ head up　（組織などを）率いる

訳　問題 143-146 は次の手紙に関するものです。

> 4月12日
> ケヴィン・ブラウン様
> ジョリーストリート 2349
> ニューヨーク州ロチェスター　14605
>
> 謹啓
>
> ブラウン様
>
> 3月31日付のお手紙で、先日ご搭乗いただいたボストン発ロチェスター行きの便で問題があった旨をご指摘いただき、ありがとうございました。オールイースト航空のたいせつなお客さまであり、また当社マイレージプログラムの長きにわたる会員さまでもあるブラウン様ならばすでにご存じでしょうが、私どもはご搭乗のお客さま方に最高品質のサービスを提供すべく常に努力を重ねております。
>
> 今回の不手際に対するお詫びのしるしとして、お客さまのオールイースト・マイレージ口座に 5000 マイルを加算させていただきます。マイルが口座に反映されるまでに、1週間ほどかかる場合がございます。ご迷惑をおかけしたことをお詫び申し上げるとともに、できるだけ早い機会にまたご利用いただけますことをお待ちしております。
>
> 敬白

> パテル・グプタ
> カスタマーサービス責任者

143 正解 (C)　難易度 ★★★

選択肢の訳 (A) 公演　(B) 娯楽　**(C) 問題点**　(D) 設定

テスト作成者/ネイティブ・スピーカーの視点

空欄のあとは、関係代名詞 which もしくは that が省略された修飾句と思われる。この you had with your recent flight from Boston to Rochester の意味から、正解は issue だと判断できる。

---

144 正解 (D)　難易度 ★★★

選択肢の訳 (A) 彼　(B) 私たち　(C) 彼ら　**(D) あなた**

テスト作成者/ネイティブ・スピーカーの視点

選択肢はすべて代名詞。空欄の前の As a valued customer of AllEast Airlines and a member of our frequent flyer program for many years（オールイースト航空のたいせつなお客様であり、また当社マイレージプログラムの長きにわたる会員様である）は誰のことかと考えれば、you であると判断できるはずだ。

---

145 正解 (C)　難易度 ★★★

選択肢の訳
(A) この路線は、わが社の路線網の中でももっとも人気があるものの1つです。
(B) マイレージプログラムにご入会いただくには、当社ウェブサイトにアクセスしてください。
(C) マイルが口座に反映されるまでに、1週間ほどかかる場合がございます。
(D) 当社は、国際路線の多くを提携各社と組んで運航しています。

テスト作成者/ネイティブ・スピーカーの視点

新形式の「文書中に入る適切な1文を選択する設問」。空欄の前で「今回の不手際のお詫びとして、（手紙の受取人の）オールイースト・マイレージ口座に5000マイルを加算する」と述べている。そして空欄のあとでふたたび丁重に詫びていることから、お詫びとして提案したこと（マイレージ口座への5000マイルの加算）に関する情報が言及されていると思われる。選択肢を見れば、それは (C) しかない。

---

146 正解 (A)　難易度 ★★★

選択肢の訳 **(A) いちばん早い**　(B) より早い　(C) 早い　(D) きわめて早い

310

テスト作成者／ネイティブ・スピーカーの視点

文脈から、早く信頼を回復し、「できるだけ早い機会にふたたびサービスを提供したい」という意味になると思わるので、(A) が適切。

注

[パッセージ] □ valued　貴重な、大切な　□ frequent flyer program　マイレージプログラム　□ strive　努力する、励む　□ compensate　償う、補償する　□ credit　口座に振り込む、入金する　□ inconvenience　不便、不都合、迷惑
[設問] □ route　経路、ルート　□ transaction　取引、商取引　□ partner　提携する

PART 7

訳 問題 147 から 148 は次の請求書に関するものです。

アドヴァンテージ・エンタープライジズ
48109 ミシガン州ウィルヘルミナ
ジョンソン・ストリート 1400

請求書 # 1023
請求書日付：2015 年 11 月 4 日

お客さま情報：
48852 ミシガン州メイソンズ・リッジ
クレアモント・クレセント 1909、アパートメント 3 A
リチャード・サントロ

①ご注文内容：

作業項目	金額
コンクリート設置	600.00 ドル
電気工事	800.00 ドル
作業現場の清掃	100.00 ドル

　　　　　　　　小計：　　　1500.00 ドル
　　　　　　　　割引：　　　 200.00 ドル
　　　　　　　　消費税（10%）：150.00 ドル
　　　　　　　　総計：　　　1450.00 ドル

本請求書を受領後、7 日以内にお支払いください。

注：
・②作業現場での大雨により遅れが生じたため、総額には割引が適用されています。
・上記の作業はご提供を受けた設計図に基づいて行なわれました。

---

147 正解 **(C)**　難易度 ★★★

設問の訳
アドヴァンテージ・エンタープライジズはどのような業務を提供していますか？
(A) 相談　(B) ドライクリーニング　**(C) 建設業**　(D) 広告配信

テスト作成者／ネイティブ・スピーカーの視点
147-148, 149-150, 151-152, 153-154 の「設問 2 問」問題の解き方や時間配分については、TEST 1 の 147 の解説（208 ページ）参照。この問題は①の「注文内容」でわかる。

TEST 1 解答・解説・訳　　TEST 2 解答・解説・訳

148　正解 (D)　難易度 ★★

設問の訳
業務中に何が起きたと考えられますか？
(A) 労働者のストライキ　　(B) 停電　　(C) 経費の問題　　(D) 悪天候

テスト作成者／ネイティブ・スピーカーの視点
TOEIC の Part 7 の問題、そして TOEIC SW テストの Respond to questions using information provided（提示された情報に基づく応答問題）では、問題文に「注」がある場合、ほぼ間違いなくそこにある情報が問われることになる。この問題も②の注の情報で判断できる。inclement は TOEIC 必須単語なので覚えておこう。例：Our plane had to turn back to Narita Airport due to inclement weather conditions.（われわれの飛行機は悪天候のために成田空港に引き返した）

注
[パッセージ] □ invoice 請求書　□ installation 設置　□ worksite 作業現場　□ due 支払期日が来ている　□ due to … …による、…のせいで
[設問] □ blackout 停電　□ inclement （天候が）荒れ模様の

訳　問題 149 から 150 は次のテキストメッセージのやり取りに関するものです。

トモコ・イシモト　　　　　　　　　　　　　　　　　　　　午前 9 時 45 分
サラ、困ったことになったわ。

サラ・ハンター　　　　　　　　　　　　　　　　　　　　　午前 9 時 50 分
どうしたの？

トモコ・イシモト　　　　　　　　　　　　　　　　　　　　午前 9 時 51 分
今日は仕事に遅れそうなの。というのも、息子のベビーシッターを待っているからなの。もう来ていていいはずなのに、まだ来ないのよ。お願いを聞いてもらえないかしら？

サラ・ハンター　　　　　　　　　　　　　　　　　　　　　午前 9 時 54 分
いいわよ、どんなこと？

トモコ・イシモト　　　　　　　　　　　　　　　　　　　　午前 9 時 55 分
①午前 11 時にクライアントのタナカさんに会うことになっているの。だけど時間どおりに職場に着けそうにないわ。私の代わりに会ってもらえないかな？

サラ・ハンター　　　　　　　　　　　　　　　　　　　　　午前 9 時 58 分
わかった、いいわよ。何か特に知っておいたほうがいいことはある？

トモコ・イシモト　　　　　　　　　　　　　　　　　　　　午前 10 時 00 分
ないわ、オフィスで彼に会って、普通のクライアントとして接してくれればいいわ。

313

サラ・ハンター 了解。	午前 10 時 04 分
トモコ・イシモト ありがとう！	午前 10 時 06 分

149 正解 (A) 難易度 ★★

設問の訳

ハンター氏は何をするつもりだと述べていますか？
(A) 来客を迎える　　(B) 息子を託児所に連れていく　　(C) クライアントに電話をする
(D) イシモトさんに会う

テスト作成者／ネイティブ・スピーカーの視点

新形式であるチャット問題。イシモト氏がしようとしていることはほかにも「仕事にいく」「ベビーシッターを待つ」ことが確認できるが、選択肢の中には①の内容を指す (A) しかない。

---

150 正解 (D) 難易度 ★★★

設問の訳

新形式の「書き手の意図を問う設問」。午前 10 時 04 分にハンターさんが書いている "I got it" は、何を意味していると考えられますか？
(A) 彼女はテキスト・メッセージを受け取った。　　(B) 彼女はそのクライアントにはもう会った。
(C) 彼女は新しいベビーシッターを得ている。　　**(D)** 彼女はそのメッセージを理解した。

テスト作成者／ネイティブ・スピーカーの視点

新形式問題。get it は口語表現で「理解する、わかる」という意味。同じような意味で、(I have) got you.（わかった、了解、はい）や、これを縮めた Gotcha. もよく使われる。

注

[パッセージ] □ **be supposed to do ...** …することになっている　□ **treat** …を取り扱う、待遇する
□ **regular** 普通の、一般的な
[設問] □ **nursery** 託児所、保育園

訳　問題 151 から 152 は次のテキストメッセージの通知に関するものです。

①年1回の必修トレーニング

みなさんには、仕事を始めるに当たり、トレイントラックのウェブサイトで ②いくつかの必須のオンライン研修モジュールを受けておいていただきます。これには、IT セキュリティのコースも含まれます。当社の IT 部門によると、新たなセキュリティの脅威が多いので、当社の従業員は全員、IT セキュリティの研修を毎年受け直す必要があるそうです。

この研修は、2016年3月31日までに終えてください。

みなさんが終えておくべき必修の研修モジュールには、会社の福利についての説明、顧客情報の取り扱い、そして職場の安全についての研修が含まれます。任意の研修モジュールもたくさんあり、希望があればそちらも受けることができます。これらは強制ではありませんが、仕事をする上で役立つでしょう。トレイントラックにはいつでもアクセスできます。

詳細は、③人事部のハンナ・スミスさん（hsmith@company.com）にメールで問い合わせてください。

151 正解 (D)　難易度 ★★★

設問の訳
従業員は何をするよう求められていますか？
(A) トレイントラックのウェブサイトに新しいプロフィールをつくること　(B) すべての研修モジュールを受け直すこと　(C) 任意の研修モジュールを受けること　**(D) ITセキュリティ研修のプログラムを受け直すこと**

テスト作成者／ネイティブ・スピーカーの視点
②でわかるが、①で mandatory（強制的な、必須の）と言っていることにも注目したい。mandatory も TOEIC 必須単語。例：Attendance at the training session on the new accounting system on Friday is mandatory.（金曜日の新しい会計システムの操作方法に関する研修に必ず出なければならない）のように使われる。

152 正解 (B)　難易度 ★★★

設問の訳
ハンナ・スミス氏はどのような人だと考えられますか？
(A) IT部門のスタッフ　**(B) 人事部のスタッフ**　(C) 受付係　(D) ニュース記者

テスト作成者／ネイティブ・スピーカーの視点
③からわかる。human resources が personnel department に言い換えられている。

注
[パッセージ] □ mandatory　強制的な、必須の　□ module　モジュール、（大学などの）履修単位
□ benefit　給付金、福利厚生
[設問] □ receptionist　受付係

訳 問題 153 から 154 は次のメールに関するものです。

送信者：スティーブン・ジョーンズ　<stephen@speedyplumbers.com>
宛先：ジャニス・ローガン　<jsl@rainbowmail.com>
件名：パイプの修理
日付：5月11日

ローガン様

①お宅のパイプの修理を金曜日に行なえることになりましたので、お知らせいたします。先週お宅を訪問し、問題がいかに深刻な状態であるかを確認しましたが、その後必要な器具が揃いましたので、作業を行なう準備ができました。

申しわけございませんが、当初の見積りよりも費用が高くなる見込みです。パイプがとても古いため、②ほかの会社に特注のレンチを発注しなくてはなりませんでした。

最終的な修理費用は以下に示したとおりです。作業の完了後7日以内にお支払いいただけますと幸いです。

交換用パイプ2本	150 ドル
特注レンチ1本	80 ドル
労務費（修理と設置）	250 ドル
小計	480 ドル
+売上税12%	（支払総額）537 ドル

いつもご利用いただきありがとうございます。金曜日にお伺いします。

敬具

スティーブン・ジョーンズ
スピーディー・プランバーズ

153　正解 (C)　難易度 ★★★

設問の訳
ジョーンズ氏はなぜメールを書いているのですか？
(A) 修理できないことを知らせるため　(B) 費用がとても高くなると注意するため　**(C) 金曜日に修理が行なわれることを通知するため**　(D) 請求書について詳しい情報を提供するため

テスト作成者／ネイティブ・スピーカーの視点
①からわかる。let you know が notify と言い換えられている。

154 正解 (D) 難易度 ★★★

設問の訳

パイプについてわかることは何ですか？
(A) 簡単に修理できる。
(B) 完璧な状態である。
(C) 修理費はとても安い。
(D) 直すのに特別な道具が必要である。

テスト作成者／ネイティブ・スピーカーの視点

②でわかる。

注

[パッセージ] □ wrench　レンチ　□ sales tax　売上税　□ appreciate　（好意など）をありがたく思う、…に感謝する

訳　問題 155 から 157 は次の書き込み用紙に関するものです。

お客さま

オアシス・ホテルにご宿泊いただき、誠にありがとうございます。お客さまにここでお過ごしいただけますことを喜んでおりますと同時に、当ホテルの設備とサービスにご満足いただけますことを願っております。

①当ホテルではお客さまからのご意見をいつでもお待ちしております。少しお時間をいただきまして、当ホテルのサービスを評価していただけますと幸いです。

以下の項目を評価してください	すばらしい	良い	普通	悪い
ルームサービスのメニューの種類				×
サービスの迅速さ	×			
スタッフのおもてなし	×			
コストパフォーマンス			×	
ホテルの雰囲気			×	
清潔さ			×	

私がこのホテルを選んだのは、友人がここを薦めてくれたからです。くつろぐことができて、なおかつ仕事をするにもちょうどよい場所だと聞きました。ルームサービスのメニューにはもっと選択肢がたくさんあることを期待していました。特に、私はこちらに1週間滞在しましたので、②鶏肉か魚しか選べないのには飽きてしまいました。また、シャワーヘッドはしばらく掃除していないらしいことと、シャワー室のドアの下の部分にカビが生え始めているのも気になりました。これらの問題を除けば、滞在は楽しいものでした。③自分のノートパソコンでビデオ会議をすることもできましたし、④ホテルのインターネット接続はいつも安定していました。ぜひとも言っておきたいのは、ホテルの総合的な水準は大変すばらしく、⑤スタッフのサービスは最高だったということです。また泊まります。

```
お名前（任意）：デズモンド・ギャラガー
ご連絡先（任意）：desg@live.com
宿泊日：3月11日～18日

                    オアシス・ホテル
```

155　正解 (C)　難易度 ★★★

設問の訳
オアシス・ホテルについて言われていないことはどれですか？
(A) インターネットアクセスがある。　　(B) 宿泊客からの意見を求めている。　　**(C) 駐車スペースがたくさんある。**　　(D) すばらしいスタッフがいる。

テスト作成者／ネイティブ・スピーカーの視点
ここからシングル・パッセージの「設問3問」問題が3セットつづく。その解き方と時間配分は TEST 1 の 155 の解説（213ページ）参照。そしてこれは NOT 問題だ。(A) は④に、(B) は①に、(D) は⑤に書かれているが、(C) に関する言及は見つからない。

156　正解 (A)　難易度 ★★★

設問の訳
ギャラガー氏は何が不満でしたか？
(A) ルームサービスのメニュー　　(B) ホテルのスタッフ　　(C) ウォーターパーク
(D) 所持品の安全性

テスト作成者／ネイティブ・スピーカーの視点
②から判断できる。

157　正解 (B)　難易度 ★★★

設問の訳
ギャラガー氏についてわかることは何ですか？
(A) アジアに行ったことがある。　　**(B) インターネット会議を行なった。**　　(C) 清掃スタッフに早朝に起こされた。　　(D) もう二度とこのホテルには行かない。

テスト作成者／ネイティブ・スピーカーの視点
③でわかる。「電話会議」は telephone conference, あるいは conference call であるが、最近はインターネットを通じて会議を行なうこともできるので、web conferencing[conference] のほか、video conference と言ったりもする。

注
[パッセージ] □ facility　施設、設備　　□ feedback　感想、意見　　□ promptness　敏速
□ hospitality　親切にもてなすこと、歓待　　□ value　値打ち　　□ atmosphere　雰囲気　　□ tiresome　う

んざりする　□ mildew 白カビ　□ issue 問題　□ conference 会議　□ laptop ノートパソコン　□ overall 全体の　□ exceptional 特別に優れた　□ second to none 誰[何もの]にも劣らない　[設問]□ seek …を求める、要求する　□ ample (余るほど)十分な　□ web conferencing インターネット会議

訳　問題 158 から 160 は次のお知らせに関するものです。

A. J. ブレーク・メモリアル・ホールの改修が始まります。
寄付が必要です！

キャッスルヒル歴史協会は、①アラン・ジェームズ・ブレーク・メモリアル・ホールの改修が、何カ月もの計画を経てもうすぐ始まることを喜んでお知らせいたします。②ブレークは長年この町の住人だった、有名な小説家です。③小説には、キャッスルヒルでの日常が描かれ、物語には町の住人や町の中の場所がたくさん出てきます。

ところが、④このプロジェクトを完成させるためには、みなさんの寄付が必要です。そのため歴史協会では、より多くの資金を集めるため、3 月 12 日にバーベキューと映画の夕べを開催することになりました。⑤チケットは、大人 20 ドル、子供 10 ドルです。ファミリーチケット(大人 2 人、子供 2 人)は 50 ドルです。チケットは当日お買い求めいただけます。抽選会も行なわれます。1 等は A. J. ブレークの小説選集です。

158　正解 (C)　難易度 ★★★

設問の訳
このお知らせの目的は何ですか？
(A) ホールの閉館を知らせる　(B) 住民を会議に招待する　**(C) 金銭的な寄付を求める**
(D) 国の祝祭日を知らせる

テスト作成者／ネイティブ・スピーカーの視点
パッセージは④を読まないと判断できないが、実はタイトルの Donations needed だけでわかる。このように中盤まで読まないと判断できない問題は、実は意外なところにヒントがある。タイトルなども決して見逃してはいけない。

159　正解 (B)　難易度 ★★★

設問の訳
このお知らせで述べられていないことはどれですか？
(A) もうすぐ改修が行なわれる。　**(B) バーベキューと映画は午前 10 時に始まる。**
(C) 子供たちはチケットを買うことができる。　D) A. J. ブレークはこの町に住んでいた。

テスト作成者／ネイティブ・スピーカーの視点
NOT 問題はすべての選択肢を確認しないといけない。(A) については①に、(C) については⑤に、

(D) については②に書かれている。

160 正解 (D)   難易度 ★★★

設問の訳
A. J. ブレークについてわかることは何ですか？
(A) 町の歴史を記録した。　(B) 町をよく訪れた。　(C) この町で生まれた。　(D) 小説で町の人々を描いた。

テスト作成者／ネイティブ・スピーカーの視点
③に書かれている。

注
[パッセージ] □ renovation　修復　　□ donation　寄付　　□ resident　居住者　　□ depict　…を描く
□ raffle　富くじ
[設問] □ document　…を（詳細に）記録する　　□ portray　（言葉などで）…を描写する

訳　問題 161 から 163 は次のニュース記事に関するものです。

ロッキー・マウンテン・ビジネス・ニュース

（2月2日）①昨日、ウェットウェア・テクノロジーの代表が、新しい eBook リーダーの発売を発表した。「サンフラワー」の名称で、②従来のモデルよりも薄く、軽くなったと宣伝されている。– [1] – このモデルについている内蔵型バッテリーは従来のモデルよりも寿命が長く、1カ月以上使用できる。機能性が向上したことにより、これまでよりもスムーズにページを動かせるようになる。また、英語、フランス語、ドイツ語、スペイン語、ポルトガル語その他を含む 20 以上の言語にも対応している。– [2] – もちろんサンフラワーは、従来のモデルと同様に、WiFi に接続することもできる。

ウェットウェアの設計開発責任者であるデクスター・ショーは、コメントを求められて次のように語った。「サンフラワーは、お客さまからの意見を念頭においてデザインされました。③もっと薄くて持ち運びのしやすい機器が求められていたのです。それなら仕事でも公園でもどこへでも持っていけますからね。私たちは、お客さまのモバイル電子書籍リーダーへのご要望に対し、効率的で値段も手ごろなソリューションをご提供することをめざしているのです。」– [3] – ウェットウェア・テクノロジーは、これまでも常に顧客のモバイルワークの質を向上させてきた。そして主にこのことにより市場をリードしてきたが、この eBook リーダーの発売により、マーケットシェアをさらに伸ばすことを見込んでいる。– [4] –

161 正解 (D) 難易度 ★★

設問の訳
この記事は何に関するものですか？
(A) 株式取引の機会　　(B) 語学教育　　(C) 事業の開始　　(D) 新商品の発売

テスト作成者／ネイティブ・スピーカーの視点
①で判断できる。

---

162 正解 (B) 難易度 ★★

設問の訳
機器について何と言われていますか？
(A) 色の種類が多い。　　(B) 扱いやすい。　　(C) 無料のケースが付く。　　(D) 防水である。

テスト作成者／ネイティブ・スピーカーの視点
②でわかるが、③にもこれに関する情報を読み取ることができる。

---

163 正解 (D) 難易度 ★★★

設問の訳
[1], [2], [3], [4] と記載された個所のうち、次の文が入るのにもっともふさわしいのはどれですか？
「サンフラワーは大きなヒット商品となりそうだが、3月初めに商品が電器店に並んでみるまでは、まだわからない。」
(A) [1]　　(B) [2]　　(C) [3]　　**(D) [4]**

テスト作成者／ネイティブ・スピーカーの視点
新形式の「文書内に新たな1文を挿入するのにもっとも適切な箇所を選ぶ設問」。挿入文はサンフラワーの「売れ行き」について予想する内容。したがって、マーケットシェアに関する文に後続する空所 [4] に置くのがふさわしい。

注
[パッセージ] □ spokesperson　代表者　□ market　…を売り込む、宣伝する　□ built-in　内蔵の
□ multilingual　多数の言語の　□ with ... in mind　…を念頭において　□ aim　…をめざす
□ affordable　値段が手ごろな　□ continually　絶えず　□ count on ...　…をあてにする
[設問] □ stock　株式

訳 問題 164 から 167 は次のオンライン・チャットに関するものです。

ブルース・バード [午後1時3分] いつもは映画の上映中、売店にスタッフを2人配置していますが、結局お客さんが行列しているところを見ると人が足りないようですし、こういう事態は避けたいです。午前10時か午後4時に売店の仕事をできる人はいませんか？

クリスティーナ・ウィーラー [午後1時5分] 私は午前10時なら大丈夫ですが、そのあとで家の用事があるので、午後4時のシフトでは働けません。

ミニー・チェンバーズ [午後1時8分] 私は予定を調整しなおさなくてはいけませんが、16時でも大丈夫だと思います。これを週末のシフトの代わりにしてもいいですか？ ①行きたいコンサートがあるんです。

ブルース・バード [午後1時9分] 週末のシフトを引き受けてくれる人がいるならそれでもかまいませんよ、ミニー。クリスティーナ、前に売店を担当したことはありますか？

クリスティーナ・ウィーラー [午後1時11分] ありません。チケット売り場でしか働いたことがないんです。

ブルース・バード [午後1時12分] わかりました。あなたは新人だからやったことがないかもしれないと思ったんです。それなら一緒にいて教えてあげますね。

クリスティーナ・ウィーラー [午後1時13分] 助かります、ではまたあとで。

ミニー・チェンバーズ [午後1時16分] ②ニックが私の週末のシフトを引き受けてもいいって言っていましたけど、まず確認してみます。

ブルース・バード [午後1時17分] それでいいですよ、ミニー。コンサートを楽しんできてくださいね。

---

164 正解 **(D)** 難易度 ★★★

設問の訳
この人々はどんなところで働いていますか？
(A) 警備会社 (B) 広告会社 (C) ドラッグストア **(D)** 映画館

テスト作成者/ネイティブ・スピーカーの視点
ここから「設問4問」問題が3セットつづくことになる。その解法と時間配分についてはTEST 1 の 164 の解説（219ページ）参照。そしてこれは新形式の「テキストメッセージやインスタントメッセージ（チャット）、オンラインチャット形式で複数名が行なうやり取りを読んで解答する問題」だ。話の内容からここでチャットしている人たちは映画館で働いていると思われる。

TEST 1 解答・解説・訳

165 正解 (B) 難易度 ★★

設問の訳
チェンバーズ氏について何が言及されていますか？
(A) 家の用事がある。　(B) コンサートに行く。　(C) 新しい従業員である。　(D) 遅刻の前歴がある。

テスト作成者／ネイティブ・スピーカーの視点
①でわかる。

---

166 正解 (B) 難易度 ★★★

設問の訳
午後1時17分にバード氏が書いている "works for me" は、何を意味していると考えられますか？
(A) 彼はチェンバーズ氏を採用しようとしている。　(B) 彼はチェンバーズ氏の提案に賛成している。　(C) 彼はチェンバーズ氏に残業をしてもらう必要がある。　(D) 彼はチェンバーズ氏を再訓練したい。

テスト作成者／ネイティブ・スピーカーの視点
work for は状況によって「うまくいく、効く、作用する」といった意味で使われる。It works for me.（私はそれでかまわない［それでよい]）の短縮形。

---

167 正解 (B) 難易度 ★★★

設問の訳
チェンバーズ氏はこのあと何をすると考えられますか？
(A) 新しい仕事を探す　(B) 同僚に連絡し、彼が働けるか確認する　(C) 週末のコンサートの予定を取りやめる　(D) ウィーラー氏のシフトを引き受ける

テスト作成者／ネイティブ・スピーカーの視点
②の情報でわかる。

注
[パッセージ] □ concession　売店　□ screening　上映　□ wind up　終わる、最後に…になる
□ willing　…してもかまわない　□ confirm　…を確認する
[設問] □ have a history of ...　過去に繰り返し…があった　□ retrain　再教育[再訓練]する

323

訳 問題 168 から 171 は次のメモに関するものです。

社内メモ

宛先： 全従業員
送信者： エヴァ・タイラー、最高環境責任者
件名： 紙の使用量の削減
①日付： 3月10日

②当社では、オフィスから出る紙のムダの量を減らすための計画を、来週月曜日に開始することをお知らせします。いま現在、オフィスでは年に数トンの紙を使っています。オフィスでの手順に注意を向けることによって、その量をかなり減らせるはずです。これは、環境保護の役に立つだけではなく、当社の利益を上げることにもつながります。

この目標を達成するため、当社では次のような取り組みを行ないます。紙を節約するため、③文書の代わりにメールを使うようにします。文書が必要な場合には、紙の両面を使ってください。また、当社は再生紙の購入を支持します。最後に、できるかぎり紙を再利用することの重要性を強調したいと思います。

④ジェネラル・オフィサーのバージェスさんが各部署を回り、計画の順守についてみなさんをお手伝いし、質問にお答えします。現在の手順を見直し、経営陣による検討のために具体的な勧告を行なうことも彼の仕事の一部なのです。この情報が集まりましたら、新しい方針を見直し、必要に応じて変更、追加、あるいは削除をしたいと思います。

このことが、環境に優しい業務の実施につながることを期待します。この計画は、私たちが誇るべきものです。みなさんがこの計画に積極的に協力してくだされば幸いです。よろしくお願いします。

168　正解 (A)　難易度 ★

設問の訳
計画はいつから始まりますか？
(A) 3月中旬　(B) 3月末　(C) 4月初旬　(D) 4月中旬

テスト作成者／ネイティブ・スピーカーの視点
②に「来週月曜日に開始」とある。①のメールの送信日付は「3月10日」、よって「3月中旬」からであると判断できる。

169　正解 (D)　難易度 ★★

設問の訳
メールについて何と言われていますか？　(A) 従業員は、勤務時間中はするべきではない。
(B) サーバーがダウンするので中止する。　(C) 従業員は全員、自分のメールアドレスを取得

しなくてはならない。　　**(D)** 連絡を取り合う際、紙を使うよりも好ましい。

> テスト作成者／ネイティブ・スピーカーの視点

③から読み取れる。

170　正解 (B)　難易度 ★★★★

> 設問の訳

第2パラグラフ2行目の"conserve"にもっとも意味の近い語は
(A) 消費する　　**(B) 節約する**　　(C) 壊す　　(D) 無視する

> テスト作成者／ネイティブ・スピーカーの視点

conserveはここでは「…を大事に使う、浪費しない」の意味で使われている。例：We need to avoide making unnecessary copies to conserve paper.（紙を節約するために不必要なコピーはしないようにする必要があります）

171　正解 (A)　難易度 ★★★

> 設問の訳

バージェス氏について何と言われていますか？
(A) 彼は計画について助言をする。　　(B) 彼は2つの都市の間を行き来する。　　(C) 彼は昇進を持ちかける。　　(D) 彼は苦情を処理する。

> テスト作成者／ネイティブ・スピーカーの視点

④からわかる。aid complianceがprovide advice on the initiativeに言い換えられている。initiativeは「主導権、イニシアチブ」のほかに「計画、構想」といった意味でも用いられ、public relations initiative（広報戦略）, sales initiative（販売戦略）といった言い方でTOEICに頻出する。

> 注

[パッセージ] □ launch …を始める　□ initiative 計画、構想　□ design …を計画する　□ reduce …を少なくする　□ as of ... （何月何日）現在で　□ devote〈時間・努力・金などを〉(…に)ささげる　□ significantly かなり　□ conserve （資源など）を大事に使う、浪費しない　□ advocate …を支持する　□ stress …を強調する　□ compliance （申し出・要求・などに）従うこと、承諾　□ arise 生じる　□ recommendation 勧告　□ deletion 削除　□ enthusiastically 熱心に
[設問] □ suspend 一時停止する　□ consume …を消費する　□ save …を節約する　□ neglect …を無視する

訳 問題172から175は次のメモに関するものです。

メモ

宛先：フューチャー・ブライト全従業員
送信者：レオニー・サマーズ、フューチャー・ブライト・ネットワークCEO
日付：7月4日
件名：新しい合弁事業

みなさま
本日は、フューチャー・ブライト・ネットワークにとって最高の日です。①たった今、とてもうれしいニュースが届きました。エバーグリーン・デンマークが、2社の合弁事業に関する当社からの提案を受け入れました。- [1] -②これは、われわれ2つの組織にとって、ともに事業を行ない、より環境に優しい未来についての考えを交換するすばらしい機会です。

来週中かそれくらいまでに、みなさんには、エバーグリーンの同僚たちと行なうプロジェクトについて考えていただきたいと思います。③プロジェクトの提案は、個人としてでもグループとしてでもできます。プロジェクトは最大で6名で行なえる規模のものにしてください。1つのプロジェクトにつきフューチャー・ブライトの社員3名、エバーグリーンの社員3名としたいのです。- [2] -

プロジェクトの提案についてのプレゼンテーションは、7月15日から始まる週に実施します。これらのプレゼンテーションはフューチャー・ブライトとエバーグリーンの経営者から成る審査員団の前で行ないます。最優秀プロジェクトはそのすぐあとに発表します。私たちが考えているところでは、プロジェクトには12～18カ月を要し、こことデンマークの両方で行なわれる予定です。- [3] -

これは、私たち全員にとってすばらしい機会であり、プレゼンテーションでは多くの優れたアイディアを見られることを期待しています。- [4] - このことが、われわれ2社にとって、たいへん幸せな関係の始まりとなることを願っています。

敬具

レオニー

172 正解 (B) 難易度 ★★★

設問の訳
サマーズ氏はなぜこのメモを送っているのですか？
(A) 新しい同僚を紹介するため　　**(B) 刺激的な新しい事業の拡張について従業員に知らせるため**　　(C) 全社的な賃金カットを知らせるため　　(D) 残業を引き受けてくれる人を募集するため

TEST 1 解答・解説・訳

テスト作成者／ネイティブ・スピーカーの視点

企業の合併（merger）の話題は TOEIC によく出てくる。この設問は①と②を読めば判断できるだろう。

173　正解 (B)　難易度 ★★★

設問の訳

エバーグリーンの同僚とのプロジェクトについて、何と言われていますか？
(A) プロジェクトには6人以上必要である。　　(B) プロジェクトは個人またはグループで提案することができる。　　(C) プロジェクトは7月15日までにまとめなくてはならない。
(D) プロジェクトにはマネージャーが必要である。

テスト作成者／ネイティブ・スピーカーの視点

③に書かれている。

174　正解 (B)　難易度 ★★★★★

設問の訳

メモの第3パラグラフ、5行目の "envisage" にもっとも意味の近い語は
(A) 解釈する　　(B) 想像する　　(C) 吹き込む　　(D) 努力する

テスト作成者／ネイティブ・スピーカーの視点

envisage は「…を心に描く、予測する」の意味で、この文脈では imagine に近い。例：I can envisage solving this problem clearly.（この問題をどう解決すべきかはっきり心に描くことができる）

175　正解 (B)　難易度 ★★★★

設問の訳

[1], [2], [3], [4] と記載された個所のうち、次の文が入るのにふさわしいのはどれですか。
「長期に渡る、もっと大人数のチームのものは、今後検討します。」
(A) [1]　　(B) [2]　　(C) [3]　　(D) [4]

テスト作成者／ネイティブ・スピーカーの視点

新形式の「文書内に新たな1文を挿入するのにもっとも適切な箇所を選ぶ設問」。プロジェクトの規模について言っていると思えるので、[2] に入れるべきだ。

注

[パッセージ]　□ venture　合弁事業　　□ colleague　同僚　　□ panel　審査員団　　□ thereafter　その後　　□ envisage　…を心に描く、予測する　　□ undertake　…を引き受ける
[設問]　□ company-wide　全社的な　　□ interpret　…を解釈する　　□ imbue　…に（思想などを）吹き込む　　□ endeavor　努力する

327

訳 問題176-180は次のレビューとメニューに関するものです。

ラ・リストランテ（イタリア料理店）のレビュー　ライター　セーラ・リード

6月25日にラ・リストランテに行ってきました。レストランの雰囲気は総じてとてもよかったです。①店内の内装や調度品は、まるで本場イタリアのものみたいですし、なにもかもがとても清潔。②パティオがあるので、天気が良い時は戸外でも食事ができますし、肌寒くなってきても大型の暖房機が設置されているので、そのまま外で食事をつづけられます。雨が降っていたので、私たちは店内で食事をしました。

お店の人たちは愛想が良く、私たちのテーブルのウェイターもおすすめの料理をていねいに教えてくれました。③概してウェイターはとても親切で、知識も豊富でしたので、とても感心しました。店内にはウェイターがたくさんいたので、私たちは待つ必要がありませんでした。いつでも誰かしらが水を注いでグラスを満たし、パンのおかわりを持ってきてくれました。

食事もだいたいにおいておいしかったです。アペタイザーはとてもよい味でしたし、食事もボリュームたっぷり。ただ、④私はスパゲッティのコースを注文したんですけど、その料理が唐辛子だらけだったのには驚きました。この料理は辛い、とメニューに書いてくれていたらよかったのに。この料理を注文するのは、平気で辛いものが食べられる人に限ります！

⑤おいしそうなデザートもたくさんありました。けれども、メイン・ディッシュで私はお腹がいっぱい。1人分の量が多すぎたので、私たちは食べ切れませんでした。⑥家に持ち帰りたいと伝えると、持ち運びできるように2ドルでプラスティックの箱に詰めてくれました。おかげで翌日もお料理を楽しむことができました！　総じてこのレストランをお勧めしますが、次回は別の料理をいただくつもりです！

コースA　　$15.99
当店のピッツァ生地は毎日手作りしたもので、秘伝のスパイスが振りかけてあります。3種類のチーズ、そして地元で採れた新鮮な野菜がふんだんにのっています。

コースB　　$18.00（鶏肉の追加　$21.00）
当店のパスタ生地は、当店のママのレシピどおりに毎朝こねあげたものです。⑦ソースは新鮮な地元の野菜、そしてお客さまの舌にぴりっとくること受け合いの胡椒を使っています！　プラス3ドルで鶏肉を追加できます。

コースC　　$15.00
作りたてのパスタに牛肉とトマトと3種類のチーズ、モッツァレラとパルメザンとアジアーゴを重ねました。当店で1番人気のメニューです！

本日のデザート　　$9.99
⑧さまざまなデザートからお好きなものをお選びください：ジェラート（本日のフレーバーはウェイターにお尋ねください）、ティラミス、レモンケーキ、チョコレートケーキ、ストロベリー・チーズケーキ、フルーツサラダ

＊コースA，B，Cにはアペタイザー（ウェイターにお尋ねください）が含まれています。

⑨＊7月1日から8月31日までの夏季のあいだ、当店のピッツァ全品から1枚ご注文なさったお客さまに、もう1枚無料で差しあげております！

⑩＊当店では、食べ残した食事をご自宅に持って帰ることができます。ただしプラスティックの容器料として、2ドルご負担いただきます。

176 正解 (D) 難易度 ★★★

設問の訳

ラ・リストランテについて何が示されていますか？
(A) オーナーはイタリア人である。　(B) ペットを連れてきても良い。　(C) 辛い料理を専門としている。　**(D) 戸外にも座席がある。**

テスト作成者／ネイティブ・スピーカーの視点

ダブル・パッセージ問題の時間配分と解法は TEST 1 の 176 の解説（226ページ）参照。そして、レストランとそのメニューの取り合わせはダブル・パッセージ問題でよく見る。食べ物の基本的な言い方だが、日本人にはあまりなじみがないと思われるものも出てきたりする。このダブル・パッセージ問題にもそうした表現をできる限り盛り込んだ。注もぜひ参考にしてほしい。この 176 は上のレビューの②で確認できる。

---

177 正解 (B) 難易度 ★★★★

設問の訳

ラ・リストランテについて述べられていないことはどれですか？
(A) 内装が本場っぽい。　**(B) レストラン内に多くの座席がある。**　(C) ウェイターが親切。
(D) デザートの種類が多い。

テスト作成者／ネイティブ・スピーカーの視点

NOT 問題。1 つひとつ確認するしかない。(A) は上のレビューの①に、(C) は③に、(D) は⑤とメニューの Today's Sweet 内の⑧に記されている。

---

178 正解 (B) 難易度 ★★★★

設問の訳

7月か8月にコース A を注文すると何が起こりますか？
(A) 大きなピッツァがもらえる。　**(B) ピッツァが2枚もらえる。**　(C) 配達料が無料になる。
(D) アルコール飲料が無料になる。

テスト作成者／ネイティブ・スピーカーの視点

Part 7 ではパッセージに注があれば、必ずそこが問われる。よって、下のメニューの注はよく読まないといけない。⑨に、7月と8月は「ピッツァを注文すれば、もう1枚もらえる」と書

いてある。

---

179 正解 (B) 難易度 ★★★★

設問の訳

リード氏が感心しなかったことは何ですか？
(A) パスタの量が多すぎた。　　**(B) スパゲッティが辛すぎた。**　　(C) ピッツァが焦げていた。
(D) パンの量が少なかった。

テスト作成者／ネイティブ・スピーカーの視点

上のレビューの④でおそらくこのことに触れていて、下のメニューの Course B の⑦にそのスパゲッティの特徴が書かれていることはわかるだろう。しかし、この⑦の make your tongue tingle の言い方がわからなければ、答えられないかもしれない。日本人学習者は「辛い」と言えば、hot（口のなかがひりひりするように辛い）を思い浮かべると思うが、ネイティブはほかにもここに出てきた spicy（薬味［スパイス］のきいた、ぴりっとした）や pungent（舌や鼻を刺激する、ぴりっとする），さらには salty（塩辛い）や tart（ピリッとする、酸っぱい）といった言い方を、辛さの感じによって使い分ける。今後の TOEIC ではこうした味の違いを示す語の知識が問われるかもしれないので、普段から注意しておこう。

---

180 正解 (A) 難易度 ★★★

設問の訳

ラ・リストランテについて正しいものは何ですか？
(A) 食事を持ち帰るのに、追加料金が必要である。　　(B) 増員するためにウェイターを募集している。　　(C) デザートが少ない。　　(D) 飲み物は無料である。

テスト作成者／ネイティブ・スピーカーの視点

上のレビューの⑥と下のメニューの⑩でわかる。

注

[パッセージ上] □ review 批評　□ overall 全体としていえば　□ atmosphere 雰囲気　□ decoration 内装、飾りつけ　□ furniture 家具　□ authentic 本場の　□ patio （スペイン風の家の）中庭, パティオ　□ continue つづける　□ server ウェイター　□ recommend …を推薦する　□ dish 料理　□ expertise 専門的知識　□ impressed 感動させる　□ mostly 大部分は　□ appetizer アペタイザー（食欲増進のための食前酒または前菜）　□ tasty おいしい　□ portion 一人前　□ chili チリ、唐辛子　□ contain …を含む　□ indicate …を表示する　□ hot 辛い　□ dessert デザート　□ delicious おいしい
[パッセージ下] □ dough 練り粉状のかたまり　□ sprinkle …をちりばめる　□ seasoning 調味料、薬味　□ pasta パスタ　□ recipe レシピ　□ guarantee …を保証する　□ tongue 舌　□ tingle ひりひりする　□ layer 層、重なり　□ mozzarella モッツァレッラ（イタリア産チーズ）　□ parmesan パルメザン（イタリア産チーズ）　□ asiago アジアーゴ（イタリア産チーズ）　□ popular 人気のある　□ flavor 風味　□ tiramisu ティラミス（イタリアのチーズケーキの一種）　□ throughout …の間中　□ leftover 残り物
[設問] □ specialize …を専門にする　□ take-out （食べ物が）持ち帰り用の

訳 問題181-185は次の広告とEメールに関するものです。

求人広告
シナジー・インダストリーズ社社員募集

職種：機械工学技術者
必須条件：①機械工学の理学士号取得のこと。2年の実務経験があることが望ましいが、意欲の高い新卒者も歓迎。②転勤可能であること必須。

職種：電気技術者
必須条件：5年以上の電気設備作業の経験が必須。工業関連の設定経験者が望ましい。

職種：販売マネジャー
必須条件：最低10年間の実務経験。協調性と優れた対人コミュニケーションスキルが必須。

職種：総務担当者
必須条件：データ入力に熟練していること。顧客対応、コミュニケーション力、問題解決能力に長けていること。社員の指導に意欲的であること。

応募要項：ご関心のある職種がありましたら、③jobs@synergyindustries.com のマニュエル・バーナード宛てまでEメールをお送りください。④もしくは営業時間内に1-800-555-3311までお電話ください。⑤履歴書と2通以上の推薦状を添付のこと。審査に通った応募者は、面接に進んでいただくため、こちらからご連絡を差しあげます。

宛先：マニュエル・バーナード
発信者：レイチェル・スワンソン
日付：4月11日
件名：機械工学技術者の求人

バーナード様、

私はレイチェル・スワンソンと申します。御社のウェブサイト上にありました機械工学技術者の募集に関してメールを書いております。私はキプロス大学で機械工学の理学士号を取得しました。卒業後、生産技術者として現在の職に就き、現在に至るまで3年間働いております。現職で、生産プロセスの最適化と改善化で実績をあげました。⑥また、この仕事のために転勤することも可能です。この職に対する資格に関して、直接お目にかかってお話しをする機会をいただけましたらありがたく思います。履歴書のほか、2通の推薦状を同封いたします。

ご多忙のところ、お時間を割いていただき、ありがとうございました。お返事を心からお待ちしております。

レイチェル・スワンソン

181 正解 (C)　難易度 ★★

設問の訳
学歴に言及がある職種はどれですか？
(A) 総務担当者　(B) 電気技術者　**(C) 機械工学技術者**　(D) 販売マネジャー

テスト作成者／ネイティブ・スピーカーの視点
①でわかる。

---

182 正解 (A)　難易度 ★★★

設問の訳
応募者に求められていないことは何ですか？
(A) シナジー・インダストリーズ社の本社を訪問すること　(B) 営業時間内に電話すること
(C) マニュエル・バーナードにEメールを送ること　(D) 履歴書を送ること

テスト作成者／ネイティブ・スピーカーの視点
NOT問題。「求められていないことは何ですか？」ということなので、それを1つひとつ確認していくしかない。おそらく上のシナジー・インダストリーズ社の求人広告にすべて出ているはずだ。(B)は④に、(C)は③に、(D)は⑤にあるが、(A)の情報は見当たらない。

---

183 正解 (B)　難易度 ★★

設問の訳
このEメールの目的は何ですか？
(A) 職の申し出を受ける　**(B) 職に興味があることを示す**　(C) 推薦状を要求する
(D) 会社の業務内容に関して問う

テスト作成者／ネイティブ・スピーカーの視点
下のスワンソンのメールに目を通せば、(B)が目的であると判断できる。

---

184 正解 (B)　難易度 ★★★

設問の訳
広告内にある機械工学技術者の項の ambitious にもっとも意味の近い語は
(A) 怠惰な　**(B) 決然とした**　(C) 謙虚な　(D) 無関心な

テスト作成者／ネイティブ・スピーカーの視点
札幌農学校（現在の北海道大学の前身）の初代教頭を務めた William Smith Clark (1826-1886) が残した "Boys be ambitious." の言葉をご存知だろう。「少年よ、大志を抱け」。したがって、「野心のある、大望のある」ということだと考えられるので、消去法で (B) を選べばよい。この determined は次のようにも使われる。It's a painstaking job, but I am determined to

finish it sweater by tomorrow.（骨が折れる仕事ですが、明日までに必ず終えます）

185　正解 (B)　難易度 ★★★★

設問の訳

レイチェル・スワンソン氏がEメールの中で述べている職に必須とされるものは何ですか？
(A) データ入力の熟練スキル　　(B) 新しい場所に住むこと　　(C) 学業成績　　(D) 酒類取扱免許証

テスト作成者／ネイティブ・スピーカーの視点

上下のパッセージを参照しなければ解けない問題とすぐにわかる。②と⑥をすばやくつなぎ合わせないといけない。

注

[パッセージ上] □ synergy　シナジー、相乗効果　□ position　職　□ mechanical engineer　機械工学技術者　□ requirement　必須要件　□ Bachelor of Science degree　理学士号　□ preferably　好ましい　□ fresh graduate　新卒　□ ambitious　野心的な　□ attitude　態度、心構え　□ relocate　転勤する　□ electrician　電気技術者　□ electrical installation　電気設備作業　□ industrial setting　工業環境　□ marketing manager　販売マネジャー　□ advanced　高度な　□ interpersonal　個人間の、対人関係の　□ skill　技能　□ office administrator　総務担当者　□ proficient　熟練した　□ data entry　データ入力　□ customer service　顧客サービス　□ solve　…を解決する　□ apply　…を出願する　□ include　…を含める　□ CV（curriculum vitae の略）履歴書　□ reference　推薦状　□ candidate　応募者　□ interview　面接
[パッセージ下] □ obtain　…を手に入れる　□ industrial engineer　生産技術者　□ optimize　…を最適化する　□ role　役目　□ prove　…を立証する　□ improve　…を改良する　□ mention　…に言及する　□ opportunity　機会
[設問] □ educational background　学歴　□ inquire　…を尋ねる　□ lazy　怠惰な　□ determined　断固とした　□ modest　謙虚な　□ uninterested　無関心な　□ academic achievement　学業成績　□ serve　（飲食物）を出す　□ certification　証明書

訳　問題 186-190 は次の広告、オンライン・ショッピングカートとEメールに関するものです。

カスタマイズド・ギフト社

ご家族のかたや奥さま、旦那さまに腕時計やアクセサリーをプレゼントするのは、愛情の表現として昔から伝えられてきました。ですが、それをもっと特別なものにする簡単な方法があるのをご存じですか？　カスタマイズド・ギフト社ではお客さまの特別な贈り物にメッセージを刻印してカスタマイズすることができます。プレゼントをしたい商品を選び、下記の欄にメッセージをご記入するだけです。①通常配達は 3-5 営業日間、それに少額を追加していただければ翌日に配送いたします。お客さまのもとに確実にお届けできるように、当社の配送手段にはすべて追跡番号が振られております。

* ②ご希望する刻印に関する情報は、ご希望する内容と一致するようにご記入にお気をつけください。まことに勝手ながら、お客さまの過失を原因とする文言等の誤りによる返品はご容赦ください。③刻印する職人による誤りがございましたら、ご連絡をいただき次第早急に交換品を送らせていただきます。

http://www.customizedgift.com/shoppingcart
カスタマイズド・ギフト社

④注文番号 245298　　　　　　　　　　　　　ご依頼人：ジョン・スミス

商品名	数量	価格	刻印
腕時計　シルバー	5	$1,000	ジョン　トーマス　マイケル　ベン　デイビッド
腕時計　ホワイトゴールド	1	$400	ジュノ
腕時計　イエローゴールド	1	$400	エルシャド
腕時計　プラチナ	⑤2	⑥$2,000	ジェイムズ　ウィリアム
小計金額			$3,800.00
売上税 (10%)			$380.00
合計金額			$4,180.00

レジに進む

宛先：受注係 <ordersupport@customizedgifts.com>
発信者：ジョン・スミス <john.smith@zmail.com>
⑦日付：2016 年 5 月 12 日
件名：注文番号 245298 に関する問題

関係者各位

⑧注文しました刻印済みの腕時計 9 個が昨日届きました。申し分のないものでしたが、1 点だけ問題があります。⑨プラチナ製の腕時計を 2 個注文し、2 個の腕時計にそれぞれ名前を 1 つ彫ってもらうように頼みました。それぞれ、ジェイムズとウィリアムの名前をです。⑩残念ながら、プラチナ製の腕時計は 2 つともジェイムズと彫られていました。どちらの腕時計も私の結婚式で新郎の付添人にあげる贈り物として注文したもので、その結婚式は 2 週間後に迫っています。⑪新しいプラチナ製の腕時計をできるだけ早く送っていただけませんか。前の時計は喜んでご返送いたします。

ご返答をお待ちしております。
ジョン・スミス

186　正解 **(B)**　難易度 ★★★

設問の訳
カスタマイズド・ギフト社の客に勧められていることは何ですか？
(A) 翌日配送を選ぶこと　　**(B) 刻印してもらいたい内容を記入する時に注意を払うこと**
(C) 腕時計を試しにつけてみるために来店すること　　(D) 割引してもらうために腕時計を 2 個

TEST 1 解答・解説・訳　　　　TEST **2** 解答・解説・訳

以上注文すること

テスト作成者/ネイティブ・スピーカーの視点

トリプル・パッセージ問題の解法と時間配分については、TEST 1 の 186 の解説（233 ページ）を見てほしい。いちばん上のパッセージであるカスタマイズド・ギフト社の広告の②でわかる。

187　正解 **(D)**　難易度 ★★

設問の訳

広告内の第 1 段落 2 行目にある affection にもっとも意味の近い語は？
(A) 期待　(B) 興味　(C) 品質　**(D) 献身的愛情**

テスト作成者/ネイティブ・スピーカーの視点

affection は「愛情」。例：Karl has a deep affection for his daughter.（カールは娘に強い愛情を抱いている）

188　正解 **(D)**　難易度 ★★

設問の訳

注文番号 245298 に関して何が正しいと考えられますか？
(A) 腕時計が 1 個余分に入っていた。　(B) 店が受注した中で最大の注文だった。　(C) 配達が遅かった。　**(D) 5 月に注文された。**

テスト作成者/ネイティブ・スピーカーの視点

このあたりに新しく導入されたトリプル・パッセージ問題の特徴が強く出ている。まず、注文番号 #245298 を探さなければならない。すると、2 番目のショッピング・カートの④にその表記を見ることができるが、このカートにある情報だけでは問題を解くことができず、3 番目のスミス氏のメールを参照しないといけない。ところが、メールにはスミス氏が抱えている問題⑨⑩が記されているものの、選択肢にはそれにあたる情報が見当たらない。こうした場合は、消去法に切り替えてみよう。(A)(B)(C) のようなことはメールで確認できないので、残る (D) を正解として検討することになるが、これについてはメールの送信日付⑦とメール本文の⑧、および広告中の①で確認できる。⑦⑧より商品の到着日時は 5 月 11 日で、①に配達日数は最大で 5 日とあるので、商品の注文日は 5 月 6 日以後だとわかる。①と⑦⑧をすぐに結びつけて判断できればいいが、テスト作成者はこうやって受験者になるべく多くの英文を読ませて解答時間を奪おうとしている。

189　正解 **(C)**　難易度 ★★★

設問の訳

カスタマイズド・ギフト社がこれからスミス氏に送る商品の価格はいくらに相当しますか？
(A) 100 ドル　(B) 400 ドル　**(C) 1000 ドル**　(D) 2000 ドル

335

> テスト作成者／ネイティブ・スピーカーの視点

スミス氏はメールの⑨と⑩で、プラチナ製の腕時計を2つ注文し、それぞれに送りたい人の名前を入れるようにお願いしたが、どちらも同じ名前が入っていることに気づき、その対応策として⑪で新しいものを早く送ってほしいと言っている。よってプラチナ製の腕時計1個を送ってもらうように頼んでいることがわかる。ショッピング・カートの⑤と⑥を見ると、プラチナ製の腕時計は2個で2000ドルなので、1個分の値段は1000ドルである。

---

190 正解 **(B)** 難易度 ★★★

> 設問の訳

スミス氏は店から何をもらうことを希望していますか？
(A) 心からの謝罪　**(B) 迅速な返事と交換品**　(C) 別の腕時計を購入する際の割引
(D) 腕時計のうちの1個を全額返金

> テスト作成者／ネイティブ・スピーカーの視点

⑪でスミス氏は迅速な商品交換を求めているし、カスタマイズド・ギフト社はいちばん上の広告の③にあるようにそれを宣言しているし、品物を送る際に当然連絡も入れると思われるので、(B) が正解。

> 注

[パッセージ上]　□ customize　…を特別注文する、カスタマイズする　　□ jewelry　宝石類、アクセサリー
□ spouse　配偶者　　□ engrave　…を彫りつける、刻印する　　□ replacement　交換
[パッセージ下]　□ usher　新郎に付き添う男性
[設問]　□ expectation　期待　　□ sincere　本心からの　　□ apology　謝罪　　□ prompt　すばやい
□ refund　返金

> 訳　問題 191-195 は次の記事、社内連絡、Eメールに関するものです。

フランシス家庭用家具社、中国市場に進出する構え

①この1年、記録的な利益を収めた ②フランシス家庭用家具社は、香港に新たな店舗をオープンすると発表した。フランシス家庭用家具社の最高経営責任者ウェンデル・スティール氏は「当社にとって当然の成り行きだ。当社の市場調査の結果によると、③中国市場において西洋のブランドは評価が高く、高品質で使いやすくなおかつ良質なサービスを提供すると認識されている。この点はわが社にとって重要な利点になるだろう」と語った。④スティール氏は今回の拡大路線が成功した場合、当地の店舗をサポートするために中国で工場を設立する可能性があることを示唆した。

フランシス家庭用家具社は1994年に開業して以来、高品質な家庭用家具を提供する会社として知名度をあげている。木製の住宅用家具と称されるもので、食堂、寝室、居間、ホームオフィス、家庭用娯楽関連、子供部屋を含む一連の家庭用のものと若者向けの家具を提供している。同社は同族経営で、現在全国各地にある20以上の店舗に加え、⑤オンラインストアもすでに開いている。

宛先：ケリー・ローソン
発信者：ゴードン・オースティン
日付：4月24日
件名：ご昇進およびオフィス内パーティにつきまして

ケリー様　お元気ですか？

⑥お聞きのとおり、あなたは昇進して、中国の新店舗の販売部を率いることになりました。お祝い申しあげます。この役職に就くために仕事に熱心でしたから、このたびの昇進は当然といえます。中国にお発ちになる前に話し合わなければならないことがいくつかありますので、明日のいつでも結構ですから、私のオフィスにお立ち寄りください。

また、当社の発展を祝してオフィス内で開くパーティの日時と場所が決まりました。⑦本社と道路を挟んで向かいにあるイベント・ホールで執り行なう予定です。⑧昨年そこでクリスマス・パーティを開き、あなたもご出席されましたね。日時は来週の土曜日の午後7時です。マーティ・クローフォードさんと連絡を取っていただけませんか？　⑨つい最近こちらにお着きになり、店舗間の移行を監督するほかに、祝賀会を担当することになっています。彼のEメールアドレスは、mc@francishomefurniture.com です。

宛先：マーティ・クローフォード
発信者：ケリー・ローソン
日付：4月24日
件名：移転

マーティ、こんにちは。

⑩来週の土曜日に開かれる祝賀会に出席できる旨、ご連絡いたします。　ボーイフレンドを連れていく予定です。

もう1点、何かの拍子でコンピュータのセキュリティ・システムから締め出されたらしく、ログインできないでいます。おそらく私の配置換えのせいでしょう。ここを去る前に片づけておかなければならないことがあるので、コンピュータ・システムにアクセスしなければならないんです。ITの問題なのは承知しておりますが、⑪今日の移行の責任者であるあなたに問い合わせるように言われました。

敬具
ケリー・ローソン

191 正解 (D) 難易度 ★★★

設問の訳
フランシス家庭用家具社について示されていないことは何ですか?
(A) 財政状態が良い。　　(B) オンラインで商売をしている。　　(C) 中国に進出する。
(D) 工業用品を専門に扱う。

テスト作成者/ネイティブ・スピーカーの視点
NOT問題。1つずつ確認していくしかない。(A) はいちばん上のニュース記事の①で、(B) は⑤で、(C) は②と④で確認できるが、(D) の情報は見当たらない。

---

192 正解 (B) 難易度 ★★★

設問の訳
中国市場に関して何と述べられていますか?
(A) 市場にくいこむのはむずかしい。　　**(B) 西洋の製品やサービスを高く評価している。**
(C) 停滞している。　　(D) 急速に伸びている。

テスト作成者/ネイティブ・スピーカーの視点
同じくニュース記事の③で確認できる。191のNOT問題で選択肢を1つひとつ吟味するなかで、こちらも自然に答えが見つかると思う。

---

193 正解 (D) 難易度 ★★★★★

設問の訳
オースティン氏はクロフォード氏について何と述べていますか?
(A) 強く推薦できる人物である。　　(B) ITの責任者である。　　(C) 研究開発部門の部長である。　　**(D) 再編成を仕切っている。**

テスト作成者/ネイティブ・スピーカーの視点
オースティン氏からローソン氏宛てのメールの⑨と、ローソン氏からクロフォード氏宛てのメールの⑪でわかる。クロフォードは店舗間の移行(異動、配置転換)の責任者である。⑨と⑪にあるtransition(移り変わり)が正解(D)のreorganization(再編成、再組織)に言い換えられている。難問だ。

---

194 正解 (B) 難易度 ★★★

設問の訳
ローソン氏について示唆されていることは何ですか?
(A) 彼女は新入社員だ。　　**(B) 彼女は販売部門にいる。**　　(C) 彼女はイベントの幹事だ。
(D) 彼女はパーティに出席できない。

テスト作成者／ネイティブ・スピーカーの視点

オースティン氏からローソン氏宛てのメールの⑥でわかる。

---

195 正解 **(B)** 難易度 ★★★★

設問の訳
ローソン氏は来週の土曜日に何をする予定ですか？
(A) 家庭用の家具を受け取る　　(B) 行ったことがあると思われるホールのイベントに出席する
(C) 研修コースで教える　　(D) 販売提案書を見直す

テスト作成者／ネイティブ・スピーカーの視点
ローソン氏からクロフォード氏宛てのメールの⑩で土曜日の祝賀会に参加することがわかるが、「知っているホール、行ったことがあるホール」の情報はオースティン氏からローソン氏宛てのメールの⑧でわかる。

注
[パッセージ上] □ poise 準備ができて　□ market 市場　□ record setting 記録的な　□ profit 利益　□ market research 市場調査　□ perceive …を認める　□ advantage 強み　□ allude …をほのめかす　□ factory 工場　□ support …を支える　□ retail store 小売店　□ expansion 拡大　□ successful 成功した　□ develop 発展する　□ for oneself 自分で　□ residential 住宅向きの　□ range 種類　□ nursery 子供部屋　□ youth 若者　□ operate business 経営する　□ location 場所　□ establish …を設立する
[パッセージ中] □ promote …を昇進させる　□ lead …を率いる　□ congratulation 祝いの言葉　□ deserve …にふさわしい　□ matter 事柄　□ settle on ... …を決める　□ celebrate …を祝う　□ oversee …を監督する　□ transition 移行、移り変わり
[パッセージ下] □ accidentally たまたま　□ login ログインする　□ relate 関係がある　□ finalize 決着をつける　□ refer 差し向ける
[設問] □ financially 財政的に　□ supplies 供給品、資材　□ downturn 停滞　□ reorganization 再編成、再組織　□ proposal 提案

訳 問題 196-200 は次のお知らせ、Eメールと記事に関するものです。

全員に対する注意事項：「世界音楽祭」の準備

ご存じのとおり、今週の土曜日に私たちにとって初めてとなる「世界音楽祭」が開催されます。コンサートの開始時刻は午後 8 時、午後 11 時頃には終了する予定です。開催場所はアレルゲン劇場で、私たちのオフィスから歩いてわずか 10 分のところにあります。

リハーサルは土曜日午前 10 時に始まります。それと同時に私たちは会場の用意を整え、すべてが予定どおりに始まるようにしなければなりません。椅子やテーブルは午前 9 時までには劇場に届く手はずになっています。

①午前 9:45 までに必ず劇場にいて、コンサートが開けるように椅子やテーブルを並べ始めてください。②地方芸術委員会から VIP が 1 名、奥さまと一緒に出席する予定ですから、2 人に良い印象をお持ちいただきたいのです。

③ラリー・ラスムッセンは当音楽祭に大いに貢献されており、同氏と奥さまはスペシャルゲスト扱いになります。ラスムッセン氏ご夫妻がいる場所を担当する人は、お2人が楽しく過ごせるようにくれぐれも注意願います。

宛先：ハワード・ジョーンズ <hj@rocketmusic.net>
発信者：ジェイ・ハリス <harris@niftymovers.com>
日付：9月7日水曜日
件名：家具の配達

ジョーンズさん、

今週の土曜日9月10日にアレルゲン劇場に家具を配送する件を確認するためにメールを差しあげております。ご依頼いただいたとおり、④ゲートAに椅子300脚とテーブル50台、ゲートBに椅子120脚とテーブル30台、そしてゲートCにはVIP用のクッション付きの特別製の椅子を2脚お届けします。劇場には午前9時までに届ける所存です。

前のEメールでお伝えしましたが、家具は日曜日の朝に引き取りに伺ったあと、当社の倉庫に戻す予定です。

ご質問がありましたら、ご遠慮なくいつでもご連絡ください。

ジェイ・ハリス
ニフティ家具運送会社

記憶に残る数多くの演劇やコンサートが開かれてきたアレルゲン劇場が、土曜日に当地初の世界音楽祭の開催会場となった。⑤この音楽祭では、世界各地から招聘された多くのミュージシャンによる演奏などが行なわれ、伝統音楽と現代の音楽の両方を扱っているのが特徴的だ。

公演のあと、⑥地元の芸術委員会の代表者ラリー・ラスムッセン氏は次のように語った。「聴衆全員にとってすばらしい体験だった。この催しが、より多くの有能なミュージシャンやアーティストをわが市に引き寄せてくれると確信している」

フェスティバルのハイライトの1つは、世界的に有名なバイオリニスト、シェーマス・オブライエンの特別出演だ。彼独自のスタイルの伝統的なアイルランド音楽を披露し、聴衆を大いに沸かしてくれた。⑦オブライエン氏が彼の母国外で演奏したのは過去10年間でこれが初めてになる。その興奮をいや増すように、彼は7カ国から選んだ計7人のミュージシャンで結成された非常に特別なグループと共演した。

コンサートのライブは、チャンネル4の取材チームによってまるごと中継され、その聴衆の顔から判断するに、大成功をおさめた。「今晩は人生でも最高にすばらしい夜の1つだ」⑧フェスティバルが終わり、席から腰をあげながらラスムッセン氏はこう語り、妻とともに座っていた座席の近くにある出口からホールを去った。

⑨フェスティバルを成功させるために5年以上尽力してきたラスムッセン氏の感想は次のとおり。「今回の催しは、これ以降に開かれるフェスティバルの水準を高く引き上げた」

196 正解 (B) 難易度 ★★★

設問の訳
スタッフは何をするように指示されていますか？
(A) 楽器を開催場所に運ぶ　　**(B) 椅子とテーブルを並べる**　　(C) 劇場を掃除する　　(D) コンサートのチケットを売る

テスト作成者／ネイティブ・スピーカーの視点
いちばん上の「全員に対する注意事項：「世界音楽祭」の準備」の①でわかる。

---

197 正解 (C) 難易度 ★★★

設問の訳
ハリス氏はどこに家具を運ぶと考えられますか？
(A) ジョーンズ氏のオフィス　　(B) 劇場の裏　　**(C) 劇場のそれぞれのゲート**　　(D) 芸術委員会

テスト作成者／ネイティブ・スピーカーの視点
ハリス氏からジョーンズ氏宛てのメールの④でわかる。

---

198 正解 (D) 難易度 ★★★

設問の訳
世界音楽祭について何がわかりますか？
(A) 何年も前から催されつづけている。　　(B) 日中に開かれる。　　(C) 室内楽の公演が開かれる。　　**(D) 多彩な文化のミュージシャンのグループが参加する。**

テスト作成者／ネイティブ・スピーカーの視点
3番目のこの音楽祭の様子をレポートした記事の⑤でわかる。a number of musicians from all corners of the globe が a multicultural group of musicians と言い換えられている。

---

199 正解 (A) 難易度 ★★★

設問の訳
オブライエン氏について正しいものは何ですか？
(A) 10年間、他国で公演しなかった。　　(B) 母国以外ではあまり知られていない。　　(C) ピアノを弾く。　　(D) ソロでしか公演しない予定だ。

341

> テスト作成者／ネイティブ・スピーカーの視点

記事の⑦でわかる。この This was the first time that Mr. O'Brian has performed outside of his own country in ten years. が、He has not performed in another country for a decade. と表現されている。

---

200 正解 (C) 難易度 ★★★★

> 設問の訳

ラリー・ラスムッセン夫婦はどこで公演を観たと考えられますか？
(A) ゲート A の近く　　(B) ゲート B の近く　　**(C) ゲート C の近く**　　(D) 最前列

> テスト作成者／ネイティブ・スピーカーの視点

まず、Mr. Rasmussen なる人物を確認しないといけない。おそらくこのセットの最後の問題を解こうとしている人は、3番目のパッセージの記事に目を通したばかりだと思うが、この中に⑥⑧⑨の3つのラスムッセンに関する情報を見つけることができる。⑥に local arts council representative とあるが、これはいちばん上の「全員に対する注意事項」の③の情報につながる。⑨の「音楽祭成功のために5年以上尽力してきた」というのは、同じくいちばん上の「全員に対する注意事項」の③「当音楽祭に大いに貢献していて、同氏と奥さまはスペシャルゲスト扱いになる」に重なる。このラスムッセン氏は音楽祭を成功に導いた重要な人物であり、奥さまとともに VIP として音楽祭に参加することがその上の②でわかる。そして記事の⑧にあるように、ラスムッセン氏は音楽祭を心から楽しみ、「奥さまとともに座っていた座席近くの出口から」ホールを去っていったようだ。この「出口」がどこかがわかれば正解を引き出せる。すると、ハリス氏からジョーンズ氏宛てのメールの④に、「ゲート C に VIP 用のクッション付きの特別製の椅子を2脚届ける」とあるので、ラスムッセン氏と奥さまはゲート C の近くで見ていたと思われる。

> 注

[パッセージ上] □ arrangement 準備　□ rehearsal リハーサル　□ venue 開催予定地　□ deliver …を配達する　□ council 議会、審議会、協議会　□ impression 印象　□ spouse 配偶者
[パッセージ中] □ confirm …を確かめる　□ warehouse 倉庫
[パッセージ下] □ memorable 忘れられない　□ host …を主催する　□ festival 催し物　□ performance 上演　□ globe 地球　□ feature 特色をなす　□ traditional 伝統的な　□ representative 代表者　□ audience 聴衆　□ attract …を魅惑する　□ talented 有能な　□ delight …を大いに喜ばせる　□ broadcast …を放送する　□ entire 全体の
[設問] □ chamber music 室内楽　□ multicultural 多文化の　□ decade 10年間

TOEIC®テスト 完全教本 新形式問題対応

TEST 1 マークシート　リーディング解答時間　75分

正答数：　　　　　リーディングテスト　／100問
　　　　　　　　　リスニングテスト　／100問
日　付：　　　　　1回目
　　　　　　　　　2回目
　　　　　　　　　3回目

マークシートには、「?」の欄があります。確信を持てずに答えた場合は、ここにチェックを入れておき、答え合わせで念入りに確認しましょう。

LISTENING SECTION

Part 1 (No. 1–10)
Part 2 (No. 11–30)
Part 3 (No. 31–50)
Part 4 (No. 71–80, 81–90, 91–100)

READING SECTION

Part 5 (No. 101–130)
Part 6 (No. 131–140)
Part 7 (No. 141–200)

TOEIC® テスト 完全教本 新形式問題対応

TEST 2 マークシート　リーディング解答時間　75分

あとがき

　私は 1980 年代から定期的に TOEIC を受験し、問題の分析・研究を重ね、問題集を開発してきましたが、「TOEIC テスト作成者／ネイティブ・スピーカーの視点」から受験者のみなさんにアドバイスする対策本はまだ少なく、いつかそうしたテーマの本を刊行してみたいと思っておりました。今回の新形式問題導入にあわせて、日本人の英語学習に通じていて、数多くの著書をもつデイビッド・セインさんとともにそれが実現できて、大変うれしく思っております。このような機会を与えて下さった研究社の金子靖さんに、深く感謝いたします。
　セインさんと 2 人で問題をおたがいにチェックし合うことで、よりクオリティを高めることができました。読者のみなさまには、本書収録の模擬試験問題を解き、解説を読んで、目標スコアを手にしていただきたいと願っております。

ロバート・ヒルキ（Robert Hilke）

　今回、新形式の TOEIC テストを受験し、ロバート・ヒルキさんと問題集を作成してみて、このテストが実によくできたものであると再確認しました。日本人が間違えやすい表現がさりげなく問われますし、現代のビジネス・シーンで求められる「英語を大量に聞いて、読む」力が試されます。この試験で高得点を上げれば自信につながりますし、ぜひ読者のみなさんには本書収録の問題を繰り返し解いて、スコアアップをはかっていただきたいと思います。
　解説「テスト作成者／ネイティブ・スピーカーの視点」には、問題の解法だけでなく、リスニング、リーディングの各ポイントのほか、頻出表現も例文とともに紹介、解説しました。こちらもぜひじっくり読んでみてください。本書がみなさんの TOEIC 対策に役立つようなことがあれば、著者としてこれほどうれしいことはありません。

デイビッド・セイン（David A. Thayne）

著者紹介

ロバート・ヒルキ（Robert Hilke）

企業研修トレーナー。元国際基督教大学専任講師。University of California 大学院修了（言語学）。異文化研修および TOEIC, TOEFL, GRE など、テスト対策のエキスパート。各試験対策講座を国際的な大企業向けに年間約 250 日行なう。TOEIC 関連セミナーでの教授歴は 30 年近くにおよぶ。「TOEIC 200 点アップ請負人」としてメディアにも頻繁に登場、TOEIC 対策の第一人者として、多くの受験者の信頼を集めている。TOEIC テストは旧バージョンから何度も受験し、その傾向・特徴を日々、分析している。著書に、『新 TOEIC® テスト 直前の技術』『新 TOEIC® テスト「直前」模試 3 回分』（アルク）、「頂上制覇 TOEIC® テスト 究極の技術（テクニック）」シリーズ全 6 巻ほか多数。

デイビッド・セイン（David A. Thayne）

1959 年アメリカ生まれ。カリフォルニア州 Azusa Pacific University で、社会学修士号取得。証券会社勤務を経て、来日。日米会話学院、バベル翻訳外語学院などでの豊富な教授経験を活かし、現在までに 120 冊以上、累計 300 万部の著作を刊行している。日本で 30 年近くにおよぶ豊富な英語教授経験を持ち、これまで教えてきた日本人生徒数は数万人におよぶ。著書に『ネイティブが教える 英語の時制の使い分け』『ネイティブが教える ほんとうの英語の前置詞の使い方』『ネイティブが教える 英語の句動詞の使い分け』『ネイティブが教える ほんとうの英語の助動詞の使い方』『ネイティブが教える 英語の形容詞の使い分け』『ネイティブが教える ほんとうの英語の冠詞の使い方』（研究社）ほか多数。

本書刊行にあたり、多くの方にご協力いただきました。
記して厚く御礼申し上げます。
ロバート・ヒルキ／デイビッド・セイン

▶英文執筆・校正
【英語便】
Marcel Morin
Dale Down
Jennifer Barber
Lucas Jack-Sadiwnyki

【AtoZ】
Alexandria McPherson
Sean McGee
Shelley Hastings
Jaime Jose
Michael Deininger

▶執筆・編集協力
相澤俊幸・遠藤真弓・長尾莉紗

▶英文翻訳
潮裕子・山内百合子・田辺恭子・本間芙由子

▶調査・資料提供
朴炳憲（高麗書林）

▶音声吹込
Emma Howard(British female) / Jessica Kozuka(American female) /
Chris Koprowski(American male) / Michael Rhys(British male) /
Peter Serafin(American male) / Xanthe Smith(American female) /
Peter von Gomm(American male)

▶音声編集
佐藤京子（東京録音）

▶音声録音協力
アート・クエスト

▶社内協力
高見沢紀子・高野渉

TOEIC® テスト 完全教本 新形式問題対応
A STRATEGIC GUIDE TO THE TOEIC® TEST WITH NEW-TYPE QUESTIONS

● 2016 年 9 月 1 日　初版発行 ●

● 著者 ●

ロバート・ヒルキ（Robert Hilke）　デイビッド・セイン（David A. Thayne）

Copyright © 2016 by Robert Hilke and David A. Thayne

発行者　●　関戸雅男

発行所　●　株式会社　研究社

〒 102-8152　東京都千代田区富士見 2-11-3

電話　営業 03-3288-7777（代）　編集 03-3288-7711（代）

振替　00150-9-26710

http://www.kenkyusha.co.jp/

KENKYUSHA

装丁　●　久保和正

組版・レイアウト　●　AtoZ

印刷所　●　研究社印刷株式会社

CD 制作・編集　●　東京録音

ISBN 978-4-327-43086-3 C1082　　Printed in Japan

本書のコピー、スキャン、デジタル化等の無断複製は、著作権法上での例外を除き、禁じられています。
また、私的使用以外のいかなる電子的複製行為も一切認められていません。落丁本、乱丁本はお取り替え致します。
ただし、古書店で購入したものについてはお取り替えできません。